Über dieses Buch

Die Klage über die Kinderfeindlichkeit in unserer Gesellschaft wird immer lauter, ebenso die Klage über die Unsicherheit der Erwachsenen im Umgang mit Kindern. Alle Forschungen, Erkenntnisse und Veröffentlichungen konnten diese Entwicklung nicht aufhalten.
Die Unsicherheit der Erwachsenen, besonders der Erzieher, gründet nach Ansicht des Autors wesentlich darin, daß bisher über den Begriff und die Erscheinung »Kinderfeindlichkeit« völlige Unklarheit bestand.
In diesem Buch wird zum ersten Mal – mit zahlreichen praktischen Beispielen und gründlichen theoretischen Erörterungen – gezeigt, was Kinderfeindlichkeit wirklich ist und worauf es ankommt, wenn Kinderfreundlichkeit gefördert werden soll.
Dieses Buch wendet sich an alle Menschen, die aus irgendeinem Grunde an Kinderfreundlichkeit interessiert sind. Es gibt ihnen Gelegenheit zum Umlernen, zum Durchschauen und Überwinden der wichtigsten Irrtümer und Mißverständnisse über Kinder, die in weiten Kreisen der Bevölkerung und der »Fachleute« noch immer bestehen. Mit vielfach erprobten und bewährten Rezepten ermöglicht es Leserinnen und Lesern, ihre Unsicherheit im Umgang mit Kindern nach eigenem Ermessen zu beseitigen.
Im dritten Teil wird der Deutsche Kinderschutzbund, die »Lobby« der Kinder, zum ersten Mal einer breiten Öffentlichkeit ausführlich vorgestellt. Theorie und Praxis des modernen Kinderschutzes unterscheiden sich fundamental von dem überholten »Image«, das dem Kinderschutzbund als »Wohltätigkeitsverein« noch anhaftet.

Der Autor

Ekkehard von Braunmühl, geboren 1940, ist freier Publizist. Seine Anschrift: Walramstraße 8, 6200 Wiesbaden.
Bisher veröffentlichte er die Bücher »Antipädagogik – Studien zur Abschaffung der Erziehung« (Beltz Verlag, Weinheim und Basel 1975, 2. Auflage 1976) und zusammen mit HELMUT OSTERMEYER und HEINRICH KUPFFER »Die Gleichberechtigung des Kindes – Programm zur Beendigung des Erziehungskrieges zwischen den Generationen« (Fischer Taschenbuch Bd. 6338, 1. Auflage 1976, 2. Auflage 1977).

Ekkehard von Braunmühl

Zeit für Kinder

Theorie und Praxis von
Kinderfeindlichkeit
Kinderfreundlichkeit
Kinderschutz

Zur Beseitigung der Unsicherheit
im Umgang mit Kindern

Ein Lernbuch

Fischer
Taschenbuch
Verlag

Originalausgabe
Fischer Taschenbuch Verlag
1.–10. Tausend: Oktober 1978
11.–20. Tausend: März 1979
21.–27. Tausend: Dezember 1979
Umschlagentwurf: Jan Buchholz/Reni Hinsch
Fischer Taschenbuch Verlag GmbH, Frankfurt am Main

Gesamtherstellung: Hanseatische Druckanstalt GmbH, Hamburg
Printed in Germany
680-ISBN-3-596-26705-6

Inhalt

Das »Jahr des Kindes«

Unsere Zeit könnte, sollte, müßte die beste Zeit für Kinder sein, die es je gab. Schließlich leben wir im »Jahrhundert des Kindes«, und das Jahr 1979 wurde von den Vereinten Nationen zum »Jahr des Kindes« erklärt. Zu keiner Zeit wurden Kinder mehr beachtet, wußten die Erwachsenen mehr über das Wesen von Kindern, über die Bedürfnisse von Kindern, über die Voraussetzungen und Bedingungen, unter denen sich Kinder am besten entwickeln. Zu keiner Zeit waren sich die Erwachsenen ihrer Verantwortung für das Gedeihen der Kinder stärker bewußt. Zu keiner Zeit wurden Kinder ernster genommen. In den reichen Staaten des Westens waren auch zu keiner Zeit die wirtschaftlichen und politischen Zustände für eine glückliche Kindheit günstiger: Hunger und Krankheiten sind weitgehend gebannt, die Winter haben ihre Schrecken verloren, es gibt mehr und bessere Wohnungen denn je, die Eltern haben immer mehr Freizeit, mit der Familienplanung steigt die Zahl der Wunschkinder, der letzte Krieg ist fast vergessen, Kinderarbeit längst abgeschafft, Kinderzimmer, Kindergärten und Schulen strotzen von förderlichem Lernmaterial wie Verfassungen, Gesetze, Bildungspläne von kinderfreundlichen Vorsätzen: Das Wohl des Kindes erhält immer mehr Vorrang, die freie Entfaltung der Persönlichkeit wird garantiert, die Würde des Menschen ist unantastbar, Selbstbestimmung und Mitbestimmung, Freiheit, Rechtsstaatlichkeit, Toleranz und andere vielversprechende Begriffe haben Hochkonjunktur – es könnte, sollte, müßte eine reine Lust sein, als Kind in dieser Zeit zu leben.

Aber: Irgendwie und irgendwo ist der Wurm drin. Kinder- und Jugendlichenkriminalität, Kinder- und Jugendlichenalkoholismus, Kinder- und Jugendlichenselbstmorde, Drogenprobleme, Gewalttätigkeiten, Verhaltensstörungen – allein, daß es ein solches Wort gibt, signalisiert ein Übel: Unterdrückte, mißhandelte, in ihrer Würde geschändete Kinder und Jugendliche nennt man nicht leidende Kinder und Jugendliche, nicht unglückliche Kinder und Jugendliche, man nennt sie »verhaltensgestört«. Zwar ist diese Mißachtung der Gefühlsebene nicht auf Kinder und Jugendliche beschränkt, aber sie wirkt sich ihnen gegenüber besonders drastisch aus, weil sie dem Urteil ihrer Umwelt stärker ausgeliefert sind als Erwachsene.

»Zeit für Kinder« kann also *diese* Zeit nicht meinen. Kindheit heute ist – nicht nur als Schulzeit – eine Zeit *gegen* Kinder. »Zeit für Kinder« meint aber auch nicht den oft zu hörenden Appell, Erwachsene sollten sich *mehr* Zeit für Kinder nehmen. Für mehr

Zeit könnte man sich nur aussprechen, wenn es eine schöne Zeit wäre, die vermehrt werden sollte. Würde aber zwischen den Generationen Freundschaft statt Feindschaft herrschen, wäre dieser Appell überflüssig, weil die Erwachsenen von sich aus viel mehr Zeit mit Kindern verbringen würden als heute. Wer mit Kindern umgehen kann, liebt es, mit Kindern umzugehen. Aber so, wie es heute aussieht, stünde es noch viel schlimmer um unsere Kinder und Jugendlichen, wenn sich ihre Feinde mehr Zeit für sie nehmen würden.

»Zeit für Kinder« will so nur sagen, daß unsere Zeit eine gute Zeit für Kinder *werden* kann. Es ist nicht einmal besonders schwierig, das zu erreichen, aber es genügt nicht, es nur zu wollen. Deshalb sagt Ihnen dieses Buch, *wie* unsere Zeit eine gute Zeit für Kinder werden kann. Es ist gewiß nicht das erste kinderfreundliche Buch, aber es ist das erste, aus dem Sie erfahren, was Kinderfreundlichkeit wirklich ist.

Dieses Buch ist ein Lernbuch. Es will Ihnen nicht, wie die Erziehungsratgeber, beibringen (»lehren«), wie Sie mit Kindern leichter *fertig* werden. Es will auch nicht Ihre Unsicherheit im Umgang mit Kindern *abbauen*. Es ist ein Lernbuch, ein Lerngegenstand, ein Gebrauchsgegenstand, der es Ihnen ermöglicht, Ihre Unsicherheit im Umgang mit Kindern zu beseitigen. Ich habe zu diesem Zweck – nach den nötigen Informationen und Erörterungen – viele bewährte *Rezepte* aufgeschrieben, mit denen Sie die Schlußfolgerungen ziehen können, die *Ihnen selbst* gefallen und entsprechen. So ähnelt dieses Buch einem Kochbuch, dessen Rezepte allein ja auch niemanden sättigen. Die Arbeit des Kochens bleibt Ihnen überlassen, ebenso die Auswahl der Gerichte.

Mir ist sehr klar, daß meine »Speisen« nicht allen Leuten schmekken werden. Für Kinderfeinde und Machtmenschen habe ich dieses Buch nicht geschrieben. Aber wenn Sie, liebe Leserin, lieber Leser, im Prinzip mit Kindern gerne gut auskommen möchten, werden Sie in diesem Buch die Antworten auf viele Fragen finden, die bisher einfach falsch gestellt worden sind. Und es ist kein Wunder, hängen doch die meisten Fachleute, die uns Ausbildung und Rat in bezug auf Kinder geben, einer Ideologie an, die von Anfang bis Ende kinderfeindlich ist.

Sie werden jetzt, wenn Sie meine bisherigen Arbeiten nicht kennen, wahrscheinlich stutzen. Aber ich kann Ihnen das nicht ersparen. Sie werden vermutlich noch mehrere Überraschungen erleben, wenn Sie sich den Inhalt dieses Buches erarbeiten, erobern. Manche scheinbaren Selbstverständlichkeiten muß man in Frage stellen, manche falschen Sicherheiten muß man aufgeben, um sich von all den Lügen zu befreien, die über Kinder verbreitet werden.

Aber nicht nur Kinder, auch Erwachsene, insofern sie pädagogische Laien sind, möchte dieses Buch *in Schutz nehmen* vor jenen kinderfeindlichen Fachleuten, denen Sie wahrscheinlich bisher vertraut haben. Diese Fachleute scheinen es darauf anzulegen, ihr Publikum immer mehr zu entmutigen, ratloser und unsicherer zu machen, damit es nicht auf die Idee kommt, sie seien vielleicht überflüssig oder sogar schädlich. Dagegen will ich zeigen, daß Sie Ihre Probleme selbst lösen können, wenn Sie sich aus dem Bann, aus der Vormundschaft jener Ratschläger befreien.

Um diesen Prozeß nicht unnötig zu erschweren, verzichte ich in diesem Buch fast völlig auf Zitate, auf Zurschaustellung meines Leseeifers und auf komplizierte Streitereien, die nur unter Wissenschaftlern interessant sind. Insbesondere von Lesern der »Antipädagogik« hörte ich manchmal, das Buch sei zu schwer verständlich. Ich *mußte* zwar zunächst eine Arbeit vorlegen, die auch formal wissenschaftlichen Ansprüchen genügte und von einem pädagogischen Fachverlag veröffentlicht wurde, damit mir niemand mangelnde Kenntnisse vorwerfen konnte, aber inzwischen ist diese Arbeit so anerkannt, daß ich mich jetzt ohne Ängstlichkeit und in der mir gemäßen, sehr persönlichen Weise an ein, wie man so sagt, breites Publikum wende – also an alle Menschen, die an Kinderfreundlichkeit interessiert und bereit sind, ein Buch mit Aufmerksamkeit zu lesen. Andere Voraussetzungen – etwa bezüglich einer »Vorbildung« – sind nicht erforderlich. Ein wenig Mut, vielleicht, für manche. Und die Abneigung, belogen und betrogen zu werden. (Die ist jedenfalls das Hauptmotiv für meine Arbeit, falls Sie das interessiert. Es geht mich ja recht wenig an, was Sie mit irgendwelchen Kindern anstellen. Es tut mir aber weh, macht mich oft verzweifelt, wütend und krank, wenn ich sehe, welche Opfer bestimmte Lügen fordern – ganz gleichgültig, ob sie aus gutem oder bösem Willen oder aus Dummheit verbreitet werden.)

Dieses Buch ist ein Lernbuch, weil man Kinderfreundlichkeit und Sicherheit im Umgang mit Kindern nicht lehren, sondern nur lernen kann. Ich möchte es außerdem als eine *Waffe* verstanden wissen, als Waffe im *antipädagogischen Freiheitskampf*, den ich für den überfälligen und einzig sinnvollen Freiheitskampf unserer Zeit und Weltgegend halte. Mit diesem Gedanken spreche ich besonders diejenigen Leserinnen und Leser an, die meine bisherigen Arbeiten schon kennen. Sie werden bemerken, daß ich nur die notwendigen Wiederholungen bringe, um mich nicht immerzu hinter jene Bücher zurückziehen zu müssen, da es ja um einen

Vormarsch geht. Und weil ich glaube, in wesentlichen Punkten entscheidend vorangekommen zu sein (ohne daß in jedem Problembereich schon das letzte Wort gefallen wäre, aber letzte Wörter gibt es in diesem geschichtlichen Felde ohnehin nicht zu ernten), bitte ich Sie, die Tauglichkeit dieses Buches als »Waffe« sorgfältig zu prüfen.

Betrachtet man den gegenwärtigen Stand der Dinge, kann einem der Verdacht kommen, die Menschheit habe mit ihren bisherigen Freiheitskämpfen wenig Glück gehabt. Vielleicht muß man gerade deshalb heute so oft betonen, wie »freiheitlich« unsere Gesellschaft ist ...

Freiheit unterscheidet den Menschen vom instinktgebundenen Tier, Freiheit ist des Menschen höchstes Gut und tiefstes Verlangen. »Im Gegensatz zu der weitverbreiteten Meinung, daß dieses Verlangen nach Freiheit ein Erzeugnis der Kultur und speziell durch Lernen konditioniert sei, legt ein umfangreiches Tatsachenmaterial nahe, daß es sich beim Verlangen nach Freiheit um eine biologische Reaktion des menschlichen Organismus handelt. Ein Phänomen, das diese Ansicht stützt, ist die Tatsache, daß im ganzen Verlauf der Geschichte Völker und Klassen gegen ihre Unterdrücker gekämpft haben, wenn nur irgendeine Aussicht auf Sieg bestand, und oft auch dann, wenn diese Aussicht nicht vorhanden war. Die Geschichte der Menschheit ist in der Tat eine Geschichte ihres Kampfes um Freiheit, eine Geschichte der Revolutionen«. So schreibt der berühmte Psychoanalytiker und Sozialphilosoph Professor ERICH FROMM in seinem Hauptwerk »Anatomie der menschlichen Destruktivität« (rororo 7052, S. 223). Und er fügt eine Fußnote an, die ich vollständig zitieren will, weil sie so treffend die Gründe für den antipädagogischen Freiheitskampf benennt und aufzeigt, in welchem Sinne das vorliegende Buch als »Waffe« zu gebrauchen ist. ERICH FROMM schreibt:

> »Die Revolutionen, die sich in der Geschichte ereignet haben, sollten nicht die Tatsache verdecken, daß Kleinkinder und Kinder auch Revolutionen machen, daß sie aber infolge ihrer Machtlosigkeit ihre eigenen Methoden, nämlich sozusagen die der Guerilla-Kriegführung, anwenden müssen. Sie kämpfen gegen die Unterdrückung ihrer Freiheit mit unterschiedlichen individuellen Methoden, die von einem eigensinnigen negativen Verhalten, der Weigerung, zu essen und sich zur Sauberkeit erziehen zu lassen, vom Bettnässen bis zu den drastischeren Methoden einer autistischen Abwendung von der Außenwelt und einer Pseudodebilität reichen. Die Erwachsenen benehmen sich dabei wie jede Elite, deren Macht man den Kampf

ansagt. Sie wenden physische Gewalt an, oft in Verbindung mit Bestechungsversuchen, um ihre Stellung zu behaupten. Die Folge ist, daß die meisten Kinder nachgeben und lieber kapitulieren, als sich ständig quälen zu lassen. In diesem Krieg kennt man kein Erbarmen, bis der Sieg errungen ist, und unsere Hospitäler sind voll von den Opfern dieser Methoden. Trotzdem ist es eine bemerkenswerte Tatsache, daß alle menschlichen Wesen – die Kinder der Mächtigen wie die der Machtlosen – die Erfahrung gemeinsam haben, daß sie einmal machtlos waren und um ihre Freiheit gekämpft haben. Es ist daher anzunehmen, daß jedes menschliche Wesen – von seiner biologischen Mitgift ganz abgesehen – sich in seiner Kindheit ein revolutionäres Potential erworben hat, das zwar lange schlummern, aber unter bestimmten Umständen auch wieder mobilisiert werden kann.«

Das »revolutionäre Potential«, die Sehnsucht nach Freiheit und die Fähigkeit zur Freiheit, die in jedem Menschen schlummern, können nach meinen langjährigen Erfahrungen als Antipädagoge außerordentlich erfolgreich gerade in Erwachsenen mobilisiert werden, die mit Kindern zu tun haben. Zumal Kinder und Jugendliche heutzutage seltener »kapitulieren«, sondern immer aggressiver und auffälliger gegen ihre Unterdrückung kämpfen – nicht zuletzt deshalb, weil sie mehr von »Freiheit« und »Mündigkeit« erzählen hören als irgendeine Jugend zuvor. Es ist höchste Zeit geworden, sich zu entscheiden, ob man Ernst machen will mit der Freiheit – und dann muß man die »bestimmten Umstände«, von denen FROMM sprach, herstellen –, oder ob man auf GEORGE ORWELLS Vision von »1984« – die totale Manipulation und Kontrolle durch den »Großen Bruder« – zusteuern will. Wenn Sie mich fragen: Ich würde im Zweifelsfalle lieber auf die kleine Schwester hören ...

Auch wenn Sie schon wieder stutzen sollten, ist diese Idee nicht abwegig, sondern *zeitgemäß*. Bereits im Jahre 1961 hat die international anerkannte Kulturanthropologin MARGARET MEAD die sogenannte »präfigurative« Kulturstufe als die kommende erkannt, als den notwendigen »neuen Stil«, durch den »Der Konflikt der Generationen« (so der deutsche Titel ihres Buches, das 1974 als dtv-Band 1042 erschien) einzig gelöst werden kann: »Ich nenne diesen neuen Stil den präfigurativen, weil das Kommende in dieser neuen Kultur vom Kind und nicht mehr von Eltern und Großeltern repräsentiert werden wird.« (S. 104)

So wie MARGARET MEAD die Geschichte in drei verschiedene Kulturepochen teilt, beschreibt der ebenfalls überall anerkannte Psychohistoriker LLOYD DE MAUSE (in dem 1974 von ihm herausgegebenen Buch »Hört ihr die Kinder weinen – Eine psychogenetische Geschichte der Kindheit«, 1977 bei Suhrkamp erschienen) sechs verschiedene Formen der Eltern-Kind-Beziehungen, wie sie sich von der Antike bis heute entwickelt haben. Die 5. Form (19. Jahrhundert bis Mitte des 20. Jahrhunderts, also etwa 1950) nennt er »Sozialisation«, bei der Eltern versuchen, das Kind »auf den rechten Weg zu bringen, es anzupassen, es zu sozialisieren«. Dazu bemerkt DE MAUSE: »Die meisten halten die Beziehungsform Sozialisation noch immer für das einzige Modell, in dessen Rahmen die Diskussion über die Fürsorge für Kinder weitergeführt werden kann.« (S. 84) Dagegen stellt DE MAUSE als zeitgemäße Beziehungsform heraus:

> »6. Form: Unterstützung (ab Mitte des zwanzigsten Jahrhunderts): Die Beziehungsform Unterstützung beruht auf der Auffassung, daß das Kind besser als seine Eltern weiß, was es in jedem Stadium seines Lebens braucht. Sie bezieht beide Eltern in das Leben des Kindes ein; die Eltern versuchen, sich in die sich erweiternden und besonderen Bedürfnisse des Kindes einzufühlen und sie zu erfüllen. Bei dieser Beziehungsform fehlt jeglicher Versuch der Disziplinierung oder der Formung von ›Gewohnheiten‹. Die Kinder werden weder geschlagen noch gescholten, und man entschuldigt sich bei ihnen, wenn sie einmal unter großem Streß angeschrien werden. Diese Form verlangt von beiden Eltern außerordentlich viel Zeit, Energie und Diskussionsbereitschaft, insbesondere während der ersten sechs Jahre, denn einem kleinen Kind dabei zu helfen, seine täglichen Ziele zu erreichen, bedeutet, ständig auf es einzugehen, mit ihm zu spielen, seine Regressionen zu tolerieren, ihm zu dienen, statt sich von ihm bedienen zu lassen, seine emotionalen Konflikte zu interpretieren und ihm die für seine sich entwickelnden Interessen erforderlichen Gegenstände zur Verfügung zu stellen. Bisher haben nur wenige Eltern konsequent versucht, in dieser Form für ihre Kinder zu sorgen. Doch aus den vier Büchern, die Kinder beschreiben, die im Rahmen der Beziehungsform Unterstützung aufgewachsen sind, geht klar hervor, daß sich in diesem Rahmen Kinder entwickeln, die freundlich und aufrichtig und nicht depressiv sind, die einen starken Willen haben und sich durch keine Autorität einschüchtern lassen.« (S. 84 f)

Von den Büchern, die LLOYD DE MAUSE anführt, ist bei uns erst der Band »Freie Kindererziehung in der Familie« von PAUL und JEAN RITTER erschienen (Rowohlt 1972). Meine eigenen Erfahrungen mit meiner und einer Reihe anderer Familien sowie die Berichte meiner Leser und Gesprächspartner bestätigen aber die vorstehende Beschreibung der Kinder vollständig. (Freie Kinder erkennen übrigens echte Autoritäten durchaus an, sie lassen sich bloß von falschen nicht *einschüchtern* – was *echte* überhaupt nicht probieren.) Trotzdem muß ich DE MAUSE in einem Punkt widersprechen. Es ist nicht wahr, daß die Beziehungsform Unterstützung von den Eltern mehr Zeit oder Energie fordern würde. Eher ist das Gegenteil der Fall. Zwar macht der Umgang mit freien Kindern allen Eltern so viel Freude, daß sie möglichst viel Zeit für ihn aufbringen (statt sie z. B. mit dem Fernseher totzuschlagen oder für unnötige Geldrafferei einzusetzen), aber ich kenne auch Familien und einzelne Elternteile, die hart arbeiten *müssen* und wenig Zeit für ihre Kinder haben. Dies stört aber keineswegs die Qualität der Beziehungen und die Freiheit der Kinder. Freie Kinder gleichen die manchmal fehlende Unterstützung schon im Alter von etwa drei Jahren in bewundernswerter Weise aus. Das »Argument« (ich kenne es zur Genüge), man habe nicht genug Zeit, so kinderfreundlich zu sein, ist eine höchst faule Ausrede. Es ist allemal schöner für das Kind, einen Freund seltener zu sehen, als einen Feind öfter. Im Gegenteil: Je weniger Zeit man hat, desto wichtiger ist es, wie man sie gestaltet – sozialisierend (erzieherisch) oder unterstützend. Und wer wirklich mit seiner Zeit und Energie sparsam umgehen will oder muß, der braucht nur daran zu denken, wieviel davon die Erzieherei üblicherweise verschlingt.

Ich möchte betonen, daß weder MARGARET MEAD noch LLOYD DE MAUSE mit ihren Einteilungen irgendwelche Forderungen erheben; sie analysieren nur, sie stellen dar, was ohnehin passiert. Die Frage ist allerdings, ob das, was da passiert, in eine Katastrophe mündet, weil so viele Leute – und gerade auch Fachleute – sich weigern, die Zeichen der Zeit zu erkennen. Zeit für Kinder heißt Freiheit für Kinder, sonst ist es mit der Freiheit überhaupt vorbei. Freiheit ist kein Luxus und auch keine Utopie. Sie ist *die* Notwendigkeit unserer Zeit.

Daß es viele Mißverständnisse gerade über die Beziehung zwischen Kindern und Freiheit zu bereinigen gibt, ist klar. Deshalb habe ich dieses Buch ja geschrieben. Es muß aber auch klar sein, daß Freiheit die Lösung des Rätsels um gute, schöne, erfreuliche, beglückende Beziehungen zwischen Menschen, vor allem auch zwischen Erwachsenen und Kindern ist. Es gibt da (mindestens) zwei Betrachtungsweisen und Blickrichtungen. Nach der einen, der *politischen*, ist Freiheit – und zumindest in den entwickelten Ländern der Erde besonders Freiheit für Kinder – die Gretchenfrage um Tod oder Leben. »Links und rechts, fortschrittlich und konservativ, kapitalistisch und sozialistisch bezeichnen keine wichtigen Gegensätze mehr. Nur noch eine Parteinahme zählt: für den Tod oder für das Leben.« So schreibt der Familienrichter HELMUT OSTERMEYER in seinem heftig umstrittenen Buch »Die Revolution der Vernunft« (Fischer Taschenbuch 6368, S. 2), wobei »Tod« ebenso für »Unfreiheit« stehen kann und »Leben« für »Freiheit«.

Diese Betrachtungsweise ist ungeheuer wichtig, aber sie bringt nicht viel ein, wenn unser Sohn gerade eine schlechte Note geschrieben hat. Für den alltäglichen Umgang mit Kindern ist eine *persönliche* Sichtweise angemessener, die jedoch genauso parteiisch ist wie die politische. Wem am Glück und Erfolg der Kinder, mit denen er umgeht, liegt, der kann (durch dieses Buch gesichert) Partei für seine Kinder ergreifen, Partei für Kinderfreundlichkeit ebenso wie für die Freiheit und das Leben.

Ob Sie dann unbedingt vom »antipädagogischen Freiheitskampf« und diesem Buch als »Waffe« sprechen, ist nebensächlich. Wichtig ist allein, daß wir uns aufrappeln und an *allen* Fronten, also persönlich und politisch, für Leben, Freiheit, Kinderfreundlichkeit – sei es kämpfen, sei es werben. Lehrbares Wissen ist dafür nicht genug. Viele Leute *wissen*, daß Übergewicht und Rauchen und Saufen und Bewegungsarmut erhebliche Gesundheitsrisiken darstellen, aber sie richten sich eben nicht danach. Schon gar nicht könnte man sagen, es fehlte den Leuten am Wissen in bezug auf Kinder. Wissen kann auch belasten (es ist kein Geheimnis, daß gerade Fachleute die verkorkstesten Kinder haben), und es kann zum Nachteil der Kinder, gegen die Kinder, eingesetzt werden (Kinderfeinde können heute Kinder viel raffinierter quälen als früher). Außerdem gibt es wohl kaum Erwachsene, die unausgesetzt unfreundlich zu Kindern sind. Sie wissen also, wie man freundlich ist. Was sie nicht wissen und was man ihnen auch nicht lehren kann, was sie aber ausprobieren und selbständig *lernen* können, ist, aus welchen Gründen sie oft daran *gehindert* sind, so freundlich (unterstützend) zu sein, wie sie eigentlich sein wollen. Für diese Menschen ist mein Buch als Lernbuch gedacht, das ihnen zu neuen Erfahrungen verhelfen kann im Sinne von LLOYD DE MAUSE , der sagt: »Was den Eltern in der Vergangenheit fehlte, war nicht Liebe, sondern eher die emotionale Reife, die nötig ist, um das Kind als eine eigenständige Person anzuerkennen.« (S. 35)

Gegen jene anderen, die immer noch behaupten, man *müsse* Kinder erzieherisch bekämpfen bzw. sozialisieren, kann es notfalls als Waffe dienen, wenn sie weiterhin Lügen verbreiten, um ihre eigene emotionale Unreife zu übertünchen und andere in Unsicherheit zu halten. Irren ist menschlich, aber es ist unmenschlich, auf einem Irrtum zu beharren, der so viel Leiden unter die Menschen bringt und so viele Kinder *unfreundlich* macht.

Das internationale »Jahr des Kindes« sollte die Weltöffentlichkeit hauptsächlich auf die Not von Kindern in Entwicklungsländern aufmerksam machen. In *unserer* Gegend liegen die Probleme anders. Beispielsweise haben wir einen dramatischen Geburtenrückgang zu verzeichnen, während andernorts von »Bevölkerungsexplosion« berichtet wird. Hierzulande gilt ja die Zurückhaltung beim Kinderkriegen manchen Leuten als Zeichen von Kinderfeindlichkeit – ein Beweis schon, wie verwirrt die Begriffe in Sachen Kinder sind.

In den meisten Staaten der Dritten und Vierten Welt muß massiv für Empfängnisverhütung geworben werden, also für den Verzicht auf oder die Verminderung von körperlich-biologischer Fortpflanzung. In unserer Gegend ist die *geistig-seelische* Fortpflanzung das Problem: Sie funktioniert nicht mehr, aber sie wird noch nicht aufgeben, denn dazu gehört eben »emotionale Reife«. Die aber wird behindert durch jenen Irrtum (bzw. Betrug), der zwar historisch verständlich, aber in unserer Zeit nicht aufrecht zu erhalten ist. Er bildet den Kern des Hauptproblems unserer Kinder, den Kern der (oft künstlich erzeugten) Unsicherheit ihrer ausgewachsenen Mitmenschen. Wenn diese Unsicherheit beseitigt ist, werden auch wieder mehr Kinder geboren werden …

Obwohl also Kinderfreundlichkeit durch bloßes Wissen und Verstandestätigkeiten nicht zu sichern ist, können neue Erfahrungen gemacht werden, neue Reifungsprozesse einsetzen und neue Traditionen wachsen, wenn falsches Wissen und falsches Denken widerlegt und aufgeklärt wird. So wie falsche Informationen schädliche Auswirkungen haben, kann auch die Aufklärung überholter und gefährlicher Verwirrtheiten nicht wirkungslos bleiben. Manche Erwachsene haben bereits umgelernt und werden von ihren Kindern reich belohnt. Aber es bleibt, in unserer Gegend, eine Aufgabe ersten Ranges, den Irrtum, der Erziehung heißt, in großem Stile und in allen Kreisen aufzuklären. Diese Aufgabe muß von jedem Menschen, der Leben und Freiheit liebt, in Angriff genommen werden, sonst läuft die Zeit für Leben und Freiheit ab. Auch die Zeit für Liebe, für Vernunft, für Sinn, für Glück, für Mitmenschlichkeit, für Demokratie, auch die Zeit für ganz banale Elternfreuden – und auch die Zeit für Kinder.

I. Erziehung gelungen – Zögling kaputt

1. Die Kinderfeindlichkeit der Erziehungsideologie

Was ist Kinderfeindlichkeit?

Es gibt heute wahrscheinlich keinen einzigen vernünftigen Menschen mehr, der die Kinderfeindlichkeit unserer Gesellschaft bestreitet. Weniger eindeutig wird diese Beurteilung, wenn man sich Gründe und Auswirkungen im einzelnen betrachtet. Viele Analysen verstricken sich schon dann in ausweglose Widersprüche, sobald sie genauer bestimmen wollen, was mit den Begriffen »Kinderfeindlichkeit« und »Gesellschaft« eigentlich gemeint ist. Sind die Architekten kinderfeindlich, die so viele Stadtteile in Betonwüsten verwandelt haben? Sind die Bauherren kinderfeindlich, die solche Entwürfe ausführen lassen? Sind die Eltern kinderfeindlich, die in ein solches Hochhaus einziehen und ihren Kindern obendrein die kleinsten Zimmer zuweisen?
Architekten, Bauherren und Mieter sind sicherlich Mitglieder »der Gesellschaft«, aber viele von ihnen würden sich heftig dagegen wehren, wenn man sie persönlich als Kinderfeinde bezeichnete. Sie mögen höchst freundliche und liebevolle Gefühle für Kinder haben, und das gleiche gilt auch für die verantwortlichen Politiker, Städteplaner, Verkehrsexperten usw., die für die Wohnumwelt unserer Kinder zuständig sind.
An diesem Beispiel wird schon der Widerspruch deutlich zwischen den Gefühlen irgendwelcher Erwachsener und dem, was diese Erwachsenen Kindern trotzdem antun. In vielen anderen Bereichen ist es ebenso; man denke nur an die Schule.

Das Problem besteht darin, daß Erwachsene häufig kinderfreundliche Gefühle in sich vorfinden, daß sie aber dennoch vieles tun, was Kinder als Unfreundlichkeiten empfinden müssen.

Am kernigsten findet sich dieses Problem in dem Satz ausgedrückt: »Wen man liebt, den züchtigt man.« Beklagen sich mißhandelte Kinder dann, hören sie womöglich noch den Satz: »Ich meine es doch nur gut mit dir.«
Es wäre nun verfehlt, dieser Versicherung keinen Glauben zu

schenken. Die meisten Eltern und Erzieher meinen es mit den meisten ihrer Kinder meistens gut. Um dem Problem auf die Spur zu kommen, muß man unterscheiden zwischen dem, was Erwachsene in bezug auf Kinder fühlen, meinen und beabsichtigen, und dem, wie dies von Kindern aufgefaßt wird. Großangelegte Untersuchungen haben immer wieder ergeben, daß in der Bundesrepublik Deutschland ungefähr zwei Drittel der Erwachsenen sich für außerordentlich kinderfreundlich halten, der gleiche Prozentsatz der Erwachsenen aber spricht sich nachdrücklich für die Prügelstrafe aus. Da stellt sich die Frage, was bei den Kindern stärker ankommt: die Liebe oder die Hiebe.

Diese Frage ist nicht so leicht zu beantworten, wie es scheint. Zwar will ich das Prügeln keinesfalls verharmlosen oder gar verteidigen: Es gibt aber zahlreiche Menschen, die häufig körperliche Strafen erlitten und dennoch in ihrer Entwicklung verhältnismäßig weniger gestört wurden als andere Menschen, die mit milderen, feineren Methoden dressiert worden sind. Wenn Eltern, Erzieher und Lehrer Kinder quälen *wollen*, sind sie ja nicht auf Prügel angewiesen; eine Tracht Prügel *kann* wie ein Gewitter sein, das schnell vorüberzieht, und danach ist die Stimmung oft wieder heiter. Man stelle sich aber vor, wie es auf Kinder wirkt, wenn eine Erzieherin das Dreijährige, über das sie sich gestern geärgert hat, heute einfach nicht begrüßt, oder wenn ein Lehrer einen empfindsamen Schüler vor der Klasse blamiert, oder wenn eine Mutter oder ein Vater einem Kind den üblichen Gutenachtkuß verweigert. Unzählige andere Beispiele sind möglich. In den letzten Jahren, seit ich als »Antipädagoge« bekannt bin und auf öffentlichen Veranstaltungen und Fachtagungen, in Schulen, Volkshochschulen und Universitäten, als Seminar-Leiter oder im Rahmen der Kinderschutzarbeit über Erziehungsfragen diskutiere, versicherten mir Tausende von Eltern, daß sie ihre Kinder außerordentlich frei erziehen, daß sie sehr kinderfreundlich sind, daß sie ihre Kinder bestimmt niemals quälen. Frage ich dann, welche Schwierigkeiten sie mit ihren Kindern hätten, weil sie mich ja ohne solche kaum angesprochen haben würden, erfahre ich mit erschreckender Regelmäßigkeit Einzelheiten, angesichts derer man von »Freiheit« und »Kinderfreundlichkeit« wahrhaftig nicht sprechen kann. Aber allein die Tatsache, daß Eltern sich freimütig zu ihren häufig sehr gemeinen Maßnahmen bekennen, beweist mir, wie wenig sie wissen, was sie da eigentlich tun.

Viele Erwachsene glauben, ihre Kinderfreundlichkeit dadurch zu beweisen, daß sie Kinder nicht schlagen. Sie wissen nicht, daß Prügel unter Umständen kinderfreundlicher sein können als andere Erziehungsmaßnahmen.

Es ist klar, hier kommt es entscheidend auf das »unter Umständen« an. Diese Einschränkung bedeutet folgendes: Wenn ein Erziehender ein Kind wirklich liebt und glaubt, das Kind aus Liebe prügeln zu müssen, dann kommt bei dem Kind beides an, die Hiebe wie die Liebe. Denn Kinder spüren nicht nur die Schläge auf der Haut, sondern sie erspüren – gewissermaßen unter der Haut, um nicht zu sagen: in der Seele – auch das Grundgefühl des Erwachsenen, das sein Verhalten verursacht.
Aber umgekehrt ist es ebenso. Wenn ein Erziehender ein Kind in Wirklichkeit ablehnt, mag er ihm mit noch so honigsüßem Lächeln seine Lieblingssendung im Fernsehen anschalten, damit das Kind ihn nur in Ruhe läßt und brav bleibt: Auch hier kommt beides an, in einer Floskel gesagt: der Spaß wie der Haß. Denn Kinder lassen sich zwar Belohnungen und Vergünstigungen gefallen, aber sie erspüren auch hinter diesen sehr genau das Grundgefühl und die Absicht des Erwachsenen.

Alle Erfahrungen über die Ursachen seelischer Erkrankungen bei Kindern und Jugendlichen zeigen: Hiebe aus Liebe sind weniger schlimm als Spaß aus Haß.
Aber auch Hiebe aus Liebe sind schlimm genug, sind kinderfeindlich.

Denken wir jetzt einmal nicht an die Gefühle der Erwachsenen, sondern an die Gefühle der Kinder. Wir können davon ausgehen, daß Spaß aus Liebe von Kindern ohne Probleme als gut und schön erlebt wird, während sie Hiebe aus offenem Haß eindeutig als Zeichen der Feindschaft empfinden. (Ich vernachlässige hier die Tatsache, daß es Hiebe auch aus unbewußtem Haß gibt. Ich komme später darauf zurück.) Natürlich sind Kinder, die von einem wichtigen Beziehungspartner gehaßt werden, keinesfalls zu beneiden, sie sind deshalb aber nicht automatisch verlorene Geschöpfe. Viele Kinder lernen es, mit dem Haß, der ihnen entgegengebracht wird, umzugehen und sich etwa anderen Menschen anzuschließen. Doch braucht uns dieses Problem nur am Rande zu beschäftigen, weil jemand, der ein Kind wirklich haßt (und das auch weiß), dieses Buch nicht lesen wird. Er wird auch kaum unsicher sein im Umgang mit diesem Kind. Die Unsicherheit, über die heute so viel geklagt wird, kommt in der Regel nur bei Erwachsenen zustande, deren Grundgefühl ein liebendes ist. Sie möchten möglichst alles »richtig« machen. Diese Erwachsenen sind gut beraten, wenn sie sich die Erscheinung *Hiebe aus Liebe* einmal vom Kinde her durchdenken (schon um zu verstehen, warum Kinder gegen diese Liebesbezeigungen protestieren, welcher Protest die ursprüngliche Liebe der Erwachsenen im Laufe der Zeit erheblich zu beeinträchtigen pflegt).

Wie schon gesagt können allerdings andere Erziehungsmaßnahmen Kinder mehr quälen als Prügel. In der Floskel »Hiebe aus Liebe« möchte ich deshalb alle Maßnahmen zusammenfassen, mit denen Kinder von sie liebenden Erwachsenen erzogen, das heißt *prostituiert*, das heißt einem fremden Willen unterworfen werden sollen.

Ich nehme als Beispiel das erzieherische Fernsehverbot. Was geht in einem Kind vor, das von seinen Eltern etwa wegen einer schlechten Schulnote, sprich wegen »Faulheit«, mit drei Tagen Fernsehverbot belegt wird? Wir haben zugestanden, daß die Eltern es mit dem Kind gut meinen, aber was fühlt das Kind dabei?

Einerseits fühlt es die Liebe der Eltern. Es spürt, daß die Eltern das Kind wichtig nehmen, daß sie sich um es sorgen, daß sie ihm helfen wollen. Ich behaupte allen Ernstes: Gäbe es nicht diese Begleiterscheinung der pädagogischen Bestialitäten im Alltag unserer Kinder, man brauchte keinen antipädagogischen Freiheitskampf zu führen, weil die Kinder sich spätestens beim Schuleintritt massenweise umbringen würden.

Der Preis des Überlebens

Wir wissen ja, wie viele Kinder, die von ihren Eltern in der übelsten Weise gepeinigt werden, trotzdem an ihnen hängen und das Verhalten der Eltern oft sogar heftig verteidigen. Die Psychoanalytiker nennen diese Erscheinung »Identifikation mit dem Angreifer«. Kinder, die als schlecht beurteilt und demgemäß schlecht behandelt werden, wenden – unbewußt – einen seelischen »Trick« an: Sie spalten ihre Persönlichkeit in zwei Teile. Der eine Teil übernimmt das Urteil der übermächtigen Erwachsenen und erklärt den anderen Teil für schlecht. Damit schränkt das Kind zwar die Entwicklung seiner Gesamtpersönlichkeit entscheidend ein, aber es kann wenigstens weiterleben. Würde es den genannten Trick nicht anwenden, sondern sich vollständig dem Gefühl ausliefern, in den Augen seiner es doch liebenden Eltern schlecht (bekämpfenswert, z. B. durch ein Fernsehverbot) zu sein,

es müßte allen Lebensmut und damit alle Lebenskraft verlieren. Indem das Kind aber die Liebe der Eltern erspürt, kann es einen Teil seiner Persönlichkeit mit ihnen identifizieren (gleichsetzen) und diesen Teil für wertvoll und wichtig halten.
Aber der Preis, den der Abwehrmechanismus der Identifikation mit dem Angreifer kostet, ist hoch. Das Kind überlebt, doch es hält einen Teil von sich für schlecht. Das Kind fühlt sich geliebt und wichtig genommen, doch es fühlt auch, daß seine Eltern gute Schulnoten noch mehr lieben, noch wichtiger nehmen.

Jedes Kind, das von liebenden Eltern Erziehungsmaßnahmen unterworfen wird, nimmt außer der Liebe auch zur Kenntnis, daß seinen Eltern die angestrebten Erziehungsziele (Sauberkeit, Ordnung, Pünktlichkeit, Fleiß, Ehrlichkeit und so weiter) wichtiger sind als sein Wohlbefinden.

Bleiben wir bei unserem Beispiel. Ein Kind erhält wegen einer schlechten Schulnote bzw. wegen seiner »Faulheit« drei Tage Fernsehverbot. Das Kind kann nun durchaus einsehen, daß diese Maßnahme ihm helfen soll, daß seine Eltern es also gut mit ihm meinen. Die Eltern können ihm auch einreden, daß diese Maßnahme keine Strafe sei – die Untauglichkeit von Strafen als Erziehungsmittel spricht sich ja allmählich herum. Das Kind kann sogar, wenn genügend Erfahrungen und Drohungen vorausgegangen sind, das Fernsehverbot für gerecht halten und ausdrücklich damit einverstanden sein. Vielleicht nutzt es die so »gewonnene« Zeit tatsächlich, um für die Schule zu lernen. (Ich nehme also jetzt die jeweils günstigsten Umstände an.)
Ganz gleich, was das Kind vielleicht für die Schule lernt; für das Leben lernt es mit Sicherheit, daß seine Eltern es nicht lieben, wie es ist, sondern daß sie ihre Liebe mit Bedingungen verknüpfen. Solche bedingte Liebe enthält aber das Gift der Angst. Das Kind nimmt das Fernsehverbot hin aus Angst, seine Eltern könnten es noch schlimmer treiben. Das Gift der Angst zersetzt die Liebe. Das ursprüngliche, spontane und durch und durch vernünftige Gefühl des noch nicht persönlichkeitsgespaltenen Kindes kann aus Maßnahmen, die ihm Leiden bereiten, das Motiv der Liebe nicht mehr erschließen. Das Kind kann den Worten der Eltern glauben, sie meinten es gut, aber in den Stunden, in denen es konkret leidet (etwa weil seine Kameraden jetzt bestimmte Sendungen sehen können), wird es keine Liebe fühlen, weder von den Eltern, noch für die Eltern. Während es sich nach außen hin fügt, toben in ihm Angst, Haß und Rachegefühle. Die irrwitzige (pädagogische) Gedankenkonstruktion

der Eltern, jemandem Leid zuzufügen, weil man ihn liebt, kann von einem gesunden, ungeteilt Fühlenden nicht nachvollzogen werden. Das Kind muß sich minderwertig fühlen, solange es Autoritäten nicht zufriedenstellt. Es wird seine unerträglichen Minderwertigkeitsgefühle ausgleichen durch Leistungswut, Autoritätshörigkeit und umgekehrt durch Intoleranz und Herrschlust. Der Erziehungskrieg hat sich in die Seele des Kindes hineinverlagert, von nun an kämpft es gegen sich selbst und jagt nach äußerem Schein, nach Besitz, nach Macht, nach allen möglichen Ersatzwerten, die ihm doch den Frieden mit sich selbst nicht wiedergeben können.

Die geopferte Gegenwart

Jeder Mensch fühlt nur in der Gegenwart. Seine Gedanken mögen sich in der Vergangenheit oder in der Zukunft aufhalten – die Gefühle, die sie auslösen, sind jeweils gegenwärtig. Angst vor morgen ist jetzige Angst, Hoffnung auf übermorgen ist jetzige Hoffnung, Vorfreude ist jetzige Freude, Ärger über gestern ist jetziger Ärger.

Viele Eltern quälen Kinder heute aus einer Liebe heraus, die das morgen meint. Aber die in die Zukunft gesendete Liebe kann von Kindern nicht empfangen werden.

Viele Eltern bekämpfen ihre Kinder (z. B. deren »Unarten«) aus Liebe, aber die Kinder fühlen, daß diese Liebe nicht ihnen selbst gilt, sondern den Erziehungszielen der Eltern. Ein Zweck kann eine Handlung heiligen; aber wenn die Gegenwart eines Kindes durch Erziehungsmittel einem Erziehungszweck geopfert wird, dann wird das Kind selbst als Mittel zum Zweck betrachtet und behandelt. Die Würde des Kindes wird mißachtet, die Würde des Zweckes verraten.

Das Kind kann ein sicheres Selbstgefühl und Selbstbewußtsein nur entwickeln, wenn es von seinen wichtigen Beziehungspartnern in der jeweiligen Gegenwart bedingungsloses Angenommensein erfährt und erfühlt. Diese Tatsache läßt sich mit Erziehungsakten nicht vereinbaren.

Ein Fernsehverbot mag gut gemeint sein und von Liebe getragen. Das Kind jedoch empfindet es als unfreundlichen Akt. Kinder empfinden sämtliche Erziehungsmaßnahmen, die ihr augenblickliches Wohlgefühl beeinträchtigen, als unfreundliche Akte. Sie sind ja auch als solche gedacht! Ich kenne eine Reihe von Eltern, die ihre Kinder gelegentlich verprügeln und glaubhaft versichern, sie litten unter den Schlägen mehr als die Kinder. Es müsse aber eben sein, sonst …

Die pädagogische Einstellung

Hier enthüllt sich eine Einstellung, die hinter den einzelnen Erziehungsmaßnahmen steckt. Diese Einstellung ist vom Kinde aus gesehen prinzipiell kinderfeindlich, sie stiftet die Erwachsenen jedem neuen Kind gegenüber zur Eröffnung des Erziehungskrieges an, sie vergiftet auch die innigste Vater- und Mutterliebe.

HELMUT OSTERMEYER hat in seinem Buch »Die Revolution der Vernunft« diese Erkenntnis meisterhaft und konsequent verarbeitet.

Ich führe hier zwei wesentliche Absätze an:

> »Das Ende der Erziehung macht den Weg frei für die unverfälschte Äußerung der Liebe. Wieviel Kinder zweifeln an der Liebe ihrer erziehungsgläubigen Eltern und wieviel Eltern beteuern den Kindern krampfhaft und schuldbewußt, sie liebten es trotzdem und wollten ja nur sein Bestes! Wer sein Kind liebt, der schlägt es. Die Oberschicht erzieht statt mit Schlägen mit Liebesentzug. Wer sein Kind liebt, der entzieht ihm die Liebe, heißt der Spruch dort. Fürwahr eine überzeugende Volksweisheit!
>
> Ich sage nicht, daß Eltern, die ihre Kinder erziehen, sie nicht lieben. Aber sie machen sich die Liebe schwer und zuletzt kaputt. Das dauernde Herumerziehen führt zum Kriegszustand. Das Kind verteidigt seine Bedürfnisse und Rechte. Die Eltern verfolgen ihre kindfremden Ziele: Ein dauernder Stellungskampf vergiftet die Familie. Die Strafen, die die Eltern verhängen, erschüttern das Vertrauen und entfremden die Generationen. Friede ist nur möglich ohne Erziehung.« (S. 186f)

Kinderfreundliche Gefühle von Eltern und anderen Erwachsenen mögen noch so sehr überwiegen, guter Wille und wohlmeinende Absichten gegenüber Kindern mögen noch so weit verbreitet sein; wie ein Tropfen Arsen genügt, eine große Menge reinsten Wassers oder gesündester Milch zu vergiften, genügt eine kleine Beimengung an pädagogischer Einstellung, an erzieherischer Ambition, an auf Zöglinge gerichtetem Ehrgeiz, damit aus kinderfreundlichen Absichten kinderfeindliche Folgen entspringen. Beispielsweise braucht jeder Mensch, um das für seine Gesundheit, seine Leistungs- und Glücksfähigkeit unbedingt erforderliche Selbstvertrauen zu erwerben und zu erhalten, von seinen wichtigen Beziehungspartnern nichts dringender als Vertrauen. Ein Mensch kann nur Selbstvertrauen entwickeln und damit, sozial gesehen, auch vertrauenswürdig werden und bleiben, wenn er mindestens einen anderen Menschen hat, der ihm Vertrauen entgegenbringt. Bevor ein Mensch sich als vertrauenswürdig erweisen kann, benötigt er also aus seiner Umgebung einen Vertrauensvorschuß. Der Mensch ist nicht ein erziehungsbedürftiges Wesen (wie die Erziehungsideologie behauptet), er ist – mit dem österreichischen Psychotherapeuten GERHARD BRANDL und seinem schönen Buch »Erziehen ohne verwöhnen« (Verlag Jugend und Volk, Wien und München 1977) zu sprechen: ergänzungsbedürftig, und in unserem Zusammenhang muß man sagen, er ist vertrauensbedürftig.

Die erzieherische Grundhaltung wird aber in ihrem Kern von Mißtrauen geprägt. Wenn ich glaube, einen Menschen bestimmten Maßnahmen aussetzen zu müssen, damit er bestimmte Ziele erreicht, dann gebe ich ihm mein Mißtrauen zu verstehen, er könne oder werde diese Ziele ohne meine Maßnahmen nicht erreichen. Und so, wie Vertrauen gewissermaßen ansteckend wirkt, wirkt auch Mißtrauen. Pädagogisch eingestellte Erwachsene begegnen Kindern mit einem Mißtrauensvorschuß. Kein Wunder, daß Selbstvertrauen, Vertrauenswürdigkeit und Vertrauensfähigkeit zu den im Aussterben befindlichen Eigenschaften gehören ...

Die beiden Arten von Kinderfeindlichkeit

Ich fasse die Antwort auf die Frage »Was ist Kinderfeindlichkeit?« wie folgt zusammen:

Es gibt zwei Arten von Kinderfeindlichkeit, die subjektive und die objektive. Die subjektive Kinderfeindlichkeit ist das Gefühl, Kinder nicht zu mögen oder sie sogar zu hassen. Die meisten Erwachsenen sind nicht subjektiv kinderfeindlich. Objektive Kinderfeindlichkeit ist nicht ein Gefühl von Erwachsenen, sondern eine Erscheinung, die sich von ihren Objekten, den Kindern her bestimmt. Objektive Kinderfeindlichkeit drückt sich in Einstellungen und Verhaltensweisen aus, unter denen Kinder leiden oder die Kinder schädigen. Die meisten Erwachsenen heute sind objektiv kinderfeindlich. Alle Erziehungsmaßnahmen sind objektiv kinderfeindlich. Interesselosigkeit für Kinder ist ebenso objektiv kinderfeindlich wie die pädagogische Einstellung.

Ich will nun niemandem seine objektive Kinderfeindlichkeit vorwerfen. Jede Einstellung und Sichtweise, auch die unerfreulichste, hat ihre Gründe, die zu respektieren sind. Der antipädagogische Freiheitskampf soll nicht gegen Menschen geführt werden, sondern gegen falsche Überzeugungen und gegen widerlegte Ideologien.

Fragen zur objektiven Kinderfeindlichkeit

Es gibt nach meinen rund zwölfjährigen Erfahrungen mit Antipädagogik keinen durchschnittlich denkfähigen Menschen, der die Berechtigung ihrer grundsätzlichen Aussagen nicht verstanden hat, wenn er sich mit ihnen nur tatsächlich auseinandersetzte. Ich werde noch zeigen, warum ich es für aussichtslos halte, Menschen, die diese Auseinandersetzung scheuen, überzeugen zu wollen. Man kann nur jemanden aufklären, der aufgeklärt werden will, also ein Gespür für die Wolken und Nebelschwaden schon hat, die seine Wahrnehmungen verzerren, ihm die Wirklichkeit verschleiern. Die Aufklärung gerade einer so intimen Angelegenheit, wie es die Einstellung zu Kindern ist, muß anknüpfen können an eben die Liebesbereitschaft und den guten Willen, den sie als unzureichend entdeckt. Sie muß Menschen enttäuschen, d. h. ihre Täuschungen korrigieren, aber sie kann ihre Motive nicht verändern. Wer an falschen Überzeugungen und an widerlegten Ideologien festhalten will, hat dafür ebenfalls Gründe, die zu respektieren sind. Allerdings muß man vor solchen Menschen Kinder zu schützen versuchen.

Subjektiv kinderfreundliche Erwachsene, denen ihre Beziehungen zu Kindern wichtig genug sind, um sich Anteile objektiver Kinderfeindlichkeit eingestehen zu können, mögen ihr Denken und Handeln an einigen Fragen überprüfen.

- Opfere ich manchmal das gegenwärtige Wohlbefinden des Kindes meinen Wünschen für seine Zukunft auf?
- Muß das Kind Angst haben, ich könnte es unfreundlicher behandeln oder weniger lieben, wenn es sich nicht nach meinen Wünschen richtet?
- Nehme ich im Falle von Konflikten manchmal für bestimmte Wertvorstellungen (Sauberkeit, Pünktlichkeit usw.) und gegen das Kind Partei?
- Hege ich Mißtrauen gegen die Fähigkeit oder den Willen des Kindes, sich in Selbstbestimmung persönlich und sozial erfreulich zu entwickeln?

Wenige Leser werden alle vier Fragen mit einem glatten Nein beantworten. Auch in meinem persönlichen Umgang mit Kindern kommt gelegentlich ein kleines Ja vor. Ich habe noch keinen Menschen erlebt, der unausgesetzt objektiv kinderfreundlich gewesen wäre. Ich halte es sogar für gut, weil Kinder im Schatten eines solchen Übermenschen schwerlich zur vollen Entfaltung kämen. Niemand kann sich immerzu so benehmen, daß seine Mitmenschen darüber beglückt sind. Es gibt aber eine fünfte Frage, die den vier anderen übergeordnet ist und eine eindeutige Antwort verlangt.

- Glaube ich, wenn ich Kinder unfreundlich, mißtrauisch usw. behandle, dies sei im Interesse der Kinder nötig?

Wer diese Frage uneingeschränkt mit Nein beantworten kann, hat Antipädagogik im Prinzip verstanden. Die Beziehungen mit den Kindern seines Umgangs werden sich zwangsläufig verbessern. Seine Unsicherheit gegenüber Kindern ist schon auf dem Rückzug, denn er hat die Erziehungsideologie theoretisch überwunden und wird mit den Rezepten im II. Teil dieses Buches keine Schwierigkeiten haben.

Wer weiß, daß er als Erwachsener es manchmal nötig hat, erzieherisch zu handeln – weil ihm keine Zeit zum Überlegen bleibt oder weil er nervös oder wütend oder hilflos ist –, der hat den entscheidenden Schritt zur Freundschaft mit Kindern getan. Man braucht unter Freunden nicht andauernd freundlich zu sein. Man wird aber kaum Freunde finden, wenn man glaubt, sie hätten es nötig, schlecht behandelt zu werden, und Unfreundlichkeit sei für sie gut und förderlich.

Hintergründe der Erziehungsideologie

Es ist mir bewußt, daß mein antipädagogisches Engagement mich dazu verführt, die Kinderfeindlichkeit von Erziehungstheorien und -praktiken stärker hervorzuheben als die Kinderfeindlichkeit von ungeplanten, unbeabsichtigten, auch unbewußten Einflüssen auf Kinder. Ebenso kümmere ich mich bei meinen Analysen selten um die Tatsache, daß viele Kinder nicht nur unter Erziehungsakten leiden, sondern auch unter Vernachlässigung.

Ich pflege dieser Versuchung nachzugeben, weil gegenwärtig die Meinung, man müsse Kinder unbewußt quälen oder bewußt vernachlässigen, nicht vertreten wird. Im Gegenteil arbeiten sehr viele ausgezeichnete Aufklärer daran, den Erwachsenen Verständnis für die Bedürfnisse von Kindern nahezubringen, sie auf die Kinderfeindlichkeit von Vernachlässigung, unbeabsichtigten Einflüssen und Gedankenlosigkeit aufmerksam zu machen.

Deshalb konzentriere ich meine Arbeit auf die Entlarvung der Erziehungsideologie. Ich kann mir keinen größeren Skandal und keinen zerstörerischeren Wahnsinn vorstellen als die Rolle, die Kindern in unserer der Idee nach demokratischen Gesellschaft ganz offiziell zugewiesen wird. Dabei liegt die Betonung auf dem »ganz offiziell«. Um ein Beispiel zu nennen: In jeder Gesellschaft passieren Verbrechen, gibt es Vorurteile, Haß usw. Das ist nicht schön und muß auch nicht unbedingt so bleiben, aber es ist doch eine Erscheinung, mit der auch ein anständiger Mensch zu leben lernen kann. Sobald aber Verbrechen, Vorurteile, Haß *ganz offiziell* zur Norm erklärt werden, muß meiner Meinung nach ein anständiger Mensch aktiven Widerstand leisten. Die faschistische und die pädagogische Einstellung haben dieselben Wurzeln und vergleichbar unheilvolle Folgen. Nach dem Zweiten Weltkrieg klagte man lauthals über die Millionen Deutschen, die dem Faschismus keinen Widerstand leisteten, die keine Antifaschisten wurden. Ich kann nur hoffen (und dafür arbeiten), daß es keiner ähnlichen Katastrophe bedarf, um der Öffentlichkeit zu erklären, warum sich einige Leute Antipädagogen nennen und gegen das unermeßliche Leid ankämpfen, das die offizielle Erziehungsideologie nicht nur Kindern, sondern ebenso Eltern und der gesamten Gesellschaft zufügt.
Aber wie gesagt, der antipädagogische Freiheitskampf richtet sich nicht gegen Menschen, auch nicht gegen Pädagogen. Ich kenne viele ausgezeichnete Pädagogen, die sich ihrer Berufsbezeichnung nicht schämen und sich doch – zunehmend auch in der Öffentlichkeit – zur Antipädagogik bekennen. Jeder Mensch guten Willens wird seine Einstellung im antipädagogischen Sinne zu ändern versuchen, wenn er die Folgen der pädagogischen Einstellung verstanden hat.

Das Ansehen von Kindern

Dieses Verständnis möchte ich meinen Leserinnen und Lesern so gut ich kann erleichtern. Um Berechtigung und Notwendigkeit von Antipädagogik zu verstehen, muß man wissen, was Pädagogik ist. Nun gibt es da zu viele Definitionen und Standpunkte, als daß ich hier in Einzelheiten gehen könnte. (Für Studienzwecke verweise ich auf das Buch »Antipädagogik«.) Inzwischen ist mir ein neuer Ansatz eingefallen, mit dem ich bei zahlreichen Veranstaltungen gute Erfahrungen gemacht habe. Immer wenn ich ihn anbot, fand ich mehrheitliche (manchmal auch einhellige) Zustimmung zu dem Programmpunkt »Gleichberechtigung des Kindes« (siehe Fischer Taschenbuch 6338).

Dieser Ansatz befragt die verschiedenen Erziehungstheorien nicht nach Nützlichkeit, Wahrheit usw., sondern nach der Rolle, die Kinder in ihnen spielen. Welcher Status wird Kindern zugebilligt, welches »Image« haben Kinder im Lichte dieser Theorien?
Es ist ja für das Selbstwertgefühl und Selbstbewußtsein auch des erwachsenen Menschen von entscheidender Bedeutung, welches *Ansehen* er in seiner Umgebung genießen kann. Ein »angesehener« Mensch mit »gutem Namen« und »gutem Ruf« fühlt sich grundsätzlich besser als ein übel beleumundeter. Die Menschen nehmen ihr Ansehen so wichtig, daß einige von ihnen, denen es nicht gelingt, auf sozial geachteten Wegen sich den Respekt ihrer Umwelt zu verschaffen, sogar sozial geächtete Wege beschreiten, um wenigstens als Verbrecher Respekt zu verdienen. Viele Menschen sind darauf angewiesen, Angst um sich zu verbreiten, weil sie nach ihren Erfahrungen auf Zuneigung nicht zu rechnen wagen. Jeder Mensch will sich Achtung verschaffen, weil er sie für seine (lebensnotwendige) Selbstachtung braucht. Findet er diese Achtung nicht auf die eine Weise, so sucht er sie auf die andere.
Das Wort »Ansehen« scheint mir in diesem Zusammenhang am besten geeignet, den Sachverhalt zu beschreiben. Zumal man heute weiß, wie wichtig es für das positive Lebensgefühl von Kindern ist, ob sie von ihren Beziehungspartnern freudig (»mit glänzenden Augen«) angesehen werden oder nicht. Indem das Wort »Ansehen« gleichzeitig einen subjektiven (ich will angesehen sein) und einen sozialen Bestandteil (ich kann dieses Ansehen nur von anderen Menschen bekommen) enthält, kann man es unschwer als eine Funktion des *Gemeinschaftsgefühls* erkennen, das nach ALFRED ADLERS Erkenntnis im Menschen als sozialem Wesen immer schon angelegt ist. Freilich kann dieses Gemeinschaftsgefühl *gegen* die Gemeinschaft gerichtet werden, wenn die Gemeinschaft ein Kind als ihren Feind *ansieht.* Deshalb die Fragen: Als was werden Kinder von Erziehungstheorien angesehen? Und welches »Ansehen« gewinnen sie daraus vor ihrer Umgebung und vor sich selbst? Die Antwort ist leicht (wenn auch folgenschwer):

Sämtliche Erziehungstheorien haben eines gemeinsam: Sie sehen Kinder als Zöglinge an, als Erziehungsobjekte, als Unreife, als nicht Vollwertige – letztendlich als Gefahr für die Gemeinschaft. Kindheit wird als Durchgangsstadium gesehen, als Vorstufe des richtigen Menschentums. Der vordemokratische Satz »Lehrjahre sind keine Herrenjahre« bildet den Hintergrund jeglicher Erziehungstheorie.

In der »Antipädagogik« habe ich diese Behauptung mit einer Fülle von modernen erziehungswissenschaftlichen Zitaten bewiesen. Inzwischen hat die Berliner Lehrerin KATHARINA RUTSCHKY mit ihrer Quellensammlung »Schwarze Pädagogik« (Ullstein Taschenbuch 3318) den endgültigen – und erfreulich vielbeachteten – Nachweis erbracht, daß die Pädagogik, das pädagogische Denken und Handeln, die pädagogische Einstellung, schon seit 200 Jahren nichts anderes ist als ein mörderischer Krieg gegen Kinder. Diese Analyse ist besonders wertvoll, weil KATHARINA RUTSCHKY zu dem Ergebnis kommt, daß die moderne Pädagogik für diesen Krieg immer raffiniertere Waffen schmiedet und ihn immer unnachsichtiger und konsequenter führt. Die Pädagogik ist also keineswegs kinderfreundlicher geworden, seit das Prügeln und ähnliche Brutalitäten offiziell nicht mehr »in« sind.
Ich war etwas traurig darüber, daß KATHARINA RUTSCHKY die »Antipädagogik« nur in einer recht unverständigen Anmerkung erwähnte; wahrscheinlich hat sie mein Buch nicht lesen können, bevor das ihre in Druck ging. So fehlt bei ihr jeder Ansatz einer positiven Alternative. Zu vermuten ist allerdings, daß dies auch an ihrer »materialistischen« Sichtweise liegt: Wer der Theorie anhängt, man könne im Rahmen der bestehenden Verhältnisse ohnehin nichts machen (außer Revolution), der hört natürlich mit seinem Denken gerade dann auf, wenn es spannend zu werden verspricht. Demgegenüber betont LLOYD DE MAUSE (»Hört ihr die Kinder weinen«, S. 14): »Die Evolution der Eltern-Kind-Beziehungen bildet eine unabhängige Quelle historischen Wandels.« Das heißt, die Evolution, Entwicklung der Erwachsenen zu mehr emotionaler Reife ist nicht abhängig von Gesellschaftssystem, Produktionsverhältnissen usw. – wie diejenigen glauben, die immer behaupten, zuerst müsse alles andere anders werden, bevor auch in Seele und Geist der Menschen Verbesserungen möglich sind. Das pädagogische Denken ist eine eigenständige Größe – der schönste Sozialismus (angeblich ohne Herrschaft von Menschen über Menschen) hat noch nicht begriffen, daß die Herrschaft des Kapitals und der Kapitalisten *eine* Sache ist; eine ganz andere Sache dagegen ist die *altersbedingte* Herrschaft von Menschen über Menschen (die wesentlich von der Erziehungsideologie am Leben erhalten und verteidigt wird).
Inzwischen gibt es aber immer mehr, zum Teil sehr preiswerte Bücher, die das Ansehen von Kindern als Erziehungsobjekte bekämpfen. Ich erwähne nur die Arbeit von DONATA ELSCHENBROICH: »Kinder werden nicht geboren« (Frankfurt 1977) und das leidenschaftliche Plädoyer für die Gleichberechtigung des Kindes, das CHRISTIANE ROCHEFORT mit ihrem

Buch »Kinder« (München 1977) vorgelegt hat. Dieses Vordringen des antipädagogischen Denkens läuft parallel mit den Fortschritten der Antipsychiatrie – hier möchte ich jedem Interessenten das Buch »Freiheit heilt« von SIL SCHMID (Berlin 1977) empfehlen, einen leicht verständlichen Bericht über die Praxis der italienischen Antipsychiater, die unwahrscheinlich anmutende Erfolge zu verzeichnen haben. Insgesamt besteht für mich überhaupt kein Zweifel mehr daran, daß es in absehbarer Zeit gelingen wird, der weiteren Pädagogisierung vieler Lebensbereiche Einhalt zu gebieten und viele weitere wieder – wie es die deutschen Pädagogikprofessoren HARTMUT VON HENTIG und HEINRICH KUPFFER bisher erfolglos forderten – zu entpädagogisieren.
Ursprünglich hatte ich vor, in diesem Buch an dieser Stelle einige populäre und fortschrittliche Erziehungsratgeber, wie man so sagt, »in die Pfanne zu hauen«. Ich wollte die totalitäre, faschistoide, jedenfalls antidemokratische Grundtendenz, auch die Lügen und die schlichte Dummheit dieser Autoren entlarven und sie dem Hohn und Spott der Verständigen preisgeben.
Mittlerweile fürchte ich, ein solches Vorgehen wäre unfair. Seit dem Erscheinen meiner beiden ersten Bücher habe ich so viele aufgeschlossene Menschen kennengelernt, daß es mir immer weniger Spaß macht, anderen, die es nicht besser wissen – oder wußten –, eins auszuwischen. Ich bin auf die Millionenauflagen bestimmter kinderfeindlicher Autoren zwar nicht weniger neidisch als früher, aber die vielen Freunde, die ich inzwischen fand, haben mir ermöglicht zu lernen, mit diesem Neid besser umzugehen. Vielleicht ist es auch so, daß die Auseinandersetzung mit Autoren, die kinderfeindliche Theorien vertreten und entsprechende Ratschläge erteilen, eine Art Selbstbefriedigung meinerseits bedeutete und dem Versprechen, meinen Leserinnen und Lesern Sicherheit im Umgang mit Kindern zu ermöglichen, entgegenliefe. Ich will deshalb über die Hintergründe der Erziehungsideologie anders als vorgesehen schreiben. Und ich will auch nicht mehr lange erklären, warum und wieso, sondern fange einfach an. Und zwar mit einer

Zwischenfrage: Wußten Sie schon, was Freiheit ist?

»Der Mensch wird frei geboren, und überall ist er in Ketten.« Mit diesem Satz beginnt das Buch »Der Gesellschaftsvertrag« von JEAN-JACQUES ROUSSEAU. Es erschien im Jahre 1762 und wurde eine wesentliche Grundlage für die französische Revolution wie für alle anderen Freiheitsbewegungen danach. Der Name

ROUSSEAU steht noch heute für die Ideen von Freiheit und Gerechtigkeit, gegen Willkür und Herrschaftsgelüste totalitärer Machthaber. JEAN-JACQUES ROUSSEAU, der Bürger von Genf, gilt unbestritten als der bedeutendste Vorkämpfer der heute zumindest auf dem Papier allgemein anerkannten Menschenrechte. Sein Freiheitsbegriff ist allerdings reichlich verworren. Zum Beispiel spricht er davon, daß jeder, der der Gemeinschaft den Gehorsam verweigert, zu diesem Gehorsam »gezwungen werden soll; das hat keine andere Bedeutung, als daß man ihn zwingen werde, frei zu sein«. (Reclam-Ausgabe 1968, S. 48) Der Widerspruch ist offenkundig, denn nach dem normalen Verstande schließen sich Zwang und Freiheit gegenseitig aus.
Unklarheit und Widersprüchlichkeit des Wortes »Freiheit« sind auch nach 200 Jahren philosophischen Bemühens nicht ausgeräumt. 1974 veröffentlichte die Philosophin JEANNE HERSCH, Bürger von Genf wie ROUSSEAU, ein Buch mit dem Titel »Die Unfähigkeit, Freiheit zu ertragen« (Benziger Verlag, Zürich und Köln). Dort sagt sie zum Beispiel: »Frei sein heißt, etwas ganz Bestimmtes unbedingt wollen; es schließt jede Wahl aus. Es bedeutet, von einem absoluten Willen geradezu besessen zu sein und auf ein bestimmtes Ziel zugetrieben zu werden.« (S. 48)
Auch hier wundert sich der schlichte Verstand, wieso Freiheit jede Wahl ausschließen und Besessenheit und Getriebenwerden bedeuten soll. Der Mensch wird frei geboren, und überall ist er in Ketten? Kein Wunder, finde ich, wenn er so mit Begriffen jongliert, daß schließlich jeder etwas anderes meint, und oft genug das Gegenteil. So wurden früher Mädchen »gefreit«, was wenig anderes bedeutete als ihre lebenslängliche Sklaverei. Und sie wehrten sich nicht einmal. Sie gaben ihre Freiheit freiwillig auf.
Trotz seiner Widersprüchlichkeit ist das Wort »Freiheit« ein zentraler Begriff unseres Lebens. Subjektiv, konkret und praktisch wissen wir ganz gut, was Freiheit ist, nämlich der mehr oder weniger gesicherte, mehr oder weniger große Spielraum für *eigene* Entscheidungen und Handlungen. Vollkommene Freiheit wäre dann gegeben, wenn schlichtweg jeder tun und lassen könnte, was er will. (Die übliche Einschränkung, die Freiheit des einen ende an der Freiheit der anderen, ist bei dieser Formulierung im Grunde überflüssig, denn wenn *jeder* tun und lassen kann, was er will, ist ja vorausgesetzt, daß jeder die Freiheitsrechte der anderen achtet.)
Aber selbstverständlich gibt es keine vollkommene Freiheit. Beispielsweise kann ich nicht drei Frauen gleichzeitig küssen, und wenn ich das noch so sehr will. Jeder Freiheitsspielraum ist begrenzt durch die wirklichen Möglichkeiten, sowohl die inneren wie die äußeren. Nun ist sich über die äußeren Begrenzungen

normalerweise jedermann klar – auch der entschlossenste Erzieher kann ein Kind nicht verprügeln, solange er es nicht in seiner Gewalt hat. Mit den inneren Begrenzungen ist es schwieriger. Offenkundig ist noch, daß jemand nicht Englisch sprechen kann, der diese Sprache nicht gelernt hat. Eine tieferliegende Begrenzung wären etwa Geschmacksfragen – ich *kann* mich nicht freuen, wenn mich jemand zum Rosenkohlessen einlädt, weil mir Rosenkohl nicht schmeckt, auch wenn ich dem Gastgeber noch so gern gefallen will. Am schwierigsten wird es mit den inneren Begrenzungen des Freiheitsspielraumes, wo bewußte oder gar unbewußte seelische Fähigkeiten in Frage stehen. Am medizinischen Begriff der Zwangsneurose etwa wird deutlich, daß es Menschen gibt, die in bestimmten Bereichen inneren Zwängen vollkommen ausgeliefert sind. Hier von »Freiheit« zu sprechen oder an die Willenskraft solcher Patienten zu appellieren, wäre gänzlich sinnlos.

Der unbewußte innere Zwang bei Patienten mit neurotischen Zwangsgedanken und Zwangshandlungen verhindert, daß sie tun können, was sie wollen. Dieser Zwang betrifft aber in der Regel nur Teilbereiche der Persönlichkeit, außerdem gilt er als krankhaft. Als normal gilt heute noch in vielen Kreisen, daß Menschen überhaupt nicht wollen können, was *sie selbst* wollen. In der üblichen Gewissenserziehung wird Kindern mindestens mit der Drohung des Liebesentzugs angewöhnt, daß sie nur wollen, was sie wollen *sollen*. Gelingt diese Gewissenserziehung, dann ist die Freiheit ihres Opfers ebenso eine Illusion wie die des Zwangsneurotikers. Es gibt keine *eigenen* Entscheidungen, die Stimme des Gewissens verkündet den Willen der Erzieher, der Zögling ist eine bloße Marionette geworden. (Eine Marionette ist eine Puppe, die keinen eigenen Willen hat, sondern sich an Fäden bewegt, wie der Puppenspieler es will.) Jetzt kann der äußere Freiheitsspielraum so groß sein wie er will, der gewissenbehaftete Mensch kann ihn nicht nutzen. Er kann zwar tun, was er will, aber sein Wille gehört ihm nicht selbst. Er wurde innerlich versklavt. »Innerlich versklavt« bedeutet: Er wird sich seiner Sklaverei nicht bewußt, er identifiziert sich mit seinen Angreifern (um wenigstens zu überleben). Er fühlt sich zwar verschwommen unwohl bis verzweifelt, aber anders als ein äußerlich versklavter Mensch kennt er den Grund dafür nicht, gibt sich selbst die Schuld, kann keinen Widerstand leisten. Die Behauptung, ein Mensch, der dem ihm eingepflanzten Gewissen gehorcht, sei ein freier Mensch, ist blanker Hohn und Zynismus. Ebenso die Behauptung, dieser Gehorsam sei ein freiwilliger. Ein gut dressierter Dackel bringt auch »freiwillig« die Zeitung. Mehr ist dazu nicht zu sagen.

(Doch! Kennen Sie »die königliche Kunst der Freiheitsdressur«? Das geht so: »Ein Pferd soll die ›Pirouette‹ erlernen. Die Longe wird ihm also um den Hals gelegt, das Pferd wird nun ›von der Longe abgewickelt‹. Es dreht sich dabei, etwas anderes bleibt ihm ja nicht übrig. Diese Pirouette-Probe wird viele Male wiederholt, bis das Pferd die Drehungen auf Zuruf von selber, ohne Longe, ausführt.« Tolle Freiheit, nicht wahr? Und doch können unsere Kinder nur neidisch werden, wenn sie lesen: »Ein Pferd darf niemals geschlagen werden, es wird sonst ängstlich und nervös.« Oder noch schöner, über die Dressur von Schweinen: »Einem Kind darf man mit dem Stock drohen, einem Hund mit der Peitsche, einem Schwein jedoch darf man höchstens einen Strohhalm zeigen!« Der berühmte Erziehungsreformer CARL HAGENBECK über die »alten« Methoden: »Was man früher unter Dressur verstand, verdiente diesen Namen durchaus nicht. Viel eher hätte man alle jene Prozeduren als Tierquälerei bezeichnen dürfen, während die heutige Dressur wirklich den Namen einer Schule verdient.« Und wie sah es in der reformierten Tierschule aus? »Jetzt wurde nicht mehr mit Gewaltmethoden gearbeitet, sondern ausschließlich die Geschicklichkeit und Intelligenz der vierbeinigen Schüler genutzt. Geduld einerseits und Liebe zum Tier waren selbstverständliche Voraussetzungen der Dressur geworden.« – Nachzulesen in dem Buch »Dressuren und Dompteure« von HERMANN DEMBECK, Bayerischer Landwirtschaftsverlag 1966, Pflichtlektüre für alle Pädagogik-Studenten!)
Als Schlußfolgerung scheint nun das Problem »Freiheit« gar nicht so kompliziert zu sein. Wir wissen aus unserer alltäglichen Erfahrung, daß Freiheit dort ist, wo wir einen möglichst großen und sicheren Spielraum für eigene Entscheidungen und Handlungen vorfinden, wo wir über uns selbst bestimmen und bei gemeinsamen Angelegenheiten mit anderen Menschen mitbestimmen können. Wir wissen aber auch, daß wir oft große äußere Freiheitsspielräume wegen innerer Begrenzungen nicht nutzen können: wir schämen uns, obwohl wir uns nicht schämen wollen, wir haben Hemmungen, die uns behindern, wir bringen keinen Ton heraus, obwohl wir schreien möchten, wir wollen freundlich sein und werden plötzlich aggressiv – das einfachste Beispiel ist: Wir liegen in einem gemütlichen, ruhigen Bett und wollen unbedingt schlafen, aber wir können nicht schlafen. Ein innerlich freier Mensch kann fast an jedem Ort und unter fast allen Bedingungen schlafen, wenn er das will.
Damit Menschen innerlich frei bleiben, brauchte man also nur mit der Erziehung von Kindern aufzuhören. Die Sache ist wirklich so

einfach wie dieser Satz. Kinder, die von Anfang an tun und lassen können, was sie wollen, leben in Freiheit. Andere nicht. (Man rede jetzt nicht von Vernachlässigung oder Überforderung. Kinder *wollen* nicht vernachlässigt oder überfordert werden, es kann also nichts passieren, wenn man sich nach ihrem Willen richtet. Damit Kinder tun und lassen können, was sie wollen, brauchen sie selbstverständlich in den ersten Jahren Betreuungs- und Beziehungspartner, die ihnen zur Verfügung stehen.)

Äußere Freiheit ist wichtig, aber innere Freiheit ist wichtiger. Denn innerlich Unfreie können mit äußeren Spielräumen wenig anfangen. Umgekehrt lassen sich innerlich Freie unsinnige oder überflüssige äußere Begrenzungen nicht gefallen. Wer also für Freiheit ist, muß zuallererst für die Freiheit von Kindern sein.

Ich sagte, es ist wirklich so einfach, aber wie wir alle wissen, sieht die Wirklichkeit ganz anders aus. Einen wesentlichen Grund hierfür, der zumeist übersehen wird (ich habe jedenfalls diesen Zusammenhang noch nirgends aufgedeckt gefunden), sehe ich in der Tatsache, daß Philosophen und Freiheitskämpfer zwar möglicherweise große Geister, aber doch in erster Linie Menschen sind. Auch Philosophen sind Kinder ihrer Zeit, Kinder ihrer Kultur, Kinder ihres Vaterlandes, ihrer Muttersprache, Kinder ihrer Eltern. Auch Philosophen sind erzogen worden und haben sich mit ihren Angreifern identifiziert.

Diese Selbstverständlichkeit wird plötzlich bedeutungsvoll, wenn man der Frage nachgeht, wie diese Philosophen zum Phänomen Kindheit stehen. Denn in der Kindheit des Menschen bilden sich seine seelischen und geistigen Strukturen, seine Fähigkeiten und Interessen – auch das Interesse an Freiheit.

Im Falle der beiden Genfer Philosophen kann ernsthaft kein Zweifel daran bestehen, daß beide – ROUSSEAU im 18., HERSCH im 20. Jahrhundert – zu den glühendsten Vorkämpfern und Verfechtern der Freiheit gehören. Was aber halten sie von Kindern?

Je eine Äußerung von ihnen als einziges zahlloser Beispiele kann diese Frage beantworten. JEANNE HERSCH:

> »Es geht nicht einfach darum, daß wir uns Disziplin angewöhnen, also etwa im Freien keine Plastikabfälle liegen lassen. Das ist wichtig, aber es ist nicht das Entscheidende. Es geht um sehr viel mehr: darum nämlich, unsere Gelüste und Begierden zu kontrollieren und so lange zu verfeinern, bis sie wertvoll sind. Wenn man in der Schule den Kindern beizubringen versucht, ihre Begierden zu zügeln, so vernachlässigt man meiner Meinung nach die Erziehung dieser Begierden, das heißt die Sinngebung in Richtung auf eine Verfeinerung und Vermenschli-

chung. Gewöhnlich sieht man das Problem so: Entweder machen die Kinder, was sie wollen, oder es herrscht Disziplin. Natürlich sollen die Kinder nicht machen, was sie wollen – aber Disziplin ist auch nicht der Weisheit letzter Schluß. Man muß eben die Begierden erziehen, bilden.« (»Die Unfähigkeit, Freiheit zu ertragen«, S. 63)

Kinder sollen nicht machen, was sie wollen, sondern machen wollen, was sie sollen. Freiheit soll ihnen »natürlich« verwehrt werden. Aber weil gegenüber gewalttätigen Disziplinierungen Widerstand oder Scheingehorsam möglich ist, sind sie nicht der Weisheit letzter Schluß. Der Weisheit letzter Schluß heißt Erziehung, also listenreiche, unmerkliche Manipulation der Begierden, des Willens, mit anderen Worten: Gehirnwäsche, Dressur, letztendlich Psychoterror (CHRISTIANE ROCHEFORT erklärt klipp und klar: »daß Erziehung einem Mordversuch gleichkommt«) – dies im Namen der Freiheit, zum Wohle der Kinder und der Kultur, gefordert von einer Freiheitskämpferin im Gefolge des berühmtesten Freiheitsapostels.

Aber sehen wir nun, was ROUSSEAU von Kindern hält. In seinem Buch »Emile oder Über die Erziehung« (Reclam 1968, S. 265 f) gibt er gegen die übliche Erziehung durch Befehl und Gewalt den folgenden (und immerhin von CARL HAGENBECK beherzigten) Rat:

»Folgt mit eurem Zögling dem umgekehrten Weg. Laßt ihn immer im Glauben, er sei der Meister, seid es in Wirklichkeit aber selbst. Es gibt keine vollkommenere Unterwerfung als die, der man den Schein der Freiheit zugesteht. So bezwingt man sogar seinen Willen. Ist das arme Kind, das nichts weiß, nichts kann und erkennt, euch nicht vollkommen ausgeliefert? Verfügt ihr nicht über alles in seiner Umgebung, was auf es Bezug hat? Seid ihr nicht Herr seiner Eindrücke nach eurem Belieben? Seine Arbeiten, seine Spiele, sein Vergnügen und sein Kummer – liegt nicht alles in euren Händen, ohne daß es davon weiß? Zweifellos darf es tun, was es will, aber es darf nur das wollen, von dem ihr wünscht, daß es es will. Es darf keinen Schritt tun, den ihr nicht für es vorgesehen habt, es darf nicht den Mund auftun, ohne daß ihr wißt, was es sagen will.«

Eines muß man zugeben: ROUSSEAU ist ehrlich. Zwar nicht zu Kindern, aber zu sich selbst und zu seinen Lesern. Spätere Generationen von Pädagogen waren da ängstlicher, vielleicht auch naiver, insofern sie nicht bewußt betrügen wollten, sondern selbst glaubten, Freiheit und Erziehung seien miteinander zu vereinbaren.

Ich habe die Erfahrung gemacht, daß der zitierte ROUSSEAU-Text (der nicht etwa ironisch gemeint ist) vielen Menschen einen

Schock versetzt. Ich kenne einen ehemaligen Lehrer, der seinerzeit eine Examensarbeit über ROUSSEAU geschrieben, die zitierte und viele andere ähnliche Stellen aber überhaupt nicht bemerkt hatte. Er hat sie, wie er sagt, »überlesen«. Das von zahllosen schreibenden Erziehungsfachleuten genährte Fehlurteil, ROUSSEAU habe dem freien Aufwachsen der Kinder das Wort geredet, war für ihn als Vorurteil stärker als ROUSSEAUS eigene Worte. Dieser gute Mann hat dann im Original nachgelesen und wurde tatkräftiges Mitglied im Deutschen Kinderschutzbund (doch über den später, im III. Teil dieses Buches).

Das Vor- bzw. Fehlurteil über JEAN-JACQUES ROUSSEAU ist mir deshalb so wichtig, weil es die Tradition zeigt, in der sämtliche Freiheitsbewegungen seitdem stehen. Wie sich diese Tradition fortpflanzt, zeigte der Text von JEANNE HERSCH, immerhin einer bedeutenden Philosophin der Gegenwart und international bekannten Kulturpolitikerin (sie erhielt 1956 den Lehrstuhl für Philosophie an der Universität Genf, leitete später die Abteilung für Philosophie der UNESCO in Paris und vertrat die Schweiz im Exekutivrat der UNESCO bis Ende 1972).

Als weiteres Beispiel erwähne ich nur die schwedische Reformerin ELLEN KEY, die unser Jahrhundert zum »Jahrhundert des Kindes« machen wollte und angeblich ebenfalls für die Befreiung der Kinder stritt, in Wirklichkeit aber für die ersten Lebensjahre des Menschen ausdrücklich »Dressur« forderte und von Kindern »absoluten Gehorsam« verlangte, als »Voraussetzung« für eine »höhere Erziehung«. (Nachzulesen z. B. in der Quellensammlung »Autorität und Freiheit«, hrsg. v. E. GEISSLER, Verlag J. Klinkhardt 1973, S. 56)

Auch dieses Beispiel beweist, was Erziehung ihrem Wesen nach ist, wie raffiniert und »unmerklich« sie auch vollzogen wird: nämlich Fremdbestimmung, das heißt sowohl gegenwärtige wie vorweggenommene Freiheitsberaubung. Mir scheint es nun offensichtlich zu sein, weshalb Menschen, die über Kinder solche Ansichten hegen, Schwierigkeiten haben, über den Begriff »Freiheit« etwas Vernünftiges auszusagen. »Der Mensch wird frei geboren, und überall ist er in Ketten.« Wer mit »Freiheit« immer nur die äußere Freiheit meint, *kann* einfach nicht begreifen, warum die Menschheit trotz der vielen Freiheitskämpfe und Revolutionen in immer mehr Zwänge geriet. Schuld ist eben die von JEANNE HERSCH beschriebene, aber in ihrer Ursache nicht erkannte »Unfähigkeit, Freiheit zu ertragen«, jene »Furcht vor der Freiheit« (ein Buchtitel von ERICH FROMM), die dem Menschen anerzogen wird, weil das Dogma herrscht, daß Kinder nicht tun und lassen und denken und fühlen dürfen, was sie wollen.

Wußten Sie schon, was Freiheit ist? Freiheit ist, nicht im Gefängnis zu sein. Freiheit ist, wenn man sich ein Leben lang »freiwillig« so verhält, wie es einem die Erzieher andressiert haben. Wir leben sicherlich in der freiesten Gesellschaft, in der Gesellschaft mit den größten äußeren Handlungsspielräumen, die es je gab. Aber die Menschen sind dennoch unsicherer als je, kränker, einsamer, haltloser, gefühlsärmer, mehr auf Ersatzwerte angewiesen – ich nenne nur die Leistungs- und die Konsumwut.

Die Menschen – auch in den freiheitlichen Gesellschaften – haben sich noch nicht wirklich für die Freiheit entschieden. Sie haben äußere Freiheiten erkämpft, aber die innere Freiheit erstickt. Wie sagte ROUSSEAU: »Es gibt keine vollkommenere Unterwerfung als die, der man den Schein der Freiheit zugesteht.« Diesem Schein sind wir erlegen. Wir sind freiwillig gehorsam. »Eigenwillig« und »eigensinnig« sind uns schlechte Eigenschaften. Wir haben Angst vor der wirklichen Freiheit, wir haben Angst davor, daß wirklich jeder tun und lassen könnte, was er will, weil wir fühlen, daß dann Mord und Totschlag ausbrechen würde. Und diese Angst ist berechtigt, denn wir sind Erzogene. Wir haben uns Teile unserer Persönlichkeit für schlecht erklären lassen, wir halten diese Teile jetzt selbst nieder und fühlen: Wehe wenn sie losgelassen! Deshalb kann keine Gesellschaft die Menschen von heute auf morgen machen lassen, was sie wirklich wollen. Aber wir können unsere Kinder innerlich frei bleiben lassen, und wir können uns, jeder für sich, überlegen, was *ich* denn *wirklich* will. Will ich Mord und Totschlag? Gebe ich meinen Kindern zu essen, weil das Gesetz es befiehlt? Richte ich mich überhaupt nach den Gesetzen, weil ich Angst habe, oder weil ich sie zur Regelung der gemeinsamen Angelegenheiten für nützlich halte? Der Mensch muß nicht »in Ketten« bleiben, es gibt eine andere Möglichkeit, eine Alternative. Mit den Worten von HELMUT OSTERMEYER:

> »Die Alternative sind wir. Sobald wir das begriffen haben, haben wir es geschafft. Eine neue Kraft muß man nicht entwerfen, man muß sie sein ...
>
> Die Freiheit beginnt mit einem inneren Akt, doch sie endet nicht in der Innerlichkeit. Das war ein bürgerlich-christliches Mißverständnis. Sie wird auch nicht durch die Änderung der Produktionsverhältnisse bewirkt. Das war der Irrtum der Marxisten. Schon gar nicht entsteht sie, wenn ich den Dingen ihren Lauf lasse, wie die Liberalen geglaubt haben. Nicht den Dingen, den Menschen muß ich ihren Lauf lassen, und zwar von der Wiege an. Dann braucht der Mensch die Freiheit, die mit ihm geboren ist, nicht zu suchen, weil er sie nie verliert.« (»Die Revolution der Vernunft«, S. 196)

Das Kind als Mutter/Vater des Erwachsenen

In der Hoffnung, daß damit wenigstens die Richtung angedeutet ist, in der man die Antwort auf meine Zwischenfrage finden kann, setze ich meine Überlegungen fort. Wir haben uns davon überzeugen müssen, daß sogar glühende Vorkämpfer und Verfechter der Freiheit Kinder als Zöglinge, als Dressurobjekte ansehen, denen Freiheit nicht zugebilligt werden darf. Ich denke, es ist nützlich sich klarzumachen, wie es zu diesem Durcheinander mit der Freiheit kommen konnte. Ich sagte schon, auch Philosophen waren Kinder, Zöglinge. Sie wurden als Erziehungsobjekte angesehen. Diese Rolle, diesen Status, dieses »Image«, dieses Ansehen haben sie übernommen, als Identifikation mit übermächtigen Angreifern. Es gehört zu den höchsten Leistungen des menschlichen Verstandes und noch mehr der menschlichen Seele, zu erkennen, einzugestehen und gefühlsmäßig zu durchleben, wie sehr einem gerade liebende Erzieher geschadet haben. Ich höre den Satz »Es hat mir ja auch nichts geschadet« so oft wie kaum einen anderen. Aber dann frage ich nach: Wie steht es denn mit der Liebesfähigkeit, mit der Glücksfähigkeit, mit der Anpassungsfähigkeit, mit der Zivilcourage, mit dem Gemeinschaftsgefühl, wie steht es denn mit all den schönen Erziehungszielen, mit dem Selbstvertrauen, Selbstbewußtsein und vielem anderen, je nach meinem Gegenüber? Und ich kann hier versichern: Niemand hat mir nicht wenigstens durch sein betroffenes Schweigen zu verstehen gegeben, daß er etwas gemerkt hat.

Zwar kenne ich JEANNE HERSCHS Biographie nicht, auch nicht die von ELLEN KEY, aber von JEAN-JACQUES ROUSSEAU ist bekannt, daß er das war, was man heute einen vollkommen kaputten Typ nennen würde. Man kann sich einen unglücklicheren, verzweifelteren, von dunklen Trieben gejagteren Menschen kaum vorstellen.

Es ist verständlich, wenn ein solcher Mensch von der Freiheit träumt, für die Freiheit kämpft. Aber ebenso verständlich ist, daß er die äußere Freiheit meint, weil er die innere nicht kennt oder sie sogar fürchtet. ROUSSEAU ebenso wie die modernen Erziehungsfachleute mißtrauen der menschlichen Natur, weil sie sich selbst mißtrauen. Das Ansehen, das sie als Kinder genossen, prägt ihre Einstellung zur Kindheit überhaupt. Die Kindheit des Erwachsenen ist ja nicht etwas Abgeschlossenes, ist nicht Vergangenheit; sie ist immer gegenwärtig, wenn auch meist vergessen, also unbewußt. Jeder Mensch hat bestimmte Gewohnheiten, Vorlieben und Abneigungen, deren Herkunft er nicht mehr kennt und die doch sein Leben bestimmen. So umstritten viele Theorien von

SIGMUND FREUD sein mögen, *eine* Erkenntnis hat er für alle Zeit bewiesen: daß sämtliche Erlebnisse des Kindes im Erwachsenen aufbewahrt sind und sein Fühlen, Denken und Handeln mitbestimmen. Dabei kommt es nicht so sehr auf die Erlebnisse selbst an, sondern (dies hat wiederum ALFRED ADLER zuerst gesehen) darauf, wie das Kind die Erlebnisse deutet, einordnet. Verfolgen wir diese Linie, dann erkennen wir, daß im Prinzip der erste Tag des Lebens wichtiger ist als der zweite, der zweite wichtiger als der dritte usw., weil jedes Erlebnis nach vorhergegangenen Erfahrungen gedeutet wird. – Allerdings muß man dieses Prinzip noch differenzieren und zwischen Groß-, Mittel- und Kleinerlebnissen unterscheiden. Dann gilt das Prinzip nur innerhalb der jeweiligen Gruppe. Die Wahl des zweiten Ehepartners wird von den Erfahrungen mit dem ersten mitbestimmt und diese von den Erfahrungen mit Vater/Mutter/Geschwistern. Wie das Schnitzel vor der Hochzeitsnacht geschmeckt hat, ist da weniger wichtig. Die Erfahrung mit dem Schnitzel wird aber dann wieder wichtig, wenn man darüber entscheidet, wo man das nächste Mal eins einnehmen möchte.

Die Verdrängung der eigenen Kindheit

Nicht nur ROUSSEAU, sondern allen Erwachsenen fällt es schwer, diesen Tatsachen ins Auge zu sehen. Der übliche Weg, insbesondere mit unangenehmen und peinlichen Erlebnissen der Vergangenheit »fertig« zu werden, ist der, sie zu »vergessen«, d. h. sie aus dem Bewußtsein zu verdrängen. (Die Verdrängung ist ebenso wie die Identifikation mit dem Angreifer ein seelischer Abwehrmechanismus im Dienste der Selbst-Erhaltung.) Leider ist das der genau falsche Weg, denn verdrängte Erlebnisse sind eben nicht erledigt, sie wirken im Unbewußten fort. Der Mensch muß immer neue seelische Kraft aufwenden, um sie am Auftauchen zu hindern.

Für die Erziehungstheorien sehe ich diesen Zusammenhang so: Menschen, die in ihrer Kindheit besonders stark darunter gelitten haben, daß sie sich so oft manipulieren, prostituieren, korrumpieren, erpressen, verführen ließen, setzen alle Kraft und allen Scharfsinn darein, den Nachweis zu erbringen (eben um sich zu entlasten), daß Kinder manipuliert, prostituiert, korrumpiert, erpreßt und verführt werden müssen, um gute Menschen zu werden. Wer ein wenig tiefenpsychologisches Verständnis hat, hört aus der (zwar bewußt ehrlichen, aber doch verdächtig oft wiederholten) Äußerung von Eltern, ihre Kinder sollten es einmal (warum eigentlich nicht gleich, hier und jetzt?) besser haben als sie, das genaue Gegenteil heraus. Den Kindern soll es *nicht* besser gehen, »es« hat ja auch den Eltern nicht geschadet. Wenn man beobachtet, wie übel viele Eltern, Lehrer usw. mit ihren Kindern umgehen, muß man schon sehr verblendet sein, um nicht zu bemerken, wieviel Haß sich hier zum Ausdruck bringt. Gewiß, sie »meinen« es gut und »wollen« nur das Beste für die Kinder, aber was sie wirklich tun, ist genau das, was ich vorhin mit der Floskel »Hiebe aus unbewußtem Haß« umschrieb. Wer die Kindheit recht und schlecht überstanden hat und die peinlichen Erinnerungen an die zahllosen Niederlagen dieser Zeit verdrängt, kann das Kind in sich – ohne das zu ahnen – nur hassen. Ich höre oft von Eltern, ihnen sei plötzlich »die Hand ausgerutscht«, sie wüßten selbst nicht warum und bedauerten es sehr. Die Macht des Unbewußten, des Verdrängten, hat sich zur Geltung gebracht. Kinder leben ihnen in Unschuld und Freiheit vor, wofür sie selbst sich (als Erzogene, Unfreie) schon lange schuldig fühlen. So bekämpfen sie das Leben, die Freiheit in sich – und in ihren Kindern. Die Erziehungsideologie liefert nur das Mäntelchen der Rechtfertigung für viele Orgien des Hasses und verhindert – dies macht sie so gefährlich –, daß der unbewußte Haß womöglich ins Bewußtsein dringt, wo er durch Trauer zu verarbeiten wäre. Es ist tatsächlich ganz klar (und wird u.a. in den Büchern »Antipädagogik«, »Schwarze Pädagogik«, »Kinder« und »Hört ihr die Kinder weinen« dramatisch und unwiderlegbar veranschaulicht), daß das Erziehen immer ein neurotischer Abwehrmechanismus ist, der (bei publizierenden Erziehungstheoretikern geradezu zwanghafte) Versuch, sich die Trauer darüber zu ersparen, wie sehr man selbst verkrüppelt wurde von Leuten, denen man vertraute. Es ist der reine Wahnsinn, aber es ist verständlich, und zu allem Unglück gilt es heute noch in weiten Kreisen als normal.

Kinder sind manipulierbar, Kinder sind prostituierbar, Kinder sind korrumpierbar, Kinder lassen sich oft erpressen, Kinder lassen sich oft verführen. In unterschiedlichem Maße gilt das für alle Menschen, aber Kinder, je jünger desto mehr, sind als Schwächere solchen Erziehungsversuchen hilfloser ausgeliefert. Die Schwäche, Abhängigkeit, Hilflosigkeit und das Ausgeliefertsein von Kindern verführen erzogene Erwachsene auch zum Entwerfen von Erziehungstheorien und zum Schreiben (und Lesen) dicker (und dünner) Bücher über Erziehung. So gesehen sind die Kinder selber schuld.
Aber die Kinder können mit diesem Wahnsinn nicht aufhören. Das können nur wir. Und konkret jetzt: Du.

Der Teufelskreis der Erziehung

Das Übel Erziehung hat viele Wurzeln. HELMUT OSTERMEYER hat in seinem Buch »Die Revolution der Vernunft« die wichtigsten freigelegt. Es werden ja nicht nur Kinder erzogen, verplant, verwaltet. Viele Bürokraten, Technokraten, Manager und Politiker haben die erzieherische Grundhaltung auch gegenüber Erwachsenen als Staats- und Wirtschaftsbürgern. Zwar ist diese Haltung antidemokratisch oder wenigstens scheindemokratisch, aber die erzogenen »Demokraten« (ich nenne unsere Staatsform, wie ich finde, treffender »Demagokratie«) lassen es sich gefallen und klatschen Beifall. Und wählen, zwischen Parteien und Waschmitteln – und zwischen Erziehungsmitteln.

Eine Wurzel des Übels kommt bei OSTERMEYER etwas kurz. Ich will deshalb ein wenig nach ihr graben, und zwar nicht so sehr in der Geschichte (das hat OSTERMEYER getan), sondern in der gegenwärtigen Auseinandersetzung um Pädagogik/Antipädagogik.

Als der Gesetzentwurf zur Neuregelung des Rechts der elterlichen Sorge im Deutschen Bundestag beraten wurde (1. Lesung am 17. März 1977), erklärte der CDU-Abgeordnete Dr. ANTON STARK aus Nürtingen (alle Bundestagsabgeordneten hatten das Taschenbuch »Die Gleichberechtigung des Kindes« vom Fischer Verlag kostenlos erhalten):

> »Mir ist in diesen Tagen eine Broschüre des Fischer-Verlages zugeschickt worden – ich möchte nicht sagen, von wem –, in der sich drei Herren, von Braunmühl, Kupffer und Ostermeyer, zu unserem Beratungsgegenstand äußern. Diese Lektüre kann ich jedem empfehlen, der noch nicht weiß, was auf diesem Gebiet diskutiert wird. Die Überschrift des ersten Aufsatzes lautet: Kinderfreundlich ist antipädagogisch. Ein ›Antipädagoge‹ schreibt dort sinngemäß: Die Kinder müssen zunächst weg von der Erziehung, die Kinder müssen sich in freier Selbstentwicklung, möglichst ohne jegliche Einflußnahme entwickeln. Was heißt denn das? Jeder, der Kinder hat – ich habe vier –, kann da nur lachen. Ich glaube, diese Leute haben nie selber Kinder gehabt oder nie gesehen, und sie haben nur theoretisch darüber nachgedacht, was man mit den Kindern machen könnte.«
> (Zitiert aus dem Plenarprotokoll Nr. 8/18, Seite 1086.)

Abgesehen davon, daß ich nie behauptet habe, es sei möglich oder zu wünschen, Kinder sich ohne jegliche Einflußnahme entwikkeln zu lassen (ich wende mich nur gegen *pädagogisch gemeinte* Einflußnahmen), auch abgesehen davon, daß jeder der Autoren mehrere Kinder hat (außerdem war OSTERMEYER jahrelang

Jugendrichter, KUPFFER war zehn Jahre lang Lehrer an der berühmten Odenwaldschule und einige Jahre Heimleiter, ich selbst habe Erfahrungen im Umgang mit Hunderten von Kindern im Rahmen des Wiesbadener antipädagogischen Kinderhauses, zweier therapeutischer Heime und des Kinderschutzbundes sowie zusätzlich als »sozialer Vater« mehrerer Kinder) – abgesehen davon zeigt sich aus dieser Stellungnahme, wie schwer es erzogenen Menschen fällt, an der richtigen Stelle zu weinen statt zu lachen. Herr STARK sagte etwas später:

> »Die Eltern gehen doch heute mit ihren Kindern so tolerant und in manchen Dingen so liberal um, daß die Kinder sagen: Vater, für ein bißchen mehr starke Hand und ein bißchen mehr Anleitung wären wir eigentlich ganz dankbar. So sieht es doch in der Wirklichkeit in der Regel aus, meine Damen und Herren.« (S. 1087)

In der Tat verlangen erzogene, das heißt unfreie Kinder und Jugendliche gelegentlich nach der starken Hand. So wie erfolgreich erzogene Erwachsene im Falle des Falles nach dem starken Mann im Staate verlangen. Sie können mit äußeren Freiheiten nichts anfangen, mit ihnen jedenfalls nicht selbstverantwortlich (das ist auch: sozial verantwortlich) umgehen, weil ihnen die innere Freiheit gestohlen wurde.

Nun ist ANTON STARK vermutlich weder dumm noch bösartig. Er hat nur seine Erfahrungen. Er hat vier Kinder. Er kommt aus einer kinderreichen Familie. Er ist die starke Hand gewöhnt. Er ist gewissenbehaftet. Wahrscheinlich ist er gläubiger Christ. Aber er glaubt weniger an Christus, der sagt, wir sollen werden wie die Kinder, als an den Teufel und die Erbsünde. Ein katholischer Geistlicher sagte anläßlich einer Akademietagung zur Gleichberechtigung des Kindes bei einem Kindergottesdienst zu uns Erwachsenen, Jesus Christus sei ein richtiger Antipädagoge gewesen, denn er habe die Menschen so genommen, wie sie sind. Ich stimme dem zu. Wenn der Gott der Christen die Liebe ist, dann ist der Gott der Christen antipädagogisch eingestellt, dann ist pädagogisches Denken und Handeln sündhaft, denn es vergiftet die Liebe. Aber leider glauben viele Leute nicht nur an Gott, sondern auch an den Teufel. Sie malen ihn an die Wand, damit sie ihn dann austreiben können. Sie haben ihre Erfahrungen mit dem Bösen in der Welt und in sich. Sie lassen sich diese Erfahrungen nicht einfach ausreden. Sie glauben an die Theorie vom Teufel, von der Erbsünde, von der bösen Natur des Menschen, von seiner Schwäche. Nicht erst OSTERMEYER hat diese Theorie widerlegt, er hat die Widerlegungen nur eindrucksvoll und konzentriert wiedergegeben. Aber im Menschen selbst ist diese Theorie Erfahrung. Was macht man gegen seine eigenen Erfahrungen? Ist es überhaupt vertretbar, etwas gegen seine Erfahrungen zu unternehmen?

Man könnte, statt über sie zu weinen oder zu lachen, auch aus ihnen lernen. Wenn ein Kind nach der starken Hand verlangt, dann hat es bereits einen autoritären Charakter, und man könnte daraus lernen, daß die starke Hand schon genug Unheil angerichtet hat. Aber das *kann* man nicht lernen, denn man hat selbst einen autoritären Charakter. Und das kann man sogar vor sich selbst nicht zugeben, denn ein autoritärer Charakter würde von tödlicher Angst befallen, wenn er seine Großartigkeit anzweifeln würde. Dies ist die psychologische Seite.

Es gibt aber auch viele Menschen, die haben keinen so ausgeprägt autoritären Charakter. Sie besitzen Einsicht, auch in sich selbst, Sanftmut, Gottvertrauen und Liebe. Doch auch sie haben ihre Erfahrungen, sie kennen die Menschen, sie sehen überall das Böse, obwohl ihr Gott ein liebender ist. Diese Menschen sind sehr einflußreich, sie besitzen Ausstrahlung und menschliche Überzeugungskraft, weil sie nicht lügen, sondern glauben. Doch sie sind auch Erzogene. Zur Selbsterkenntnis und Bescheidenheit konnten sie nur finden durch ihren starken Glauben. Ihr Gottvertrauen ersetzt oder stützt ihr Selbstvertrauen, das ihrer Ausstrahlung zugrundeliegt. Sie haben ihre Kraft von Gott, und deshalb gehen sie herum und predigen, der Mensch brauche Gottes Kraft zu seiner Stütze, gegen die Versuchungen des Bösen.

Wieder andere Menschen glauben an die Gruppe, das Kollektiv. Sie haben die Erfahrung, daß sie sich allein schwach fühlen und in einer solidarischen Gruppe stark. Allein sind sie hilflos, also verstreuen sie in Büchern und Predigten den Gruppe-Virus. Einzelgänger, Individualisten sind für sie krank. Die Ausstrahlung dieser Menschen ist nicht so stark wie die der Gottgläubigen, aber dafür wirken sie überzeugender, weil jeder schon einmal die Erfahrung gemacht hat, wie wohl und stark man sich in einer solidarischen Gruppe fühlt, während Erfahrungen mit Gott seltener sind.

Beide dieser Menschentypen haben sich aus ihren Erfahrungen ein Menschenbild gemacht. In diesem verbindet sich die psychologische Seite des Problems mit der ideologischen. Die einen haben das konservative, christliche Menschenbild, die anderen das sozialistische. Und nun tun sie, was ihnen logisch zu sein scheint, weil sie Erzogene sind, in deren Erfahrung Toleranz die Ausnahme ist: Sie wollen andere Menschen bekehren. Sie schließen von sich auf andere. Sie deuten ihre Erfahrungen nach ihrer persönlichen Theorie und erklären diese nach alter Missionarenart für allgemeinverbindlich. Sie meinen es gut und erziehen

andere Erwachsene und besonders Kinder, um sie vor dem Bösen oder vor der Einsamkeit zu schützen. Sie verwechseln Ursache und Folge. Sie mißtrauen der Güte und Freiheit und Kraft des Menschen, sie sehen ihn als böse, unfrei und schwach an, und wenn er dann so wird, scheint ihre Theorie bestätigt.
Ein wesentlicher Hintergrund des Erziehungswahnsinns scheint mir darin zu liegen, daß die Menschen ihre eigenen, oft recht zufälligen Erfahrungen zu verallgemeinern pflegen und dann darangehen, andere Menschen mit bestimmten Schlußfolgerungen zu traktieren. Etwas frech könnte man sagen: Die Menschen sind weniger geneigt, aus ihren Erfahrungen zu lernen, als aus ihnen zu lehren.

Die meisten Menschen, selbst Opfer der Erziehung, besitzen eine starke pädagogische Ambition. Die pädagogische Ambition ist eine unbewußte Rache an den damaligen Erziehern. Aber sie richtet sich nicht gegen die damaligen Erzieher, sondern gegen die heutigen Kinder. Alle Erziehungstheorien wachsen auf diesem psychologischen Hintergrund. Den Erwachsenen ist durch das Zwangslernen der Erziehung das echte Lernen vergrault worden. Das Lehren erscheint ihnen attraktiver. Die Menschen fühlen sich als Lehrende wichtiger denn als Lernende. Damit die Erwachsenen mit gutem Gewissen Kinder belehren können, müssen sie an eine Erziehungstherorie glauben wie an Gott oder den Sozialismus. Wer diesen Glauben hat, erzeugt ihm seine Stützen ständig selbst. Die Erziehungsideologie wird unablässig gefüttert, ihre Nahrung ist die Freiheitsfähigkeit der Kinder. Die ist dann weg. Die Erfahrungen bestätigen die Theorie.
Es gibt eine Erbsünde, es gibt das sich fortzeugende Böse, es gibt die Schwäche des Menschen. Der Begriff »pädagogische Ambition« umgreift alle drei Bereiche. Wir drehen uns in einem Teufelskreis.

Pädagogen in Panik – die Chance der Freiheit

Erwachsene sind stärker als Kinder. Sie könnten ihre starken Hände in den Dienst der schwachen Kinder stellen, bis die Kinder selbst stark sind. Dann sind Kinder nicht hilflos, denn es wird ihnen Hilfe nicht verweigert. In zahlreichen Familien, die ich kenne, leben die Generationen auf dieser Basis zusammen, kein Erwachsener lacht darüber (höchstens vor Freude), und kein Kind verlangt nach jener »starken Hand«.
Es gibt also einen Ausweg aus dem Teufelskreis. Er beginnt mit einer Frage. Sie lautet etwa: Wer gibt mir als dem Stärkeren

eigentlich das *Recht*, meine Stärke gegen Schwächere überhaupt einzusetzen?
Einem autoritären Charakter erscheint diese Frage naiv. Aber dann darf er sich konsequenterweise nicht für eine freiheitliche, demokratische und rechtsstaatliche Gesellschaft einsetzen. Freiheitsliebende, demokratisch und rechtlich denkende Menschen haben dem natürlichen Recht des Stärkeren, dem Faustrecht, ein menschliches, ein künstliches Recht entgegengesetzt, das die Freiheit aller schützen soll und einen demokratischen Staat ermöglicht. Anders als in der Tierwelt, in der es Recht und Unrecht nicht gibt, hat unter uns der Schwergewichtsboxer nicht das Recht, alle Straßenpassanten zusammenzuschlagen oder jede Frau seiner Wahl zu vergewaltigen. In der Menschenwelt ist das Recht dafür da, den körperlich Stärkeren zu hindern, seine Stärke gegen Schwächere einzusetzen. Sogar unter Sportlern gibt es verschiedene Gewichtsklassen, weil es jedermann als unfair empfinden würde, wenn zu ungleiche Typen sich miteinander messen. Das körperliche Faustrecht ist verfemt – außer bei Notwehr und gegenüber Kindern.

Das geistig-seelische Faustrecht

Aber ich glaube, gegenüber Kindern hat sich das körperliche Faustrecht auf einem Umweg am Leben erhalten. Als diesen Umweg sehe ich das geistige Faustrecht an, das als Unrecht noch kaum erkannt ist. Ginge es fair und rechtlich zu, würden Menschen mit größeren geistigen Gaben, Erfahrungen usw. diesen Vorteil in den Dienst der Benachteiligten stellen, statt ihn gegen sie einzusetzen.
Nicht nur der körperlich Schwächere wird gedemütigt, in seiner Menschenwürde beeinträchtigt und an seiner freien Entfaltung gehindert, wenn der körperlich Stärkere seine Kraft gegen ihn wendet, auch der geistig Unterlegene und an Erfahrung und Überblick Ärmere erleidet dieses Schicksal, wenn der geistig Stärkere seine Geisteskräfte gegen ihn einsetzt.
Dies aber geschieht in der Erziehung, besonders in der modernen. Nimmt nun der Zögling die Weisheiten des Stärkeren nicht ohne Gegenwehr an, dann rutscht leicht dem Weisen die Hand aus. Das meinte ich mit dem Umweg. Erziehungsfachleute erklären ja übereinstimmend, daß die Prügelstrafe eine pädagogische Bankrotterklärung sei. Das bedeutet praktisch: Wer einen Zögling schlägt, gesteht damit ein, daß er mit den »eleganteren« Methoden gescheitert ist. Tatsächlich ist dies die einhellige Meinung der Pädagogen. In Hinblick auf die Freiheit des Kindes prangern sie

damit den plumpen Raub an, den ein Trickdieb nicht nötig habe, wenn er nur geschickt genug sei ...

Die geschickteren, eleganteren Erziehungsmethoden des geistigen Faustrechts (z. B. die Konditionierungstechniken durch positive Verstärkung – »Erziehung durch Lob und Belohnung«) erbringen aber nicht immer die fette Beute, die man sich von ihnen verspricht. Kinder und Jugendliche lernen zunehmend, die Tricks zu durchschauen. Sie lehnen es ab, sich andauernd belehren zu lassen, weil sie spüren, daß ihnen dabei gleichzeitig ihre Freiheit abhanden kommt.

Es ist eine ganz offenkundige Erfahrungstatsache heute: Kinder und Jugendliche machen immer mehr einfach, was sie wollen. Sie sind unheimlich aggressiv oder unheimlich überangepaßt, jedenfalls sind sie immer seltener so, wie ihre Erzieher sie haben wollen. Sie sind streberhaft oder leistungsgehemmt, sie rauchen, saufen, fixen, bringen sich um und schwingen freche Reden (hier könnte ich seitenlange Aufzählungen anfügen), ganz so, als hätten ihre Erzieher sie niemals über das erwünschte anständige Verhalten belehrt. Die Kinder in ihrer Naivität nehmen immer häufiger ernst, was unvorsichtige Erwachsene so von Demokratie und Menschenrechten reden. Die Erzieher machen lange Gesichter – ihrer Ideologie ist das Geschäft verdorben. Sie sind bankrott. An ihren Zöglingen könnt ihr sie erkennen.

Der pädagogische Großangriff

Aber sie geben sich noch nicht geschlagen. Zahlreiche Pädagogen gerieten in Panik und entdeckten eine letzte Chance, ihre Ideologie zu retten. Viel zu spät erst, so argumentieren sie, gerät die Freiheit der Menschenkinder heute in die Reichweite professioneller Trickdiebe. Sie ergriffen die Flucht nach vorn und starteten eine Reihe großangelegter Pädagogisierungskampagnen, um den Eltern klarzumachen, daß sie ihre Kinder bereits in den ersten Lebensjahren so zurichten müssen, wie sie später in Kindergarten und Schule gebraucht werden – als total Freiheitsunfähige. Ich erwähne nur die 1976 und 1977 mehrfach wiederholten Fernsehserien »Der Elternführerschein« und »Erziehen ist nicht kinderleicht«. Beide Serien (mit massenhaft Begleitmaterial und Trainingskursen in zahlreichen Volkshochschulen und Elternbildungsstätten) wollten Eltern dazu überreden, mit den Erziehern an einem Strang zu (er)ziehen, damit die Kinder ihrer Strangulierung nicht mehr entgehen können. In den ersten Lebensjahren wird entschieden, ob sich Kinder später alles gefallen lassen. Wenn in dieser Zeit der Freiheitsdrang der Kinder ausgerottet ist, dann sind sie in Kindergarten und Schule geduldige Marionetten. Also forderte der »Elternführerschein« bereits für die ersten Lebenswochen Pünktlichkeitsdressur durch Fütterung nach der Uhr – damit schon das Neugeborene lernt, »sich zu beherrschen« und »sich einzufügen in eine bestimmte Ordnung« (aus dem Begleitbuch, S. 31).

Dies nur als Beispiel. Auch gegen das übliche Strafen sind diese Autoren nicht aus Kinderfreundlichkeit, sondern weil erwiesen ist, daß Strafen keine wirksamen Dressurmittel sind: »Eine Bestrafung des Trotzverhaltens – wie allgemein jedes unerwünschten Verhaltens – ist weniger wirkungsvoll, als weithin angenommen wird.« (Elternführerschein, S. 163) Ebenso die Autoren der Serie »Erziehen ist nicht kinderleicht«: »Hier stellt sich die Frage, ob mit dem Erziehungsmittel Strafe die Erziehungsziele im Sinne einer dauerhaften Verinnerlichung durch das Kind erreicht werden können. Das heißt: Kann durch Bestrafen die dauerhafte Verhinderung eines unerwünschten oder aber die Ausübung eines gewünschten Verhaltens erreicht werden?« (Aus dem Begleitheft zu Folge 1, S. 9) Antwort: Nein. Erfolgreiche Dressur sieht anders aus: »Es gibt verschiedene Voraussetzungen, die es begünstigen, daß die Eltern beim Kind ihre Erziehungsziele besser durchsetzen und daß das Kind die Forderungen der Erwachsenen leichter übernimmt.« (S. 14) Und weiter: »Ein erheblich sinnvolleres Erziehungsmittel als die Bestrafung ist eine Bekräftigung positiver Verhaltensweisen und die Ermutigung für Kinder, in diesen Verhaltensweisen fortzufahren.« (S. 16)

Ich sehe in diesem verzweifelten Angriff der Erziehungsfanatiker auf Eltern und Säuglinge eine große Chance. Denn sie mußten die pädagogische Katze aus dem demokratischen Sack lassen. Sie versuchen in ihrer Panik nicht länger, die Öffentlichkeit mit Begriffen wie »Erziehung zur Selbständigkeit«, »Erziehung zur Mündigkeit« usw. zu betrügen, sie argumentieren offen, fast wie ROUSSEAU. Was Kinder wünschen, ist egal. Das Verhalten der Kinder wird von ihren Erziehern wie von Diktatoren aus alter Zeit in »erwünschtes« und »unerwünschtes« geteilt und entsprechend manipuliert. Die Eltern müssen Techniken lernen, damit sie »ihre Erziehungsziele« »beim Kind« »besser durchsetzen«, damit »das Kind die Forderungen der Erwachsenen leichter übernimmt« – wobei diese Erleichterung durchaus der gleicht, die der Henker dem Todgeweihten schafft, indem er ihm auf dem Schafott die Augen verbindet. Allerdings morden Erzieher »nur« die Freiheit; die Kinder selbst sollen nicht vorzeitig kaputtgehen, sondern gut

funktionierende Marionetten werden, die sich womöglich sogar einbilden, freie Menschen zu sein.
Aber Pädagogen erreichen ja immer das Gegenteil von dem, was sie erreichen wollen – siehe Kapitel II, 1 zum pädagogischen Gegenteileffekt. In diesem Falle eröffnet ihr Generalangriff auf die innere Freiheit des Menschen eben dieser die Chance, gerettet zu werden. Denn jetzt kann jeder, der den Empfehlungen der Erziehungsfachleute bisher auf den Leim gegangen war, sehen, was Erziehung wirklich ist, welches Ziel das pädagogische Denken und Tun wirklich anstrebt.

Sämtliche Erziehungstheorien sind jetzt nicht nur als kinderfeindlich entlarvt, es ist auch das geistige Faustrecht als Unrecht erkannt. Wer seine körperliche oder auch seine geistige Überlegenheit dazu benutzt, Kindern ihre Freiheit zu nehmen, weiß jetzt, was er tut. Er kann es jetzt lassen, wenn er die Freiheit und seine Kinder liebt. In unserer Gesellschaft hat niemand das Recht, einen anderen zu versklaven. Er mag die Macht dazu haben, das Recht hat er nicht. Und dieses Recht kann ihm auch nicht von ein paar vorgestrigen Pädagogikprofessoren oder Fernsehautoren verliehen werden.

Eine Anmerkung: Nach einem kleinen Leserbriefkrieg in der »Frankfurter Rundschau« kam der »Oberautor« der Fernsehserie »Erziehen ist nicht kinderleicht« zu einer meiner Veranstaltungen nach Essen (Thema: »Wollt Ihr den totalen Erziehungskrieg?«) und fragte mich dort gründlich aus. Dann überarbeitete die ganze Mannschaft ihre Texte und brachte im November 1977 das Fischer Taschenbuch »Erziehen ist nicht kinderleicht« (Band 1870) heraus. Und siehe da, fast alle von mir kritisierten Weisheiten (auch die vorstehend zitierten) aus dem ursprünglichen Begleitmaterial zu der Serie waren verschwunden, überall tauchten antipädagogische Erkenntnisse auf ebenso wie die Forderung nach der Gleichberechtigung der Generationen – freilich ohne Hinweis auf den Grund der Änderungen. Sogar das Buch »Die Gleichberechtigung des Kindes«, im gleichen Verlag erschienen, wurde von den Autoren nicht erwähnt. Da sie sich ihren schönen Titel nicht kaputtmachen lassen wollten, ließen sie sogar an dem Wort »Erziehung« ein paar gute Haare. Trotzdem: Das Buch »Erziehen ist nicht kinderleicht« von MANFRED und MONICA BORCHERT, KARIN DERICHS-KUNSTMANN und WILFRIED KUNSTMANN ist – mit wenigen Einschränkungen – empfehlenswert.

2. Die Praxis der Kinderfeindlichkeit

Vorbemerkung

Wenn man sich von Wurzeln und Früchten ernährt, braucht man keine Kochrezepte. Wenn man auf den Genuß von Pilzen überhaupt verzichtet, braucht man die giftigen nicht zu kennen und sich um Gegengifte nicht kümmern. Wenn man sich keine bessere Welt vorstellen kann, braucht man an der bestehenden nichts zu ändern. Wenn man Menschlichkeit, Freiheit, Demokratie schon für verwirklicht hält, braucht man für sie nicht zu kämpfen – höchstens um sie zu verteidigen, also defensiv, jedenfalls nicht offensiv.

Der antipädagogische Freiheitskampf ist beides. Er ist offensiv (progressiv) gegen die Erziehungsideologie, und er ist defensiv (konservativ), insofern es um den Schutz der Kinder geht, um die Bewahrung ihrer Freiheit, ihres Autonomieanspruchs und ihrer Autonomiefähigkeit.

Viele Menschen regen sich schrecklich auf, daß manche Eltern ihre Kinder umbringen. Dieselben Menschen regen sich schrecklich auf, daß manche Kinder ihre Eltern umbringen. Das eine Mal sind die Eltern bestialisch, das andere Mal sind die Kinder bestialisch. Wie und warum solche Eltern und solche Kinder »bestialisch« geworden sind, regt diese Menschen überhaupt nicht auf. Totschlagen gehört sich nicht. Wer so etwas tut, darf nicht auf Verständnis hoffen. Irgendwo ist Schluß mit dem Verstehen.

Ich selber nun rege mich nicht über den Schluß des Verständnisses auf, sondern über das Unverständnis des Anfangs. Aus heiterem Himmel bringt niemand seine Kinder oder seine Eltern oder fremde Leute (wie es z.B. die Terroristen taten) um. Glückliche Kinder neigen nicht zu Gewalttaten, sagte nach den Morden von 1977 Bundesministerin ANTJE HUBER – mit vollem Recht, aber nicht mit vollem Erfolg. Ich bin gemeinsam mit Leuten, die für erzkonservativ gelten, der Meinung, daß der Sumpf, der den Terrorismus gebiert, trockengelegt werden muß. Ich bin auch für die Bekämpfung der Sympathisantenszene. Gäbe es bestimmte Theorien nicht, die eine bestimmte Einstellung unterstützen und eine bestimmte Atmosphäre herstellen, dann könnte es keine Terroristen geben und keine Morde an Kindern oder Eltern.

Deshalb geht es mir in diesem Kapitel nicht darum, auf die Spitze des Eisberges hinzuweisen und die offenkundigen, gar sensationellen Untaten anzuprangern, die an Kindern begangen werden. Vielmehr möchte ich auf die vielen kleinen »normalen« Erlebnisse und Erfahrungen von Kindern aufmerksam machen, die durch ihre Alltäglichkeit die Lebenseinstellung der Kinder weit stärker prägen als seltene Großereignisse. Ob Kinder frei und glücklich sind, kann man nicht an ihren leuchtenden Augen zu Weihnachten ablesen. Jeder hungrige Hund freut sich über eine Wurst; diese Freude beweist mitnichten seine Freiheit und sein Glück. Auf den Alltag kommt es an, auf das Normale. Und hier allerdings bin ich nicht so bescheiden wie die Menschen, die von Wurzeln und Früchten leben, auf Pilze verzichten und Menschlichkeit, Freiheit, Demokratie schon für verwirklicht halten. Denen mag es genügen, wenn möglichst weniger Morde passieren. Ihr Anspruch an die Qualität des Lebens ist gering. Ihr Unverständnis der Anfänge geht anscheinend nahtlos über in den Schluß ihres Verständnisses.

Wenn wir den Anfang verstehen, verstehen wir auch das Ende. Die Terroristen waren Kinder in größter innerer Unfreiheit. Sie hatten eine privilegierte Erziehung und Bildung erfahren, nur keine innere Freiheit. Sie wollten eine andere Welt, weil ihnen die eigene unerträglich war. Sie hatten eine starke erzieherische Ambition. Sie wollten andere und sich befreien und töteten dafür andere und sich. Ihr guter Wille verselbständigte sich, für ihren Zweck erschien ihnen jedes Mittel recht. Sie waren exzessive Pädagogen.

Kinder, die in innerer Freiheit leben, ertragen äußeres Ungemach, ohne zu verzweifeln. Sie lassen sich unnötige Freiheitsbeschränkungen außen nicht einfach gefallen, aber sie gehen sie nicht terroristisch an, sondern optimistisch. Sie brauchen nicht um jeden Preis eine andere Welt, weil sie in der eigenen glücklich sein können. Sie leiden unter dem Unglück anderer Menschen, aber sie versuchen zu helfen, statt zu zerstören. Ihr Anspruch an die Qualität des Lebens ist hoch, doch er ist realistisch, denn ihre eigene Realität ist gut. Sie brauchen nicht außen zu suchen, was ihnen innen fehlt.

Damit alle Kinder – oder jedenfalls viel mehr als heute – in innerer Freiheit leben können, müssen wir uns nicht erst über die schlimmsten Untaten erregen, sondern schon die Anfänge verstehen und uns regen. Was Ihnen, meine Leser, an den folgenden Beispielen vielleicht gestern noch als harmlos und nicht bemerkenswert erschien, wird heute hoffentlich bei Ihnen Anstoß erregen. Anstoß, dem pädagogischen Sympathisantentum abzusagen und den Erziehungssumpf trockenzulegen.

Das Unrecht in der Erziehungspraxis

Das Recht des Kindes auf Dabeisein

Andreas geht in die zweite Klasse einer Grundschule. Seine Mutter wurde zur Lehrerin bestellt, weil er den Unterricht häufig stört. Vor der Lehrerin verteidigt die Mutter ihren Sohn, sie erzählt von bestimmten familiären Schwierigkeiten und wirbt um Verständnis für Andreas. Die Lehrerin ist sehr aufgeschlossen und verspricht, Andreas die Situation nicht zusätzlich zu erschweren. Die beiden Frauen trennen sich hochzufrieden, beinahe glücklich: Sie haben sich zum ersten Mal näher kennengelernt, sie sind sich gegenseitig sympathisch, sie sind beide voll des guten Willens und haben verabredet, in Zukunft enger zusammenzuarbeiten, um Andreas zu fördern.

Zuhause erklärt die Mutter ihrem siebenjährigen Sohn, was für eine großartige Lehrerin er habe. Wörtlich ungefähr: »Wenn du natürlich andauernd den Unterricht störst, was soll sie dann machen? Stell dir vor, alle Schüler würden sich so benehmen. Ohne daß man aufeinander Rücksicht nimmt, geht es eben nicht. Hast du das verstanden?«

Andreas nickt. Glücklich sieht er nicht aus.

Kommentar:

Ich habe mit Bedacht einen Vorgang gewählt, der normalerweise als gelungen und erfreulich bewertet wird. Warum ist dieses Urteil falsch? (Andreas wurde immer mehr zum Problemkind und Schulversager.)

Bisher hatte der Junge seine Mutter als Verbündete erlebt. Sie hatte ihn immer unterstützt, wenn sein Vater ihn angriff. Oft konnte sie seine Gedanken und Gefühle dem Vater gegenüber besser verständlich machen als er selbst.

Auch gegenüber der Lehrerin hatte die Mutter dies getan, und wie sie meinte erfolgreich. Aber Andreas war nicht dabeigewesen. Für ihn stellte sich der geschilderte Vorgang als schwerwiegende Enttäuschung dar: Die Mutter ging in die Schule, um ihn zu verteidigen, sie kommt zurück und sagt fast wörtlich, was auch die Lehrerin ihm immerzu predigt. Für Andreas hat seine Mutter die Front gewechselt. Sie erscheint ihm jetzt als Verbündete der Lehrerin.

Andreas fühlt sich im Stich gelassen. (Und er reagiert entsprechend, wodurch sich sein Verhältnis zur Mutter allmählich wirklich trübt. Inzwischen sind sie echte Feinde.) Es handelte sich um ein Mißverständnis, aber um ein folgenschweres.

Wenn Eltern und Lehrer miteinander reden, ohne daß die Kinder, um die es geht, dabei sind, kommen die Kinder immer zu kurz (d. h. kürzer als erforderlich und möglich). Selbstverständlich gilt dies auch für alle anderen Verhandlungen, die über Kinder geführt werden.

Merke: Zeit für Kinder ist in der Regel verschwendet, wenn sie nicht Zeit mit Kindern ist.

Das Recht des Kindes auf Alleinsein

Martina (11 Jahre), Tim (8 Jahre) und Stefan (7 Jahre) streiten sich, wer von ihnen an der Reihe ist, das Katzenklo von Tiger-Emma zu säubern. Der Streit wird so heftig geführt, daß die hinzukommenden Eltern vermuten, hinter ihm stehe in Wirklichkeit eine Anzahl anderer aufgestauter Probleme zwischen den Geschwistern.
Der Vater beruft eine Familienkonferenz ein. Er und seine Frau sind überzeugte Demokraten und feinfühlige Psychologen. Sie wollen weder den Streit durch einen Blick auf den Kalender und ein entsprechendes Machtwort beenden, noch wollen sie die dahinterliegenden Konflikte übersehen und übergehen.
Martina, die Älteste, weigert sich, an der Familienkonferenz teilzunehmen. Vater und Mutter appellieren vergeblich an ihre Einsicht. Sie verschwindet in ihrem Zimmer, obwohl ihr gesagt wurde, daß sie sich damit ins Unrecht setzt, den Familienfrieden stört, womöglich sogar von der für morgen geplanten gemeinsamen Unternehmung ausgeschlossen werden müsse.
Die Restkonferenz hat nur das Ergebnis, daß Tim und Stefan das Katzenklo gemeinsam und mit Begeisterung reinigen.
Später versuchen die Eltern allein, Martina auf den Zahn zu fühlen. Martina zieht sich wieder zurück, obwohl sie sich auf den gerade beginnenden Fernsehfilm sehr gefreut hatte. Abwechselnd versuchen Vater und Mutter, sie herauszulocken, teils werbend, teils schimpfend und drohend. In der Folge zieht sich Martina immer häufiger von ihren Brüdern und ihren Eltern zurück und gerät in verschiedene Schwierigkeiten, ohne sich helfen zu lassen.

Kommentar:
Die Eltern hatten recht, aus der Heftigkeit des Streites auf dahinterliegende Probleme zu schließen. Martina verrät durch ihr Zurückweichen, daß diese Probleme mit ihr zu tun haben. Sie war aber nicht bereit, diese vor den kleineren Brüdern besprechen zu lassen. Indem die Eltern Martinas Flucht nicht einfach respektierten, stellten sie ihr Interesse an der Familienkonferenz über ihr

Interesse an Martinas persönlichen Schwierigkeiten und verbauten ihr den Weg, ihnen diese auch ohne Beisein der Brüder anzuvertrauen. Martina hatte nicht ausdrücklich gesagt, daß ihre Probleme nicht mit dem Streit zusammenhingen, sie hatte es aber durch ihren Rückzug gezeigt. Kinder ersetzen oft Erklärungen durch Handlungen. Viele Eltern, auch wenn sie bereit und fähig sind, Erklärungen ihrer Kinder ernst zu nehmen, verstehen die Aussagen von Handlungen nicht. Sie müßten dann wenigstens die Handlungen selbst ernst nehmen und respektieren. Für Martina wirkte das Drängen der Eltern nach ihrem Rückzug ebenso, als hätte sie gesagt, sie wolle allein sein, und die Eltern hätten sie daraufhin der Lüge bezichtigt.
Über diesem Beispiel hätte auch stehen können: Das Recht des Kindes auf seine eigenen Ausdrucksformen. Ich betonte das Alleinsein wegen des vermeintlichen Gegensatzes zum Dabeisein, und weil es so häufig vorkommt, daß Eltern es nicht ertragen können, wenn ihre Kinder sich von ihnen und der Familie zurückziehen. Kinder müssen aber über ihr Dabeisein und über ihr Alleinsein selbst entscheiden können und zu beidem die Gelegenheit erhalten, wenn ihre Eigenständigkeit nicht beeinträchtigt werden soll.

Merke: Zeit für Kinder ist immer dann Zeit gegen Kinder, wenn sie ihnen aufgedrängt wird.

Das Recht des Kindes auf neue Chancen

John war schon im Kindergarten gelegentlich aufgefallen, weil er Spielzeug mit nach Hause nahm. Er wurde ausgeschimpft, als Dieb bezeichnet und geschlagen. Später mußte er die Grundschule wechseln, weil er aggressiv war und viel stahl. Johns alte Lehrerin sagte seiner neuen Lehrerin Bescheid und warnte sie. Die Mutter versuchte, die von seinem Vater »geerbte« kriminelle Veranlagung aus John herauszuprügeln. Schließlich klaute John wie ein Rabe, nur raffinierter. Er kam in eine Sonderschule für Verhaltensgestörte, in viele Therapien, in eine Nervenheilanstalt. Er wurde immer aggressiver, egozentrischer und geschickter, als Zwölfjähriger ist er fest entschlossen, berufsmäßiger Dieb zu werden.

Kommentar:
Wenn ein Kind sich etwas aneignet, was ihm nicht gehört, wird dies häufig als Diebstahl gewertet und löst bei Erwachsenen die Angst aus, hier würde eine Diebeslaufbahn beginnen. Statt sich –

defensiv – auf Wiedergutmachung zu beschränken, werden Erwachsene durch diese Angst zu – aggressiven – Akten der Erziehung und Strafe getrieben. Erst fürchtete die Mutter, John würde ein Dieb, dann wußte sie, daß er einer geworden war. Denn sie hatte John als Dieb angesehen, und darauf sah sich der Junge auch selbst so an. Die Kindergärtnerinnen, Lehrer, Erziehungsberater, Jugendamts- und Polizeiakten wirkten kräftig an Johns Selbstbild mit. Er erhielt keine neue Chance, weil ihm das Image des Diebes überall voraneilte. Wer mit John zu tun bekommt, richtet sein Verhalten darauf ein; ob erzieherisch oder therapeutisch gemeint, er gilt als Dieb. Mit diesem Image mußte er sich einrichten, er lügt perfekt und liebt es, Geld mit vollen Händen auszugeben. Seine vielen übrigen Talente verkümmern, weil sie nicht beachtet werden. Er ist einsam, weil seine Persönlichkeit kaum wahrgenommen wird. Bewunderung und Ablehnung gelten seinem »Symptom«. John fühlt sich nur wichtig als Dieb. Obwohl er es sich oft vornimmt, nicht mehr zu stehlen, wird er bei Gelegenheit sofort rückfällig.
Sehr viele Kinder werden auf diese Weise in eine bestimmte Laufbahn gedrängt, weil pädagogisch denkende und handelnde Erwachsene sie durch ihre Gegenmaßnahmen geradezu darauf festnageln, bestimmte Verhaltensweisen beizubehalten. Später sagen dann manche Eltern: »Wir haben es ja immer schon gewußt« – und ahnen nicht, daß dieses ihr »Wissen« eine Prophezeiung war, die sich selbst erfüllt hat, die *sie* selbst erfüllt haben.

Merke: Man soll den Teufel nicht an die Wand malen. Oder: Wer andern eine Grube gräbt, arbeitet daran, daß sie hineinfallen.

Das Recht des Kindes auf Hilfe

Auf einem Volkshochschulseminar zum Thema »Mit Kindern gleichberechtigt leben« berichtet eine Mutter, sie habe, wie von mir angeregt, ihren beiden Kindern nun zugestanden, zu machen, was sie wollen. Das reine Chaos sei ausgebrochen, z. B. würden die Kinder bis in die Nacht fernsehen und den ganzen Tag, besonders in der Schule, seien sie unausgeschlafen und unglücklich. Die Jüngere hätte sogar schon darum gebeten, von der Mutter wieder rechtzeitig ins Bett geschickt zu werden.
Ich frage, was sie darauf geantwortet habe. Die Mutter: »Selbstverständlich habe ich nein gesagt. Sie soll ja machen, was sie will.« Die Mutter bestreitet zwar, das Chaos ganz gerne zu sehen und vor sich gewissermaßen ein »Ätsch!« dazu zu denken, aber später

gibt sie an, ihre Kinder keineswegs aus Überzeugung in die Freiheit entlassen zu haben.

Kommentar:
Wenn ein Kind darum bittet, rechtzeitig ins Bett geschickt zu werden, weil es die Erfahrung gemacht hat, daß es unter mangelndem Schlaf leidet, so ist dies gerade ein Beweis für seine wirklichkeitsgerechte Selbstbestimmungsfähigkeit. Niemand sagt mir »Ätsch!« oder bestreitet meine Selbstbestimmungsfähigkeit, weil ich mir eine Leiter hole, bevor ich die Zimmerdecke streiche. Jeder Mensch sucht oftmals Hilfe, und ich muß schon handfeste Gründe haben, um einem Mitmenschen eine erbetene Hilfeleistung zu verweigern.
In diesem Falle war die Weigerung der Mutter eindeutig ein pädagogischer Akt. Die Tochter soll alleine klarkommen. In Wahrheit demütigte die Mutter ihr Kind, um sich selbst in der Rolle des unentbehrlichen Dompteurs und Regisseurs zu bestätigen. Freiheit war für sie keine Entscheidung, sondern ein Experiment, das sie scheitern lassen wollte. Ein bißchen mag auch mitgespielt haben, daß diese Mutter meine Ansichten widerlegen wollte. Die Seminarteilnehmer konnten ihr aber ihre Beweggründe durchschaubar machen. Bleibt zu hoffen, daß die Mutter jetzt nicht mehr beansprucht, über ihre Kinder zu verfügen, daß sie ihnen aber zur Verfügung steht.

Merke: Wenn man Kindern erbetene Hilfe verweigert, handelt man ebenso kinderfeindlich, wie wenn man ihnen unerbetene Hilfe aufdrängt.

Das Recht des Kindes zu helfen

Der zweieinhalbjährige Markus will seinem Vater beim Tischdekken helfen. Vorsichtigt trägt er das Geschirr zum Tisch, nichts zerbricht. Der Vater ist mißtrauisch, aber geduldig. Markus trägt auch die Bestecke und alles übrige zum Tisch, ohne daß etwas passiert. Der Vater ist erleichtert und stolz. Markus setzt sich auf seinen Stuhl. Der Vater fordert ihn auf, seine Aktion doch noch zum Ende zu bringen und alles auf die einzelnen Plätze zu verteilen, wie es sich gehört, aber Markus schüttelt den Kopf und spielt mit seinem Teller. Der Vater hebt Markus von seinem Stuhl und sagt drohend: »Wer etwas anfängt, muß es auch fertig machen.« Markus greift widerwillig nach einem Teller, der ihm entgleitet und zerbricht. Der Vater ist sauer und läßt Markus lange Zeit nicht mehr helfen. Markus fängt bald danach an, leicht zu stottern, und entwickelt sich nicht mehr so erfreulich wie zuvor. Der Vater hat die geschilderte Begebenheit vergessen und wundert sich, warum Markus einerseits immer widerspenstiger, andererseits immer weinerlicher wird.

Kommentar:
Kinder wollen ihren Eltern schon sehr früh bei den Hausarbeiten helfen. Der Vater von Markus hat dies zugelassen. Markus konnte schon recht sicher abwaschen und abtrocknen. Beim Putzen gab es noch manche Pannen. Aber der Vater mag diese Tätigkeiten selbst nicht und hatte keine Einwände, wenn Markus sie plötzlich unterbrach. Dann führte er sie selbst schnell zu Ende.
Das Tischdecken aber macht dem Vater Spaß. Ein ordentlich und einladend gedeckter Tisch gefällt ihm sehr. Er verstand nicht, daß Markus keine Lust mehr hatte. An diesem Punkt wurde er pädagogisch. Er meinte es gut mit Markus, aber er mißachtete dessen Selbstbestimmungsrecht.
Vielen Kindern ergeht es noch viel schlimmer. Wenn ihre Versuche, im Haushalt zu helfen, nicht gleich den vollen Erfolg bringen, werden sie oft in der übelsten Weise gedemütigt. »Siehst du, ich habe dir doch gesagt, du kannst das noch nicht!« »Was du ›helfen‹ nennst, macht mir bloß noch mehr Arbeit! Geh lieber spielen!« Auch wenn solche Sätze freundlich gesprochen werden, sind sie schlimmer als Ohrfeigen. Später beklagen sich die Eltern über die mangelnde Hilfsbereitschaft der Kinder.
Wenn Kleinkinder helfen wollen, betrachten sie dies als freiwilligen und großzügigen Akt der Selbsterprobung. Sie beanspruchen das Recht zu helfen. Im Eifer der Erziehung verhalten sich Eltern fast regelmäßig so, daß sie den Kindern dieses Recht zu einer Pflicht verdrehen. Der erwachsene Pflichtbegriff aber ist kinderfeindlich, denn er ist in der Regel von Fremdbestimmung geprägt. Eltern, die ihre Kinder von Anfang an nicht erziehen, erleben, daß die Kinder sich erst nach gelegentlichem Helfen, später nach der Übernahme bestimmter Pflichten geradezu drängen. Sie betrachten eine Pflicht als etwas sehr Würdevolles.

Merke: Wenn man Kinder zu bestimmten Hilfeleistungen verpflichtet, verletzt man ihr Selbstbestimmungsrecht und seine eigene Sorgepflicht.

Das Recht des Kindes auf Unordnung

»Ein dreijähriger Junge spielt auf dem Fußboden eines Zimmers mit Bauklötzen. Als er bemerkt, daß die Mutter Anstalten zum

Fortgehen macht, läßt er die Klötze auf dem Fußboden liegen, läuft zur Mutter und ruft: ›Ich darf doch mitgehen, ja?‹–›Gewiß‹, lautet die Antwort, ›aber erst mußt du deine Klötze in den Baukasten packen.‹«
Dieses Beispiel stammt von einem bekannten deutschen Pädagogikprofessor der Gegenwart (vgl. »Antipädagogik«, S. 37f). Aber er führt es nicht zur Abschreckung an, weil die Mutter das Kind erpreßt, unterdrückt, demütigt, sondern erklärt das Verhalten der Mutter für pädagogisch vorbildlich, damit das Kind den Wert der Ordnung kennenlerne.
Auch ich halte Ordnung in vielen Fällen für sinnvoll. Aber nicht, weil ich zur Ordnung gezwungen worden bin (als Antwort darauf wurde ich zunächst sehr unordentlich), sondern weil ich häufig den Nachteil von Unordnung erfahren habe. Kinder können mit den Ordnungsvorstellungen der Erwachsenen wenig anfangen. Sie haben eigene. Schon kleine Kinder verlangen ziemlich pedantisch, daß man ihnen z.B. ein Märchen mit denselben Worten erzählt wie zuvor. Sie bestehen auf ganz bestimmten Einschlafzeremonien, Sitzordnungen, Reihenfolgen. Fast alle Eltern (außer den nichterziehenden) klagen über die Unordentlichkeit ihrer Kinder. Sie denken ernsthaft, sie hätten *nicht genug* zur Ordnung erzogen!
Wer von dem Wert der Ordnung wirklich überzeugt ist, duldet gern jede Unordnung, weil Kinder das Recht haben, den Wert der Ordnung selber zu erfahren, und das geht nicht durch Vorbild oder gar Erpressung, sondern im Erleben von Unordnung. Im übrigen räumt, wenn es vernünftig und ehrlich zugehen soll, derjenige auf, der sich an Unordnung stört.

Merke: Zeit für Kinder ist Zeit gegen die Erwachsenenordnung. Zeit für die Erwachsenenordnung ist Zeit gegen Kinder.

Das Recht des Kindes auf Risiken

Stellen Sie sich folgende Szene vor: Sie befinden sich in einem fast leeren Lokal, die Wirtin putzt Spülbecken und Zapfsäule, verschwindet kurz in der Küche. Ein Gast kommt herein, tritt zum Tresen, bestellt in gebrochenem Deutsch einen Schnaps und greift, als die Wirtin nicht sofort erscheint, unvermittelt zu der herumstehenden Flasche mit einem Spülmittel.
Was tun Sie?
Als ich diese Szene beobachtete, rief ein anderer Gast (bevor ich es tun konnte) laut: »Stop!« und ging zu dem Ausländer hin. Der

schaute erstaunt auf. »Das nicht trinken«, sagte der Helfer, »nix gut.« Der Ausländer sah sich die Flasche an, roch an ihrem Inhalt und stellte sie verlegen zurück. Später bedankte er sich überschwenglich, gab ein paar Schnäpse aus und hatte einen neuen Freund gefunden.
Und nun die andere Szene. Ein kleines Kind erwischt eine Flasche mit Reinigungsmittel, schraubt den Verschluß auf. Die Mutter reißt ihm die Flasche weg, schlägt ihm auf die Finger und schreit: »Ich hab dir schon tausendmal gesagt, daß du davon nicht trinken darfst!« Sie verschließt die Flasche im Küchenschrank.

Kommentar:
Die meisten Erwachsenen benehmen sich Kindern gegenüber grundsätzlich anders als gegenüber Erwachsenen. Sie unterstellen offenbar, Kinder seien prinzipiell dumm, uneinsichtig und selbstmörderisch veranlagt. Selbstverständlich wird niemand untätig zusehen, wenn jemand sich versehentlich zu vergiften droht. Egal, ob Kind oder Erwachsener. Jedem nicht schwachsinnigen oder schon zu gut erzogenen Kind gegenüber genügt im geschilderten Fall die Aufklärung des Irrtums, also die einfache Information, die das Kind überprüfen kann. Verbote und Heimlichkeiten reizen erst recht zum Ausprobieren. (Ich sage nicht, daß Eltern Kinder auf diese Weise mit Absicht zum Unsinn anstiften, um sich Vorwände zur Erziehung zu verschaffen.)
Die Frage, was man tun würde, wenn der Gast oder das Kind trotz der Information das Reinigungsmittel trinken würde, kann offenbleiben, weil sie sich in der Wirklichkeit nicht stellt. Wer hier andere Erfahrungen hat, sollte schleunigst aus dem Erziehungsgeschäft aussteigen, denn er hat die Kinder schon mit seinen Ängsten angesteckt.
Wer sich immer dann, wenn sein Kind ein Risiko einzugehen scheint, die schrecklichsten Folgen ausmalt, kann sich natürlich nicht mehr vernünftig benehmen. Seine Liebe ist distanzlos und zerstörerisch. Kinder solcher Eltern sind wirklich selbstmordgefährdet. Die Eltern müssen sich klarmachen, was sie schon angerichtet haben, und sich von ihrer Angst schrittweise befreien, indem sie zunehmend kalkulierbare Risiken eingehen und dem Kind ermöglichen, seinen Lebenswillen zu beweisen (oder zurückzugewinnen). Näheres hierzu im Kapitel II, 2.

Merke: Wenn Kinder sich selbst schädigen wollen, ist das nicht auf ihre Unerfahrenheit zurückzuführen, sondern umgekehrt auf ihre Erfahrungen.

Das Recht des Kindes auf Ungewißheiten

Als Michael fünf Jahre alt war, fragte er seine Eltern immer wieder: »Gibt es einen Gott?« Sie sagten jedesmal nein und begründeten das zunehmend zornig.
Als Michael acht Jahre alt war, fragte er immer wieder nach sexuellen Zusammenhängen, Liebschaften im Bekanntenkreis, Homosexualität, dem Sinn der Ehe. Die Eltern sagten ihm jeweils ihre (»fortschrittliche«) Meinung.
Als Michael zehn Jahre alt war, fragte er – anläßlich eines Bundestagswahlkampfes – immer wieder, welcher Helmut der bessere sei, welche Partei die bessere sei. Die Eltern nannten stets den Kandidaten und die Partei ihrer Wahl und freuten sich, daß Michael deren (»fortschrittliche«) Parolen überall mit Begeisterung verkündete.

Kommentar:
Michael ist ein ziemlich freies Kind. Allerdings ist er merkwürdigerweise arrogant, intolerant und nur in einer kleinen Clique beliebt. Wie seine Eltern weiß er immer alles ganz genau. Manchmal passiert es ihm, daß ein anderes Kind oder ein Erwachsener ihm eine Behauptung, die er voller Überzeugung aufgestellt hatte, widerlegt. Dann wird Michael aggressiv, später aber auch oft tagelang mißmutig und kleinlaut.
Seine Eltern haben Michael zu ihrem Verbündeten gemacht. Sie sagten zwar niemals: »Dafür bist du noch zu klein«, aber sie bevormundeten ihn trotzdem. In allen Fragen, die zwischen Menschen umstritten sind, dürfte man nicht für Wahrheit ausgeben, was im Grunde nur persönliche Meinung oder Entscheidung ist. Die Eltern wollten Michael Unsicherheit ersparen, doch er bezahlt seine »Sicherheit« mit einem hohen Preis. Eltern, denen an einem ernstzunehmenden Begriff von Freiheit gelegen ist, nennen ihre Meinung ihre Meinung und verschweigen ihren Kindern nicht, welche anderen Meinungen es außerdem gibt.
Michael hört von vielen anderen Menschen »konservative« Ansichten, die denen seiner Eltern widersprechen. Entgegen der Absicht seiner Eltern ist er mit seinen Gewißheiten schlecht dafür gerüstet, wirkliches Verständnis für Probleme und Mitmenschen aufzubringen. Genau genommen betreiben seine Eltern Indoktrination. Dies ist zwar offiziell erlaubt (nach dem Urteil des Bundesverfassungsgerichts vom Februar 1978 über den schulischen Sexualkundeunterricht ist ausdrücklich nur der Schule – im Gegensatz zu den Eltern – »jeder Versuch einer Indoktrinierung« untersagt), aber dadurch wird es nicht freiheitsfreundlicher. Kin-

der wie Erwachsene werden nicht überfordert oder als dumm angesehen, wenn sie manchen Fragen wenigstens eine Zeitlang mit einem »Das weiß ich nicht« gegenübertreten. Je sicherer Erwachsene ihrer eigenen Ansichten sind, desto weniger brauchten sie es nötig zu haben, sie ihren Kindern als Wahrheiten zu verkaufen. Wer Kinder als Abladeplatz für seine Weisheiten und Überzeugungen mißbraucht, praktiziert geistiges Faustrecht und erzeugt Gläubigkeit oder sogar Fanatismus. – So erklärt sich auch, warum es für viele Menschen eine mittlere Katastrophe ist, wenn sie eine Ansicht einmal revidieren müssen ...

Merke: Vielen Kindern wird das Recht auf freie Meinungsäußerung schon zugebilligt. Kinder haben aber auch das Recht auf freie Meinungsbildung.

Das Recht des Kindes auf alle seine Gefühle

»Schäm dich. Ein Junge weint doch nicht.«
»Nimm dich bitte zusammen.«
»Hör auf zu weinen. Du hast überhaupt keinen Grund.«
»Alte Heulsuse. Das tut doch gar nicht weh.«
»Krieg dich endlich wieder ein. So lustig ist das nun auch wieder nicht.«
»So spricht man nicht mit seinen Eltern.«
»Du brauchst keine Angst zu haben.«

Kommentar:
Jeder von uns kennt diese Sprüche. Sie sind mörderisch. Sie morden die wahren Gefühle unserer Kinder. Sie unterdrücken die Äußerung ihrer echten Gefühle und belohnen die Äußerung von vorgetäuschten. Sie züchten Heuchelei und schließlich Selbstbetrug.
Fälschlicherweise wird oft die Unterdrückung der kindlichen Sexualität als Hauptquelle von Neurosen und Selbstentfremdung bezeichnet. Aber die Triebfeindlichkeit der sexuellen Unterdrükkung ist nur ein Teil des umfassenden Terrors, den die Erwachsenenwelt gegen die biologisch und sozial höchst sinnvollen Gefühlsäußerungen der Kinder ausüben. Auch unter Erwachsenen hört man immer wieder, bestimmte Auseinandersetzungen sollten nicht emotional, sondern sachlich geführt werden. In anderem Zusammenhang regen sich die gleichen Leute über die Gefühlskälte ihrer Mitmenschen auf. Ich bin auch nicht dafür, daß Diskussionen hysterisch geführt werden, aber Emotionalität und Sachlichkeit schließen sich keineswegs aus.

Unverfälschte Gefühlsäußerungen von Kindern sind zunächst immer auch sachlich begründet und gerechtfertigt. Die Erwachsenen verstehen nur den Grund oft nicht. Wenn ein anderer Erwachsener plötzlich aus nicht ersichtlicher Ursache einen Gefühlsausbruch produziert, stehen sie bisweilen geradezu in ehrfürchtiger Scheu davor. Tut ein Kind dasselbe, so schalten sie auf Erziehung.
Die Folgen sind katastrophal. Denn Kinder sehen ihre eigenen Gefühle allmählich so an, wie sie von anderen angesehen werden. Sie verlernen zu weinen, zu trauern, glücklich, andächtig zu sein. Sie lernen nicht, mit aggressiven Gefühlen, mit Enttäuschung, Vorfreude, Verzweiflung, Wut und Angst sinnvoll umzugehen. Alle diese, überhaupt alle Gefühle gäbe es nicht, wenn sie nicht eine biologisch und sozial vernünftige Funktion hätten. Erziehung aber ist Intoleranz besonders gegen kindliche Gefühle. Sogar wenn Kinder sich freuen und glücklich sind, wird ihnen das von liebenden Erwachsenen noch häufig zerredet und verleidet.

Merke: Kinderfeindlichkeit wirkt durch nichts so zerstörerisch wie durch die Intoleranz gegenüber spontanen Gefühlsäußerungen von Kindern.

Das Recht des Kindes zu lernen

Karli (8 Monate) setzt zwei Bauklötze aufeinander. Der Vater ist hocherfreut und zeigt Karli, wie man einen richtigen Turm baut.
Susanne (15 Monate) läuft noch ziemlich wacklig. Immer wenn sie fällt, stellt ihre Mutter sie wieder hin.
Paul (2 Jahre) sagt zu allen Männern »Papa«. Die Mutter verneint jedesmal und wird zunehmend ärgerlich.
Hannes (3 Jahre) spielt mit dem Vater Fußball. Aber er legt sich den Ball oft mit den Händen zurecht. Sein Vater, ein Fußballspieler, erklärt ihm immer zorniger, daß Hannes den Ball nicht mit den Händen berühren darf, weil das gegen die Regeln verstößt.
Christina (5 Jahre) kommt mit ihrem Puzzle nicht weiter. Sie bittet die Mutter um Hilfe. Die Mutter vollendet das Puzzle und erklärt Christina dabei, worauf es ankommt.
Zehntausende von Schülern (ab 6 Jahren) gehen in die Schulen, um zu lernen. Aber sie werden belehrt.

Kommentar:
Erzogene Erwachsene glauben, Lernen und Lehren gehörten zusammen, würden sich ergänzen. Dies ist ein Aberglaube.

Lehren behindert Lernen immer, verhindert es oft. Der Mensch kann nur aktiv lernen, nicht als bloßes Objekt von Belehrung. Inzwischen wissen das sogar Pädagogen, aber es verändert ihre Praxis kaum. Es gibt viele Bücher über Entdeckendes Lernen und Handelnden Unterricht, aber in der Regel werden Kinder belehrt. Mit einem Vergleich will ich den Irrtum verständlich machen:

Es gibt körperliche Nahrung und es gibt geistige Nahrung. Beides braucht, besser: will der Mensch. Viele Eltern können ihre Kinder nicht genug mästen, wie Kinderärzte immer häufiger beklagen. Schon vom Säugling heißt es, er würde »gestillt«, obwohl ihm Brust oder Flasche nur angeboten und das Kind aktiv saugt. Man kann Säuglinge dazu bringen, daß sie zuviel trinken, aber man macht sie damit krank. Das richtige Maß findet nur das Kind. Eltern handeln also richtig, wenn sie ihm Nahrung zwar anbieten, es aber selbst entscheiden lassen.

Mit der geistigen Nahrung ist es ähnlich. Wie es beim Trinken in Wirklichkeit nicht ums Gestilltwerden, sondern um den Inhalt der Flasche oder der Brust geht, so geht es beim Lernen nicht ums Belehrtwerden, sondern um die Erfahrungsinhalte, die Lerngegenstände, das Material, die Probleme, die das Kind vorfindet. Die richtige Reihenfolge und das richtige Maß des Lernens findet nur das Kind – wenn man es läßt. Ich zitiere Frau Dr. GISELA SCHMEER aus der Zeitschrift »Eltern« (Nr. 1/1978, S. 115):

> »Um ja nichts zu versäumen, hasten die Eltern in die einschlägigen Geschäfte und erfüllen jeden Wunsch des Kindes, der auch nur entfernt etwas mit Bildung zu tun hat ... Das Kind gräbt nicht mehr selbst nach den Schätzen des Wissens, spürt ›sein‹ Buch nicht mehr selbst auf, spart, rennt, sucht nicht mehr selbst – denn das alles besorgt und bezahlt die Mutti ... Das Produkt: der schlaffe Typ, der für nichts mehr kämpft und nicht begreift, warum es irgendwann nicht so weiterläuft, wie es angefangen hat.« Schlußfolgerung: »Nicht aus jedem Seufzer, den das Kind tut, muß ein Bildungsprogramm abgeleitet werden.«

Eltern handeln also richtig, wenn sie dem Kind einige Materialien anbieten, aber jedenfalls auf Belehrungen oder gar Bildungsprogramme verzichten. Wenn Kinder etwas »falsch« machen, so zeigen sie damit, daß sie den Gegenstand noch nicht bewältigt haben, daß sie noch experimentieren müssen. Jede Korrektur oder Belehrung stört diesen Vorgang.

Verwendet ein Kind ein »falsches« Wort (wie Paul), frage man sich zunächst nach dem – stets logischen! – Grund. Dann hätte die Mutter erkennen können, daß Paul schon eine große Leistung

vollbrachte, nämlich Männer und Frauen unterscheiden konnte. Der Mutter Ärger gilt ihrem eigenen Unverständnis. Würde sie ihr Kind ernst nehmen, könnte sie allenfalls (wenn sie sich vor den angesprochenen Männern »verteidigen« zu müssen glaubt) sagen: »Ja, der sieht aus wie Papa, das ist auch ein Mann.« – Bittet ein Kind (wie Christina) ausdrücklich um Hilfe, so kann man sich sein Problem erklären lassen. Meist findet es die Lösung dann selbst, ansonsten beschränkt man seine Hilfe jedenfalls auf das erbetene Maß, d.h. jeweils auf den nächsten kleinen Schritt.
Über die Schule sage ich hier lieber nichts.

Merke: Das Lernen eines Kindes ist eine würdevolle, eine heilige Sache. Es durch Lehren zu stören, ist eine schmachvolle Sünde.

Das Recht des Kindes auf Wirklichkeit

In der »Antipädagogik« habe ich an zahlreichen Beispielen aufgezeigt, wie es die Wortführer der Pädagogik mit der Wahrheit und der Wirklichkeit halten. Einmal nannte ich sie (die Pädagogikprofessoren) deshalb allesamt »Betrüger«, was ausdrücklich nicht sie persönlich meinte (sie erliegen ja einem Selbstbetrug), sondern ihre Funktion als Träger der Erziehungsideologie. Da passierte eine lustige Geschichte. Ein Pädagogikprofessor X beklagte sich bei meinem Verleger bitterlich über diese Stelle und verlangte ihre Entfernung. Um den guten Mann zu besänftigen, bot ihm der Verleger an, er solle ein Korrekturblatt entwerfen, das dann der 2. Auflage des Buches beigefügt würde.
Der Zusammenhang ist folgender: Nachdem ich viele herrlich kinderfreundliche Sätze der schwedischen Reformerin ELLEN KEY (»Das Jahrhundert des Kindes«) zitiere, schiebe ich ein, es sehe so aus, »als habe X mit seiner Behauptung recht, bei ELLEN KEY scheine es ›das Problem der Autorität nicht zu geben‹ (72, S. 141). Aber es sieht nur so aus ...« und es folgt der Satz mit »Betrüger«. Drei Zeilen später wird der Vorwurf auch bewiesen, denn ich zitiere weiter ELLEN KEY, die für die ersten Lebensjahre ausdrücklich »Dressur« und »absoluten Gehorsam« fordert.
Nun der Text des »Korrekturzettels«, welcher der 2. Auflage der »Antipädagogik« beigelegt wurde (ich wiederhole, der Text ist von dem Beschwerdeführer selbst verfaßt):
»Professor Dr. X wünscht zu Seite 250, vorletzter Absatz, die ungekürzte Wiedergabe der Textstelle, auf die sich der Autor dieses Buches bezieht: ...«

Aber es sieht nur so aus, denn X fährt fort: »Die genaue Analyse des Textes fördert jedoch eine sehr wichtige Einsicht zutage: Die Erzieher greifen zwar nicht unmittelbar in die Entwicklung des kindlichen Lebens ein, sie wirken jedoch durch die Schaffung einer idealen materialen wie personalen Umwelt, d.h. durch die Gestaltung einer pädagogischen Situation. Für eine kritische Beurteilung dieses in Abständen immer wiederkehrenden Ansatzes ist die Erkenntnis entscheidend, daß ›Leben‹ nicht identisch ist mit dem tatsächlichen gesellschaftlichen Leben, sondern stets ein pädagogisch gefiltertes und aufbereitetes Leben meint! (72, S. 141).«

Ich will hier nicht des X oder KEYs Theorie erörtern, wir sind ja bei praktischen Beispielen. So sieht die Praxis von Pädagogen aus: Sie verlangen, daß Kinder um das tatsächliche Leben betrogen werden, und dann führt einer (nicht er allein) noch seine Leser an der Nase herum. ELLEN KEY schreibt etwa: »Das Kind muß ganz gewiß Gehorsam lernen, und zwar absoluten Gehorsam.« Und X nennt das ungerührt »Gestaltung einer pädagogischen Situation« und meint, es scheine da »das Problem der Autorität nicht zu geben«. KEY verlangt »Dressur«, und des X genaue Analyse fördert zutage, die Erzieher »greifen ... nicht unmittelbar ... ein«, sondern wirkten »durch die Schaffung einer idealen ... Umwelt«.

Aber dieser vollzogene Betrug ist für die Praxis weniger wichtig als der geforderte. Deshalb berichte ich von diesem entlarvenden Vorkommnis: Wer Erziehungsfachleuten noch etwas glaubt, ist selber schuld. Denn die erheben ihre Heuchelei, mit »wissenschaftlichem« Brimborium garniert, zum Ideal. Nur die Kinder nicht merken lassen, was wirklich gespielt wird, es könnte ihre zarten Seelchen gar schröcklich schädigen! Tatsächlich werden Kinder durch diese Heuchelei nur gewaltsam klein und in Unsicherheit gehalten – oft genug, damit sie dem großartigen Erzieher nicht so bald über den Kopf wachsen. Dafür bist du noch zu jung. Das verstehst du noch nicht. Aber Otto, doch nicht vor dem Kind! Und man kann solche Eltern verstehen, versuchen sie doch nur, ihrem Kind eine »ideale personale Umwelt« zu schaffen, die armen.

Kinder brauchen keine »ideale materiale ...« und solchen Lügenkram, sondern das wirkliche Leben, nicht damit sie später usw., sondern weil sie das Recht darauf haben. Die Angst, daß die unverfälschte Wirklichkeit Kinder schädigt, ist unbegründet. Kinder merken sowieso, wenn etwas nicht stimmt. Wenn man es vor ihnen zu verbergen sucht, verhindert man nur, daß sie produktiv damit umgehen lernen können. Aber Pädagogik ist eben eine ausgeklügelte Lernverhinderungsstrategie und großangelegte Betrügerei zur Machterhaltung der Seeleningenieure. Es könnte ihre Unentbehrlichkeit von freien Menschen gar zu leicht in Zweifel gezogen werden!

Merke: Zeit für Kinder ist Zeit gegen Kinder, wenn sie nicht erfüllt ist von Wirklichkeit, Wahrheit, Echtheit und Spontaneität.

Zusatzfrage: Haben Kinder ein Recht auf Liebe?

Antwort: Nein. Kinder haben das Recht auf Wirklichkeit, auf Echtheit auch der elterlichen Gefühle. Sie haben dieses Recht, weil heuchelnde Eltern (und Lehrer usw.) die Menschenwürde und die freie Entfaltung der Persönlichkeit ihrer Kinder beeinträchtigen. Wie manche Eltern ihre Kinder belügen und betrügen, würde unter Erwachsenen als unduldbare Beleidigung aufgefaßt. Niemand kann zu bestimmten Gefühlen verpflichtet werden. Eltern sind verpflichtet, für ihre Kinder zu sorgen und ihre körperliche und geistige Überlegenheit nicht gegen sie einzusetzen. Das ist alles. Man macht sich kaum klar, für wieviel Unheil die ewigen Appelle verantwortlich sind, man müßte Kinder mehr lieben. Jedem Menschen tut es gut, wenn er geliebt wird, das ist klar. Aber er hat keinen Anspruch darauf. Anspruch hat er darauf, geachtet zu werden. Liebe ist mehr, und wenn sie das bleiben soll, darf sich niemand einreden lassen, er sei zur Liebe verpflichtet. Es gibt kaum ein schlimmeres Unrecht als den Versuch, Kindern seine wahren Gefühle zu verbergen.
Wer kennt z. B. eine dümmere und brutalere Lüge als die Behauptung von Eltern mehrerer Kinder, sie würden jedes Kind gleich stark lieben? Man kann jedes Kind in seiner Eigenart achten, man kann jedes Kind gleich gut versorgen, aber man kann nicht viele Kinder gleich intensiv lieben. Bezeichnenderweise sind es gerade Erziehungsfanatiker, die dies so lauthals fordern. In Wirklichkeit *verhindern* sie damit viel von der sonst möglichen Liebe, denn die Schuldgefühle, ein Kind nicht genug zu lieben, zerstören leicht die letzten Grundlagen für mancherlei Zwischenformen der Sympathie, der Zuwendung und der Solidarität, die sonst noch immer vorhanden sind. Außerdem verunsichern geheuchelte Gefühle Erwachsene wie Kinder, was eine Entwicklung der echten Gefühle zum Positiven fast unmöglich macht. Umgekehrt erschließt die Liebe zur Wahrheit oft auch wieder die Liebe zu Kindern. Wen es betrifft, der möge es versuchen – unbelastet von Schuld- und Pflichtgefühlen (und ohne ins andere Extrem zu verfallen und die

Kinder mit Bekenntnissen der Nichtliebe nun zu verfolgen; das tut man auch gegenüber Erwachsenen nicht, die man achtet).

Merke: Es ist objektiv kinderfreundlicher, ein Kind nicht zu lieben, es aber anständig zu behandeln, als es zu lieben und zu erziehen.
Kinderfreundlichkeit bedeutet in erster Linie: Aufrichtigkeit.

Die Lebensfeindlichkeit der Erziehungspraxis

Ein Einzelfall kann selten etwas beweisen. Aber jeder Fall ist ein Einzelfall und kann doch etwas verständlich machen. Solange wir uns immer wieder die Frage stellen, welches Verhalten unsererseits oder von anderen Leuten (auch z.B. den Fernsehmachern) unsere Kinder möglicherweise beim Erreichen unserer Erziehungsziele unterstützen oder beeinträchtigen könnte, solange wir also pädagogisch denken, stehen wir auf der Seite des Todes, gegen das Leben. Wir sehen das Kind als Objekt an, wie eine Maschine, die gesteuert werden muß. Es jagt uns Schauer über den Rücken, wenn wir in Zukunftsromanen lesen, daß programmierte Roboter plötzlich »sich selbständig machen« und gegen die Menschen wenden. Ich vermute, pädagogisch eingestellte Leute haben eine ähnliche Angst vor dem Ungehorsam von Kindern. Vor Freiheit, Lebendigkeit, vor allem Unkontrollierten.
Wenn das Kind bei Gesprächen, die es betreffen, nicht dabei ist, kann es seine Lebendigkeit nicht einbringen, kann nicht »stören«. Wenn das Kind sich zurückzieht, haben die Erwachsenen es nicht mehr unter Aufsicht, sie sind machtlos gegen seine Heimlichkeiten. Wenn das Kind nicht abgestempelt wird und neue Chancen erhält, kann es lebendig bleiben, sich frei (unkontrolliert) entwikkeln, aus der Abhängigkeit von seinen Erziehern herauswachsen. Wenn das Kind alle gewünschte Hilfe erhält, wenn es sich nach eigenem Gutdünken helfend erproben kann, wenn es seine besonderen Ordnungsvorstellungen verwirklicht, auf eigenes Risiko handelt und seine Gefühle wie seine Lernbegierde mit Unterstützung durch aufrichtige Beziehungspartner in Wirklichkeit, Wahrheit, Echtheit und Spontaneität auslebt – dann lebt es ein lebendiges Leben, voller Überraschungen, voller Kraft, ohne Ängstlichkeit. Schon drei Monate alte Säuglinge, die innerlich frei bleiben konnten, weil sie menschenwürdig behandelt werden, strahlen eine Kraft aus, ein angstfreies Vertrauen zur Wirklichkeit und zum Mitmenschen, daß todessüchtige Pädagogen in Schrekken versetzt werden: Da kann etwas nicht stimmen! Wo ist die

Hilflosigkeit, die Weinerlichkeit, die ständige Bereitschaft zur Panik, die den kinderlieben Bemitleidern herablassenden Trost und gnädige Wohltaten abverlangt?

Freie Kinder jeglichen Alters zeigen eben nicht die gewohnte existentielle Kümmerlichkeit, die dann zu rechtfertigen scheint, daß sie »behandelt« werden, auf Zukunft vertröstet, auf Erziehungsziele dressiert. Ihr offenkundiges Glücklichsein im Hier und Jetzt verdammt alle guten Absichten von Erwachsenen zur Lächerlichkeit. Aber darin liegt auch die große Gefahr, denn es gibt Menschen, die alles Starke und wahrhaft Lebendige beneiden, die es – durch ihre »Hilfe« – zerstören wollen, weil es in ihnen zerstört wurde.

Sie neiden Kindern schon die spontane Bewegungsfähigkeit. Sie schnüren die Kleinsten zu Paketen zusammen (in Entbindungsstationen werden Neugeborenen noch manchmal die Arme an den Körper gefesselt), sie sperren sie in Betten, Laufgitter, kleinste Zimmer, in vorschulische Dressurfabriken, in Schulklassen. Sie neiden Kindern die spontane Ausdrucksfähigkeit. Sie gewöhnen schon den Kleinsten das Schreien (das sie erst erzeugen) durch übermäßiges Füttern oder durch Schnuller ab, sie erregen sich über Kinderlärm (aber gehen freiwillig zu Autorennen oder auf Fußballplätze), sie zerstören Kreativität durch Mal-, Musik-, Turnunterricht (aber lassen sich von Pseudokünstlern bluffen und von Masseuren den Körper wieder fühlbar machen).

Ich könnte noch vieles aufzählen von dem Wahnsinn, der mit Kindern geschieht, um alles lebendige Leben in ihnen zu töten. Aber ich schneide nur noch wenige Bereiche an. Den meisten Erwachsenen ist die Sexualität von Kindern noch immer ein Problem – als hätten sie mit ihrer eigenen nicht genug zu tun. Die meisten Eltern und Erzieher (wohlgemerkt: als Opfer der die vordemokratische Tradition am Leben erhaltenden Ratschläger) achten die Intimsphäre der Kinder nicht, sie schnüffeln ihnen nach, erlisten Geständnisse von Geheimnissen, kontrollieren Post, Schultaschen, Portemonnaies, Freundschaften. Die meisten Eltern teilen Essen, Trinken, Fernsehen, Spielzeug, Geld und Zeit ihren Kindern zu wie allmächtige Götter, aus Gnade und Barmherzigkeit und erzieherischen Gründen. Deutliche Beweise für die Heuchelei als Prinzip der pädagogischen Einstellung liefern die ewigen Diskussionen um Kriegsspielzeug, Gewalt im Fernsehen, Rauchen und Alkohol. Während des Vietnamkrieges haben Tausende amerikanischer Väter und Mütter ihre älteren Söhne in den Tod geschickt und ihren jüngeren den Spielzeugpanzer weggenommen. Nicht, daß ich für Kriegsspielzeug schwärme, aber es belegt eben den pädagogischen Geist unserer Zeit, daß in den

Kinderzimmern abgerüstet werden soll, während es in Wirklichkeit umgekehrt ist. Man wird nicht Pazifist, weil man nicht mit Kriegsspielzeug spielen durfte. Ebenso verbieten rauchende und saufende Eltern ihren Kindern das Rauchen und Saufen, weil es so schrecklich ungesund sei. So müssen die Kinder ihrem Selbstzerstörungstrieb, der das Werk der Erwachsenen fortsetzt, noch eine Weile heimlich frönen. Überall wird für den Tod geworben, mancherorts mit der Warnung, er könnte die Gesundheit gefährden. Umfangreiche Forschungen werden angestellt, ob Gewalt in den Medien Kinder gewalttätig mache, und dann werden Kindern gewalttätige Sendungen oder Heftchen verboten, als sei dies Verbot keine Gewalttat, als stünde nicht hinter jedem Erziehungsakt die zynische Drohung: Du brauchst nur willig zu sein, dann brauche ich keine Gewalt.
Lüge, Heuchelei, Wahnsinn allenthalben, ganz normalerweise. Weil man entweder nicht zugeben kann oder nicht durchschaut, was man von Kindern will, wenn man sie zu Zöglingen macht. Man will ihnen das lebendige Leben nehmen, die Freiheit, vor der man Angst hat, weil man sie nicht kennt.
Es gibt auch Eltern, »Erzieher« und Lehrer, die nicht vorwiegend in Todessehnsucht schwelgen, die nicht das Erstarrte, Kalte, Maschinenhafte, Kontrollierte, Unterworfene vergöttern. Längst nicht mehr alle Eltern fordern von ihren Kindern Gehorsam. Und längst nicht alle Pädagogen sind machtlüsterne Sadisten. Trotzdem leiden alle Kinder unter ihren heutigen Lebensbedingungen.
Was ist damit gemeint?

Die passive Kinderfeindlichkeit

Ich muß zuerst an die Unterscheidung zwischen subjektiver Kinderfeindlichkeit und objektiver Kinderfeindlichkeit erinnern (vgl. S. 24). Als ich diese Unterscheidung zusammenfaßte, lasen Sie – wahrscheinlich mit Verwunderung (weil er nicht näher begründet worden war) – den Satz: »Interesselosigkeit für Kinder ist ebenso objektiv kinderfeindlich wie die pädagogische Einstellung.« Ich möchte jetzt dieser Interesselosigkeit etwas nachspüren, um doch nicht ganz und gar alle Verbrechen an Kindern den Erziehern anzulasten. (Die Erzieher nehmen sich und ihre Einflüsse sowieso viel zu wichtig.)
Mit dem Begriff »passive Kinderfeindlichkeit« möchte ich kennzeichnen, welchen Anteil beispielsweise Architekten, Städteplaner, Politiker und Verkehrsexperten an der kinderfeindlichen

Lebenswelt der Kinder haben. Passive Kinderfeindlichkeit ist Interesselosigkeit für Kinder, oder einfach Gedankenlosigkeit, Vergeßlichkeit, Ignoranz. Wenn da einer ein Hochhaus hinstellt, in dem und um das jeder Quadratmeter nach Erwachsenengesichtspunkten verplant ist, dann nützt auch der lächerliche Sandkasten nichts gegen die Kinderfeindlichkeit der ganzen Anlage. Aber niemandem, der an ihr mitgewirkt hat, sollte man unterstellen, er hätte diese Wirkung absichtlich herbeigeführt, würde sich gar ob der Leiden der betroffenen Menschen – insbesondere der Kinder – ins Fäustchen lachen. Ist es deshalb nicht übertrieben, diese Leute als »kinderfeindlich« zu bezeichnen, auch wenn man es mit einem »passiv« ein wenig abmildert?
Zunächst: Passive Kinderfeindlichkeit ist um nichts weniger schlimm als aktive Kinderfeindlichkeit. Ich hatte ja die objektive Kinderfeindlichkeit aus der Sicht des Kindes definiert, und aus der Sicht des Kindes ist es ziemlich egal, ob es seiner Freiheit mit oder ohne Absicht beraubt wird. Ich will das noch deutlicher machen, aber jetzt schon darauf hinweisen, warum es mir so wichtig ist, bestimmte Verhaltensweisen als passiv kinderfeindlich zu kennzeichnen. Ich will damit nämlich ermöglichen, daß Sie, jawohl, genau, daß Sie solche Verhaltensweisen in Ihrer Umgebung – und Menschen, die sie zeigen – gebührend anprangern können, ohne Gefahr zu laufen, daß man Ihnen erwidert, es sei doch nur passiv geschehen, »passiert«, und könnte nicht allzu übel genommen werden. Von den Folgen her gesehen ist es egal, ob ein Übel mit oder ohne Absicht herbeigeführt wurde, und wer die Verantwortung für ein Übel trägt, muß sich zu dieser Verantwortung auch ziehen lassen, wenn er es nicht mit Absicht herbeiführte. (Doch auch darauf komme ich noch zurück.)
Allen Menschen, die für kinderfeindliche Zustände verantworlich sind, muß ihre Kinderfeindlichkeit (die durch das »passiv« nicht abgemildert ist) klargemacht werden. Dazu müssen wir sie uns erst selbst klarmachen. Nur dann kommt man aus dem hilflosen Klagen über die Kinderfeindlichkeit »der Gesellschaft« heraus und kann die wirklichen Ursachen und Verursacher zur Verantwortung ziehen.
Nehmen wir einen Verkehrsunfall. Ich halte vor einer roten Ampel, ein anderer Wagen kracht von hinten gegen den meinen. Jeder weiß, daß der hintere Fahrer den Schaden an meinem Wagen bezahlen muß, ganz gleich, ob er mich mit Absicht gerammt hat, ob sein Fuß von der Breme gerutscht ist oder ob er vielleicht bloß eingeschlafen war. Ich brauche ihm seine böse Absicht nicht nachzuweisen, auch der Staatsanwalt braucht das nicht, sondern es heißt: Er hätte eben aufpassen müssen. Der Fahrer ist für den

Schaden sogar dann verantwortlich, wenn er für den Unfall wirklich nicht »schuldig« zu sprechen ist, weil etwa im Augenblick der Bremsung sein Bremsschlauch geplatzt ist. Er haftet für den Schaden, er muß ihn wiedergutmachen, auch wenn er ein kräftiger Bursche ist, der mich mit einer Hand zerquetschen könnte. Ich bin im Recht. Und notfalls hilft mir die gesamte staatliche Gewalt, damit ich zu diesem Recht auch komme. Wir leben in einem Rechtsstaat, und vor dem Recht erleide ich keinen Nachteil, nur weil ich etwas schwächlich bin. Wenn mich der genannte Fahrer trotzdem verhaut (vielleicht weil er sich – subjektiv verständlich – ärgert, daß mein Wagen ihn aus seinem Schlummer riß), dann ist er noch mal dran, strafrechtlich wie zivilrechtlich – d. h. ich kann noch ein Schmerzensgeld einklagen.
Zurück zu den Kindern. In bezug auf Kinder ist nämlich alles ganz anders. Sie können – durch passive Kinderfeindlichkeit – noch so stark geschädigt werden, keiner sagt: Die Verantwortlichen hätten aufpassen müssen. Denn Kinder unterliegen noch immer dem Faustrecht, dem Erziehungsunrecht. Wenn Kinder in einer kinderfeindlichen Wohnanlage lärmen oder auf dem Rasen herumtoben, dann hören ihre Eltern bald, sie sollten sie eben besser erziehen. Die passive Kinderfeindlichkeit der Planer soll durch aktive Kinderfeindlichkeit der Eltern wettgemacht werden. Es ist der alte Mechanismus: Der Vater macht dem Kind Angst vor Strafe, deshalb lügt das Kind, deshalb wird es verprügelt. Unter Erwachsenen ist das normale Lügen nicht strafbar, aber Kindern gegenüber erlaubt, ja fordert der Staat (»Erziehungspflicht«), daß Eltern Selbstjustiz üben. Die Kinder sollen ehrlich werden. Nicht etwa angstfrei. Warum Kinder lügen, ist egal. Egal ist, daß in der Regel diejenigen die Ursache sind, die sie dann dafür auch noch bestrafen sollen. Nach dieser Logik dürfte mich der Fahrer, der auf meinen Wagen auffuhr, tatsächlich dafür bestrafen, daß ich mit meinem Wagen an dem Unfall schuld war: Ich hätte ja dort nicht stehen müssen, hätte heute vielleicht zu Fuß gehen können.
Gegen diese Logik schützt mich das Recht. Ich habe das Recht, auf dieser Straße zu fahren, vor dieser roten Ampel zu halten. Das ist der springende Punkt. Nur Kinder werden nicht als Rechtssubjekte wahrgenommen (und notfalls geschützt), weil sie als Erziehungsobjekte gelten (die notfalls verprügelt werden).
Was haben diese Überlegungen mit der passiven Kinderfeindlichkeit zu tun?
Ich will die Frage so beantworten: Wenn Kinder als Rechtssubjekte statt als Erziehungsobjekte gelten würden, wenn Kinder als gleichberechtigte Mitbürger wahrgenommen würden, könnten ihre Bedürfnisse, ihre Interessen, ihre Belange, eben ihre Rechte

nicht so massiv und massenweise übersehen, vergessen, ignoriert werden, wie das heute noch die Regel ist. Ich höre oft das Argument, Kinder müßten heute von Erwachsenen mehr diszipliniert und bevormundet werden als es im Grunde den demokratischen Prinzipien entspricht, weil unsere Welt nun einmal keine kindgerechte, kindgemäße Welt sei. Frage ich zurück, warum denn diese Welt nicht kindgerecht ist, dann kommt das Gespräch schnell auf die passive Kinderfeindlichkeit. Denn wenn die Erwachsenen bei der Gestaltung dieser Welt auf die Belange und Rechte der Kinder Rücksicht genommen hätten, dann brauchten sie heute nicht dem einen Unrecht das zweite Unrecht hinterherzuschicken. – In diesem juristischen und politischen Zusammenhang verweise ich nochmals auf unser Taschenbuch »Die Gleichberechtigung des Kindes«, insbesondere auf den Teil »Das Kind im Recht« von HELMUT OSTERMEYER und auf das Kapitel »›Erziehung‹ als Entrechtung« von HEINRICH KUPFFER.

Man kann den Zusammenhang auch so sehen: Kinder haben wie alle Menschen als tiefstes soziales Gefühl den Grundsatz: Wer nicht für mich ist, ist gegen mich. Dieses harte Entweder-Oder gilt, jedenfalls für die unbewußten Gefühle, die Stimmungen und Gestimmtheiten, nicht nur gegenüber Personen. Es gilt auch gegenüber Sachen, Vorgängen, Situationen und z. B. Räumlichkeiten. Manche Autoren bezeichnen etwa mit dem Begriff »strukturelle Gewalt« alle gegen den Menschen, die Freiheit, das Leben gerichteten Einflüsse von Organisationen, Institutionen und auch banalen baulichen Gegebenheiten, die sich einschüchternd, lähmend oder aufreizend auswirken, ohne daß dabei ein gewalttätiger Mensch direkt mit im Spiel wäre. Jeder weiß, wie sich seine Stimmung und sein Verhalten danach richten, ob er sich in einer gemütlichen Stube, einer kalten Bahnhofshalle, einer tristen Schule oder einem grauenerregenden Gefängnis aufhält. Aber dies ist nur der eine Rahmen, es gibt andere »strukturelle Gewalten«. So nützt es beispielsweise wenig, wenn man Gefängnisse oder Schulen in bunten Farben anstreicht oder in modernen Bauten unterbringt. Die Tatsache der äußeren Freiheitsberaubung wirkt stärker auf die Stimmung als die Gestaltung der Umgebung. Institutionen und Organisationen schaffen sich Eigengesetzlichkeiten, denen der Mensch sich dann kaum mehr entziehen kann.

Über die Menschen- und Lebensfeindlichkeit etwa bürokratischer Apparate hat HELMUT OSTERMEYER in der »Revolution der Vernunft« ausführlich geschrieben. Ich wollte hier nur andeuten, warum Kinder in der Umgebung, die ihnen geschaffen wurde, auch dann leiden, und warum sie diese Umgebung auch dann als feindlich erleben (bzw. unbewußt erfühlen), wenn ihnen nicht

aktive Kinderfeinde zusätzlich zu Leib und Seele rücken. Bei der Gestaltung ihrer Umgebung wurden ihre Rechte als Menschen mißachtet.
Und dabei spielt es in meinen Augen keine wichtige Rolle, ob die Verantwortlichen – die passiv kinderfeindlichen Erwachsenen insgesamt – sich möglicherweise entschuldigen können mit dem Hinweis auf die »Hintermänner«, die aktiv kinderfeindlichen Erziehungsideologen. Wie in dem Beispiel mit dem Auffahrunfall ist das eine zweitrangige Frage, wo es um mein Recht geht, da ich der Geschädigte bin.
Nicht nur in der Erziehung, sondern auch bei unzähligen anderen Entscheidungen Erwachsener werden die Rechte der Kinder berührt und verletzt. Dies rächt sich.

Über die Folgen der Kinderfeindlichkeit

Den letzten Abschnitt hätte ich auch in Kapitel I, 1 bringen können, wo der Begriff Kinderfeindlichkeit theoretisch erörtert wurde. Aber passive Kinderfeinde haben keine ausformulierte Theorie, die man widerlegen müßte. Dennoch ist ihre Kinderfeindlichkeit praktisch höchst wirksam. Sie sind ja nicht passiv, sondern richten aktiv eine Menge Unheil an. Ihre Passivität besteht nur aus Ignoranz. Sie sind nicht aktiv kinder*freundlich*. Was sie tun, betrifft Kinder mit, aber berücksichtigt sie nicht mit.
Diese Feststellung trifft letztendlich auch für die Erziehenden zu. Die Folgen von dieser wie jener Kinderfeindlichkeit sind überall sichtbare handfeste Wirklichkeit. Niemand hat es nötig, sie zu verbergen, und keine Organisation zur Verteidigung der Menschenrechte (wie amnesty international) kümmert sich um die Millionen Opfer alltäglicher Menschenrechtsverletzungen (siehe aber Kapitel III, 1).
Über viele der Folgen wird laut genug gejammert, so daß ich es mir sparen kann, in das Klagelied über die heutige Jugend und überhaupt den Zustand der Welt und der Menschen einzustimmen. Ich möchte aber den Blick schärfen für einige Zusammenhänge, die in der Auseinandersetzung um Erziehung und Kinderfeindlichkeit in der Regel zu kurz kommen.
Nehmen wir als einfaches Beispiel einen Schüler, der das »Klassenziel« nicht erreicht hat. Er bleibt sitzen, muß eine Klasse wiederholen. Seine Lehrer haben die verschiedensten Erklärungen bereit. Meist verweisen sie auf die mangelhaften Leistungen des Schülers. Von den mangelhaften Leistungen der Lehrer redet niemand.

Die schlimmste Folge der Kinderfeindlichkeit ist die, daß für die Folgen der Kinderfeindlichkeit nicht die Kinderfeinde, sondern ihre Opfer verantwortlich gemacht werden.

Wenn die Lehrer schlechten Unterricht machen, werden die Schüler bestraft. Alle Erziehenden rühmen sich gerne ihrer Erfolge, aber für die Mißerfolge lehnen sie die Verantwortung ab. Schon diese Tatsache beweist das Unrecht des Anspruchs und Vorsatzes, andere Menschen erziehen zu wollen. Wenn Kinder hochangesehener Eltern »mißraten«, dann hebt regelmäßig das große Fragen an: Was haben wir nur falsch gemacht? Daß schon diese Frage objektive Kinderfeindlichkeit verrät, erkennen die wenigsten. Kinder werden nicht unglücklich, aggressiv, depressiv, weil ihre Eltern »etwas falsch machten«, sondern weil ihre Eltern den Anspruch und Vorsatz hatten, sie zu erziehen – möglichst »richtig«, versteht sich. Denn schon dieser Anspruch und Vorsatz beraubt die Kinder ihrer inneren Freiheit, ihrer besten und wichtigsten menschlichen Fähigkeit.

Wichtiger aber als die Folgen offensichtlich mißlungener Erziehung sind die Folgen der geglückten. Die Formel »Erziehung gelungen – Zögling kaputt« drückt dieses aus. Wer erfolgreich erzogen worden ist, hat seine innere Freiheit noch vollständiger verloren als die mißratenen Zöglinge. Er liegt im ständigen Kampf mit sich selbst. Er jagt von Ersatzbefriedigung zu Ersatzbefriedigung. Und es ist kein Wunder: Man kann nicht jahrelang massiver Kinderfeindlichkeit ausgesetzt sein, ohne selbst kinderfeindlich zu werden. Wer aber kinderfeindlich ist, steht immer auch dem Kind in sich selbst feindlich gegenüber. Er setzt das Werk seiner Erzieher fort, indem er Selbsterziehung betreibt. Er unterdrückt nunmehr selbständig seine wahren, spontanen Gefühle, er bekämpft seine ursprünglichen Antriebe, er nimmt sich zusammen, reißt sich am Riemen, beherrscht sich – alles Dinge, die das Gegenteil der freien Entfaltung der Persönlichkeit sind.

Wie Pilze schießen in den letzten Jahren religiöse Bewegungen, psychotherapeutische Schulen und Selbsterfahrungsgruppen aus dem Boden, aus dem Erziehungssumpf. »Identitätsprobleme«, »Identitätsverlust«, »Selbstentfremdung«, »die Suche nach dem Selbst«, Versuche, »zu sich selbst zu finden«, ebenso wie solche, endlich »aus sich heraus zu gehen«, sind einige Schlagworte und Hinweise auf den seelischen Zustand erzogener Menschen. Ihre Persönlichkeit wurde gespalten, sie wurden zerrissen, sie kämpfen vergeblich um Einheit, Ganzheit – ob mit Schnaps oder Haschisch oder Meditation oder völliger Selbstaufgabe durch kapitulierende Anpassung an die »Masse«. Wer als Kind erzogen wurde, steht nicht nur seinen eigenen echten Gefühlen fremd und oft hilflos gegenüber, er kann sich auch in andere Menschen, Erwachsene wie Kinder, nicht mehr wirklich einfühlen. Wir bewundern die wenigen Menschen, die, wie es heißt, »in Einklang mit sich selbst« leben, aber den Gedanken zu wagen, ausgerechnet die ach so gutgemeinte Erziehung verhindere, daß alle Menschen Zugang zu und vertrauten Umgang mit ihren und anderer Leute Gefühlen haben können, daß alle Menschen problemlos lernen, Vorurteile überwinden, Aufrichtigkeit zeigen, differenziert denken, ihre und anderer Menschen Schattenseiten akzeptieren usw. usw. können – diesen Gedanken zu wagen gilt vielen Leuten schon als Ketzerei. Wie ein längst entschwundener Traum erscheint den Menschen die Einheit und Ganzheit ihrer Person. Immer neue Therapeuten, Berater, »Helfer« mästen sich (seelisch wie finanziell) an den Opfern der Erziehung, aber die Ursache tasten sie nicht an – es könnte ja sein, sie müßten ihre fachmännische Überlegenheit in Zweifel ziehen.

Daß die Menschen als Kinder ihren wirklichen Gefühlen entfremdet werden, hat übrigens eine weitere Folge, deren Wichtigkeit ich hier gerade nur andeuten kann. Ich meine das weitverbreitete Unverständnis für tiefenpsychologische Zusammenhänge. Würden die Kinder nicht zu so vielen Verdrängungen gezwungen, wäre den Erwachsenen auch ihr unbewußtes Seelenleben nicht so rätselhaft und angsterregend – es wäre ihnen überhaupt viel weniger *unbewußt*. Ich staune immer wieder, welch klaren Durchblick auch in tiefenpsychologischen Vorgängen und Gesetzen freie Kinder haben. Demgegenüber bin ich etwa als Autor von Rundfunksendungen über Psychoanalyse und Psychotherapie stets gezwungen, gewissermaßen beim Punkt Null anzufangen. Tiefenpsychologische Erkenntnisse, wenn sie etwas »unterflächlicher« sind als die »Freudsche Fehlleistung«, müssen sich in jeder neuen Generation neu durchsetzen – und schaffen das nur bei einer klitzekleinen Minderheit. Die Widerstände der Erzogenen sind zu groß. So bleiben die für das Verständnis des menschlichen Handelns und Reagierens wesentlichsten, nützlichsten, wichtigsten Kenntnisse im öffentlichen, besonders auch politischen Leben so gut wie ganz außer Betracht. (Nur die Reklameleute, die nicht unbedingt das Wohl der Menschheit im Auge haben, nutzen solche Kenntnisse, um uns aufs Kreuz zu legen.) Wäre dem nicht so, gäbe es in unserer Zeit kein Schuldstrafrecht mehr, keine Gefängnisse und Irrenhäuser, kein Wettrüsten und keine Schulpflicht (undsoweiter, undsoweiter) – aber es würden auch keine Machtmenschen und Demagogen mehr in verantwortliche Stellungen gewählt. Diese haben also wenig Interesse an der Abschaffung der Erziehung, der Kinderfeindlichkeit. Da müssen sich die Bürger schon selbst rühren, auch weil es inzwischen höchste Zeit geworden ist, daß mehr *vernünftige* Menschen heranwachsen, die mit den ungeheuer schwierigen Problemen der nahen Zukunft fertig werden können. Was da unsere Politiker weltweit gegenwärtig leisten, kann die Menschheit, wenn sie überleben will, sich sehr lange nicht mehr leisten. Die Kurzsichtigkeit und Tolpatschigkeit sogar gutwilliger »Macher«, besonders ihr mangelndes Gespür für die *Nebenwirkungen* ihrer wohlgemeinten »Reformen«, ist ja inzwischen offenkundig geworden. Verstand und Gefühl, die heute beinahe als Gegensätze erscheinen, stehen bei freien Menschen in produktiver Wechselwirkung. Erzogene Menschen handeln sich durch »guten Willen« allenfalls noch Mitleid ein. Als Folge davon stehen nicht Verstandes- und Gefühlskräfte, sondern *Ellenbogen* am höchsten im politischen Kurs. Preisfrage: War das ein Erziehungsziel unserer Dompteure? (Siehe dazu den »pädagogischen Gegenteileffekt« im nächsten Kapitel.)

Aber es ist klar, schon die Abschaffung der Erziehung ist ein ungeheuer schwieriges Problem, solange Erziehung normal ist. In bestimmten Kulturen galt es als normal, seine alten Eltern umzubringen, die Witwen Verstorbener zu verbrennen, Kühe als heilig zu verehren, mehrere Frauen zu heiraten, im dauernden Kriegszustand mit Nachbarvölkern zu leben. Es gibt unzählige weitere Beispiele. Wenn in einem Kulturkreis etwas als normal gilt, ist es immer nahezu unmöglich, ohne größere Katastrophe eine Veränderung zu bewirken. Die Menschen sind daran gewöhnt, daß es ist, wie es ist, wie könnte es da so schrecklich schlecht sein, daß es geändert werden müßte?

Der Mensch ist außerordentlich anpassungsfähig. Hat er aber, um zu überleben, eine Anpassungsleistung einmal vollbracht, fällt es ihm schwer zu verstehen, daß diese Anpassungsleistung möglicherweise schädlich für ihn war. Besonders bei einer Anpassungsleistung von so tiefgreifender Bedeutung, wie es die Aufgabe der inneren Freiheit ist, bestehen logischerweise große Widerstände gegen die Einsicht, daß diese Leistung nicht naturnotwendig ist. Bei anderen Menschen sieht man es noch eher, wie sie durch ihre Erzogenheit verkrüppelt wurden, wie marionettenhaft sie leben, wie vorprogrammiert ihre angeblich freien Entscheidungen sind. Aber man selbst nimmt sich da gerne aus.

Die Menschen schließen sehr oft von sich auf andere. Sie können viel lernen, wenn sie den Mut aufbringen, auch von anderen auf sich zu schließen.

Riskiert man es einmal, das, was man an anderen Menschen beobachten kann, auch von sich selbst anzunehmen, dann wird man die Folgen der erlittenen Erziehung, der erlittenen Kinderfeindlichkeit bei sich wahrnehmen. Man wird erkennen, wie stark man geschädigt worden ist, zu welch kraftloser Bescheidenheit man gezwungen wurde, wie stark man sich mit Zwängen abgefunden hat, die längst keine Zwänge mehr wären, wenn wir uns ihnen nicht beugten, wie kümmerlich unsere Ersatzbefriedigungen sind, mit denen wir uns über den Verlust des lebendigen Lebens zu trösten versuchen.

Es mag eine ähnlich schmerzhafte Erkenntnis gewesen sein, als die Menschen einsehen mußten, daß ihr Planet nicht im Mittelpunkt des Weltalls steht. Die Menschen haben diese Ent-Täuschung im Laufe von Jahrhunderten überwunden. Ich habe die Erfahrung gemacht, daß Erwachsene durch einen ganz anders gearteten Umgang mit Kindern in recht kurzer Zeit für den Schock entschädigt werden, der ihnen die Einsicht in die katastrophalen Folgen der Kinderfeindlichkeit für sich selbst zunächst versetzte. Denn wer sich Kindern gegenüber umstellt, bleibt nicht allein mit dem Problem: Die Kinder ent-schädigen ihn großzügiger als jemand, der das nicht erlebt hat, zu glauben wagt. Ich habe aber auch erfahren, daß besonders erfolgreich erzogene Menschen zu dieser Einsicht und Umstellung nicht mehr in der Lage sind. Ihr Charakterpanzer ist eben schon eingerostet, ihre Lernfähigkeit durch die Erziehung vollkommen verbraucht.

Gerade von ihnen höre ich oft den Einwand, ich würde maßlos übertreiben, nämlich alle Übel dieser Welt auf die Erziehung schieben. Ich habe diesem Einwand jetzt Rechnung getragen durch die Einbeziehung der Folgen passiver Kinderfeindlichkeit.

Wenn man nicht auf dem Standpunkt steht, ein Säugling habe gefälligst dankbar zu sein, daß er überhaupt am Leben erhalten wird, sondern wenn man an eine entwickelte und kultivierte Gesellschaft höhere Ansprüche stellt und Menschenrecht und Menschenwürde als anerkannte Maßstäbe voraussetzt, dann muß man allerdings verlangen, daß aktive wie passive Kinderfeindlichkeit nicht länger verharmlost wird. Dann muß man sich den Folgen stellen, die aus der Erziehung ebenso wie aus anderer Mißachtung der Rechte von Kindern erwachsen. Und dann sieht man, daß selbstverständlich nicht alle Übel der Welt von kinderfeindlichen Leuten verursacht werden, daß aber tatsächlich alle Übel der Welt wesentlich entschärft würden, und daß sowohl mit den Übeln wie mit allen anderen Gegebenheiten entschieden besser – produktiver, vernünftiger, leidvermindernder und glück-

steigernder – umgegangen werden könnte, wenn die Menschen nicht zu Beginn ihres Lebens gegen sich selbst, gegen die Freiheit und gegen die Gemeinschaft eingenommen würden.
Es gibt viele Erklärungsversuche für beispielsweise die massenhafte psychische Verelendung der Bevölkerung, das Vorherrschen des autoritären Charakters, die Ausuferung der Suchtproblematik, das Duckmäusertum, die Besitz- und Konsumgier, die Isolation, die Intoleranz, den Sinnverlust, den politischen Unverstand, das sexuelle Elend, die Partnerschaftsprobleme – aber letztendlich sind alle diese Erscheinungen wesentlich nur Symptome des Mangels an einerseits Selbstbewußtsein, Selbstvertrauen, Selbstbestimmungsfähigkeit, andererseits sozialer Verbundenheit, Verantwortlichkeit, Solidarität. Und dieser Mangel wird jeweils neu in der Kindheit der Menschen erzeugt, wenn ihre Rechte mißachtet werden. Nicht alle Übel der Welt, aber die Unfähigkeit der Menschen, ihre Gefühls- und Verstandeskräfte optimal zu entfalten und sie verantwortlich, vernünftig und mutig gegen die Übel in der Welt einzusetzen, sind Folgen der objektiven Kinderfeindlichkeit. Andere Erklärungsversuche mögen wichtige Erkenntnisse beisteuern und im Augenblick hilfreich sein, sie greifen aber zu kurz, wenn sie übersehen, daß jeder Mensch, auch jeder Politiker, jeder Wissenschaftler usw. als Säugling auf die Welt kam und in seinen ersten Lebensjahren eine vorwiegend lebens- und gemeinschaftsfreundliche oder eine vorwiegend lebens- und gemeinschaftsfeindliche Grundeinstellung entwickelte, je nach dem, wie freundlich oder wie feindlich die Welt und die Gemeinschaft der Menschen (in Gestalt seiner nächsten Beziehungspartner) sich ihm darbot.

Die allerschlimmste Folge der Kinderfeindlichkeit ist die, daß ihre Opfer sich nicht an den Kinderfeinden, sondern wiederum an Kindern rächen. – Es sei denn, antipädagogische Aufklärung durchbricht den Teufelskreis.

II. Freundschaft mit Kindern

1. Die antipädagogische Gegentheorie

Warum Antipädagogik?

Es ist gar nicht so selten, daß ich von Eltern höre, sie würden ihre Kinder »auch antipädagogisch erziehen«. Ich ärgere mich darüber nicht mehr so stark wie früher, aber ich muß diesen Eltern dann doch sagen, daß sie die Bedeutung von Antipädagogik keinesfalls verstanden haben. Ganz gleich, was man mit »Erziehung« meint, wenn man es fertigbringt zu sagen: »Ich erziehe ein Kind«, gibt man damit zu erkennen, daß man dieses Kind mit pädagogischen Augen ansieht, daß man es als Objekt betrachtet. Auch wenn solche Eltern vielleicht wirklich nett und freundlich zu ihren Kindern sind, mit Antipädagogik hat das nichts zu tun.

Um Mißverständnisse so gut wie möglich zu vermeiden, müssen wir uns jetzt um die Klärung einiger Begriffe bemühen. Antipädagogik ist eine Gegentheorie, eine Theorie *über* eine Theorie. Antipädagogik kann niemals einen Rat geben, wie man ein Kind zu irgend etwas bringen soll. Antipädagogik kann aber empfehlen, an bestimmte Dinge zu *denken* – beispielsweise daran, daß pädagogische Akte kinderfeindlich sind, also als Verhaltensmöglichkeiten ausscheiden müssen, wenn man es mit einem Kind gut meint.

In Gesprächen mit Tausenden von Eltern, Pädagogen und Andragogen (Erwachsenenbildnern) habe ich erfahren, wie schwer die Beziehungen zwischen Theorie und Praxis in bezug auf den Umgang mit Kindern zu verstehen sind. Die unbestreitbaren Erfolge der verschiedenen Wissenschaften haben die Menschen dazu gebracht, mehr und mehr selbst wissenschaftlich zu denken und sich dann, wenn sie nicht weiterwissen, von den Wissenschaften Rat zu holen. Wodurch hilft uns aber die Wissenschaft bei der Lösung von Problemen? Sie tut es dadurch, daß sie aus ihren Forschungen Schlüsse zieht und Aussagen formuliert, die uns klare Anweisungen für die Praxis geben. Damit Versuchsanordnungen als wissenschaftlich anerkannt werden, müssen sie beispielsweise *wiederholbar* sein, das heißt, der Zufall muß ausgeschaltet bleiben. Wenn man dann zu wissenschaftlichen Erkenntnissen gelangt ist, so besteht ihr eigentlicher Wert darin, daß sie

bestimmte Folgen unseres Handelns *voraussagbar* machen. Der Unterschied zwischen einem Scharlatan und einem Wissenschaftler besteht darin, daß der Scharlatan sich nicht in die Karten schauen läßt, während der Wissenschaftler alle Bedingungen eines Vorgangs offenlegen und das Ergebnis vorhersagen kann. Wenn die Gesetze, nach denen der Vorgang abläuft, als wissenschaftlich gesichert gelten sollen, muß es jedermann möglich sein, den Vorgang unter den gleichen Bedingungen zu wiederholen, das Ergebnis vorauszusagen und zu erreichen.
Durch diese wissenschaftlichen Methoden gelangen dem Menschen ungeheure Fortschritte in der Bewältigung der Natur, er erkannte immer mehr ihrer Gesetze und nutzte dieses Wissen für z. B. technische Entwicklungen. Aber mit wissenschaftlichen Methoden kann man Menschen zwar zum Mond schießen, doch nicht erziehen. Jedenfalls nicht, ohne ihre Freiheit zu zerstören. Es ist etwas grundsätzlich anderes, ob ich Naturgesetze erforsche und anwende, oder ob ich es mit Menschen zu tun habe. Technisch-wissenschaftliche Vorgänge sind wiederholbar und vorhersehbar, wenn ich die beteiligten Materialien und Gesetze nur gut genug kenne, weil diese Materialien und Gesetze nicht plötzlich nein sagen können. Sie können nicht bemerken, daß man mit ihnen etwas anstellt, worauf sie vielleicht im Augenblick keine Lust haben. Sie besitzen keine Freiheit, die zu verteidigen ihnen einfallen könnte.
Nun ist es denkbar, daß man das Wesen des Menschen und die für ihn geltenden Naturgesetze eines Tages gut genug kennen wird, um den Menschen ebenso perfekt zu beherrschen wie etwa Raketensysteme. Dies ist der Traum aller Erziehungsfanatiker. Es gibt zahlreiche Utopien, z. B. Zukunftsromane, in denen dieser Traum ausgesponnen wird. So hat der berühmte und höchst einflußreiche amerikanische Psychologe BURRHUS F. SKINNER eines seiner Bücher ernstlich »Jenseits von Freiheit und Würde« genannt und darin begündet, warum er die perfekte Manipulation der Menschen zu »glücklichen Sklaven« für besser hält als den gegenwärtigen Zustand des Wahnsinns.
Obwohl ich daran zweifle, daß Menschen so total manipulierbar sind, wie SKINNER es (gestützt auf Tierexperimente) behauptet, kann ich ihm meinen Respekt dafür nicht versagen, eine Gedankenlinie konsequent bis zum Ende verfolgt zu haben. Ich will nicht darüber streiten, ob diese totale Manipulation theoretisch möglich ist (d. h., ob nicht der eine oder andere Mensch durch einen Zufall hinter die Schliche der Erzieher kommen müßte und das ganze System sprengen würde), auch nicht, ob sie irgendwann einmal praktisch durchführbar sein kann (am ausreichenden Wis-

sen vom Menschen und der Fähigkeit, alle seine Bedingungen lückenlos zu gestalten, wird es jedenfalls noch einige Jahrhunderte fehlen). Mir liegt daran, die entgegengesetzte Gedankenlinie ebenso konsequent bis zum Ende zu verfolgen, wie SKINNER die seine. *Das* ist die wesentliche Aufgabe von Antipädagogik.

Wenn man es ernst meint mit der Freiheit und der Würde des Menschen, darf man mit dem SKINNERSCHEN Standpunkt allerdings nicht liebäugeln, wie es Erziehungstheoretiker und -praktiker tun. Denn wenn man verhindert, daß Menschen innerlich frei bleiben, kann man nachher über ihre Freiheitsfähigkeit, die man ja vorher zerstört hat, nichts Vernünftiges mehr aussagen. Man muß sich entscheiden, entweder oder, und seine Entscheidung durchhalten. Dann gibt es keine Unsicherheit im Umgang mit Kindern.

Was meine ich damit? Ich meine im jetzigen Zusammenhang das beschriebene wissenschaftliche Denken. Wer einen Menschen perfekt manipulieren (erziehen) will, kann sich bei Wissenschaftlern Rat holen. Er kann die Erziehungswissenschaften befragen, von denen erhält er theoretische Auskünfte, die er dann in die Praxis umsetzt. Dahinter steht die Annahme, man könne und dürfe mit Menschen umgehen wie mit Raketensystemen. Diese Annahme aber ist, abgesehen von den mangelnden Kenntnissen und Kontrollmöglichkeiten, jedenfalls innerhalb einer dem Anspruch nach freiheitlichen und demokratischen Gesellschaft eindeutig falsch. Der Beweis dafür fällt jetzt leicht. Es gibt im Miteinander von Menschen schlichtweg keine wissenschaftlich exakten Wiederholungen. (Nicht einmal, wenn Sie diesen Satz mehrmals lesen, sind das wissenschaftlich exakte Wiederholungen, weil Sie beim zweiten Lesen bereits andere Gedanken und Gefühle haben als beim ersten.) Außerdem gibt es in diesem Bereich keine wissenschaftlich exakten Voraussagen. (Wenn ich z. B. meine Vermutung, daß Sie dieses Buch noch weiterlesen, als wissenschaftlich exakte Voraussage ausgäbe, könnten Sie leicht auf den Gedanken kommen, durch Ihren Trotz meinen Ruf als Wissenschaftler zu ruinieren.)

Die wissenschaftliche Methode, die sich in vielen anderen Bereichen bewährt, versagt dort, wo Menschen miteinander umgehen. Denn Menschen sind Subjekte, sie können nein sagen, sie können auf verrückte Gedanken kommen, sie können die Absicht des Gegenübers durchschauen oder erahnen. Alles dies können Materialien, mit denen Wissenschaftler sonst zu tun haben, nicht. Deshalb ist die Annahme falsch, nach der man von irgendeiner erziehungswissenschaftlichen Theorie Rat erhalten könnte, den man Kindern gegenüber in die Praxis umsetzen müsse.

Selbstverständlich gibt es *Wahrscheinlichkeiten* im Miteinander von Menschen. Wenn ich ein Kind lobe, wird es *wahrscheinlich* erfreut sein und das belobte Verhalten fortsetzen. Es *kann* aber auch merken, daß ich es manipulieren will, und gerade das Gegenteil (oder etwas ganz anderes) tun. Erzieher können also nie *sicher* sein, ob sie alles »richtig« machen, wenn sie eine Theorie in die Praxis »umsetzen« wollen. Sie machen gewissermaßen immer die Rechnung ohne den Wirt. Dies hat Antipädagogik aufzuzeigen.
Antipädagogik ist die Gegentheorie der Erziehung, eine Theorie über die Erziehungstheorie. Sie ist die theoretische Widerlegung der Erziehungstheorie.
Gut und schön, höre ich dann von Erziehern oft, aber *was* sollen wir denn jetzt Ihrer Meinung nach mit dem widerspenstigen Fritzchen *machen*?
Solche Erzieher sind noch nicht aus dem Rahmen der Erziehungsideologie ausgestiegen. Sie erhoffen sich Supertricks zur Durchsetzung ihres Erziehungsanspruchs. Sie machen sich von Theorien und Ratschlägen abhängig, von Autoritäten (wie es früher die absoluten Herrscher oder die eigenen Erzieher waren). Sie sehen Kinder als Menschen an, die man nur geschickt genug steuern müsse. Sie sehen nicht, daß sie mit ihren Kindern in einer *Beziehung* stehen, die immer schon auf Gegenseitigkeit beruht. Damit Erwachsene im Umgang mit Kindern *Sicherheit* gewinnen, kommt es nicht darauf an, daß sie mehr und bessere Ratschläge erhalten, sondern daß sie mehr Freiheit und *Selbstsicherheit* erwerben. Es ist ja eine ausgesprochen idiotische Vorstellung, wenn Erzieher bei allen Zweifelsfällen zum Bücherschrank stürzen würden, um sich Sicherheit zu verschaffen. Das hätte einen Sinn bei kaputten Küchengeräten und ähnlichen Problemen, aber im Umgang mit Kindern, in der Beziehung mit Kindern, könnte ein solches Verhalten die Konflikte nur verschlimmern. Erwachsene, die sich auf die Autorität von Theorien und Ratschlägern stützen, verlieren zwangsläufig jede *eigene* Autorität (»Autorität« etwa im Sinne von Echtheit und Glaubwürdigkeit). Sie werden von Kindern nicht mehr ernst genommen, vor älteren Kindern machen sie sich geradezu lächerlich. Je mehr sie Sicherheit von außen erhoffen, desto unsicherer werden sie. (Hier liegt die Lösung zu dem Rätsel, daß die Flut der Erziehungsratgeber dazu geführt hat, den Erziehungseinfluß von Erwachsenen auf Kinder keineswegs zu verstärken, sondern zu vermindern. Heutzutage *können* beratungssüchtige Eltern ihren Kindern schon überhaupt nicht mehr helfen, auch wenn sie es aus tiefstem Herzen wollen.)
Dagegen also Antipädagogik. Freundschaft mit Kindern ist nicht möglich, solange der Erwachsene im pädagogischen Denken

befangen ist. Denn dieses Denken verursacht unweigerlich Spannungen und Machtkämpfe. Solange dieses Denken nicht überwunden ist, sind Rezepte zur objektiven Kinderfreundlichkeit sinnlos.
Da ich aber immer wieder erlebt habe, wie schwer der Abschied vom pädagogischen Denken fällt, will ich zur Vorbereitung der versprochenen Rezepte in diesem Kapitel einige antipädagogische Theoreme, also Theorieteile, ausführlicher darstellen.

Begriffsbestimmungen

Hierfür ist es nötig, die Begriffe »Pädagogik« und »Erziehung« aus ihrem Wischi-waschi-Dasein zu erlösen. (Wer sich mit diesen Problemen intensiver beschäftigen will, kann auf die »Antipädagogik« zurückgreifen; ich stelle sie hier nur so dar, daß die verschiedenen Positionen sichtbar werden.) Man hört und liest ja oft, Eltern hätten außer Beruf und Haushalt auch noch die Kindererziehung am Hals – und fragt man dann nach Einzelheiten, sind mit dem Wort »Kindererziehung« ganz unschuldige Tätigkeiten wie Füttern, Baden, Wickeln, Spielen gemeint. Im üblichen Sprachgebrauch gilt so »die Erziehung der Kinder« selbstverständlich als Pflicht der Eltern. Viele Leute zählen es zu ihrer »Erziehungsaufgabe«, mit ihren Kindern zu spielen, zu sprechen, sich zu verabreden, ihnen Fragen zu beantworten, die Meinung zu sagen – alles Handlungen, die ich als nicht vollkommen Bekloppter doch kaum gemeint haben kann, wenn ich mein erstes Buch mit dem Untertitel versah: »Studien zur Abschaffung der Erziehung«.
Ähnlich ist es mit dem Wort »Pädagogik«. Vielfach hört man heute beispielsweise, es müßte wieder mehr Pädagogik in unseren Schulen Eingang finden. Es ist schon fast lustig, wenn man von verschiedenen Autoren, die ziemlich die gleiche Sache meinen, sowohl lesen kann, die Schule müsse endlich »pädagogisiert« werden, als auch, sie sei endlich zu »entpädagogisieren«. Wer »Pädagogisierung« fordert, meint damit meistens, daß aus den unmenschlichen Paukfabriken Orte werden, an denen auf die persönlichen Eigenarten, Möglichkeiten, Bedürfnisse und Interessen der Schüler wieder mehr Rücksicht genommen wird. Unter einer pädagogisierten Schule verstehen diese Autoren also eine kindgemäßere, schülergerechtere Schule. – Wer dagegen die »Entpädagogisierung« der Schule fordert, möchte Schüler vom Status des Objekts pädagogischer Maßnahmen und Beurteilungen befreien und die Schule als Lebensraum verstehen, in dem gleichbe-

rechtigte Mitmenschen in Selbstbestimmung und Mitbestimmung zusammenarbeiten. Unter einer entpädagogisierten Schule verstehen diese Autoren also letztlich ebenfalls eine kindgemäßere, schülergerechtere Schule.

Was ist Erziehung?

Um diesen Begriffswirrwarr aufzulösen, möchte ich zunächst deutlich machen, was ich unter »Erziehung«, die abgeschafft werden muß, *nicht* verstehe:

»Erziehung« im engeren und eigentlichen Sinne bezeichnet einerseits nicht Versorgungs- und Pflegeleistungen, also Hilfstätigkeiten, die speziell für Kinder geleistet werden müssen, andererseits auch nicht Verhaltensweisen des täglichen Umgangs mit Kindern, die sich von solchen des Umgangs mit Erwachsenen prinzipiell nicht unterscheiden.

Zur Erläuterung: Man muß sich entscheiden. Entweder findet »Erziehung« überall statt, wo Einflüsse ausgeübt werden und Lernvorgänge ablaufen, dann ist alles, was Menschen tun und erleben, »Erziehung«. Über »Erziehung« zu sprechen wäre dann ebenso sinnlos, wie wenn wir uns gegenseitig andauernd auf unseren Herzschlag, unser Atmen, unsere Verdauung usw. aufmerksam machen würden. – Oder wir einigen uns darauf, als »Erziehung« nur ganz bestimmte Vorgänge zu bezeichnen, die nicht sowieso immer passieren, und die auch etwas mit dem Unterschied zwischen Erwachsenen und Kindern zu tun haben.

Die meisten Erziehungswissenschaftler haben sich darauf geeinigt, das Wort »Erziehung« für Handlungen zu reservieren, mit denen Erwachsene die Absicht verfolgen, Kinder so zu beeinflussen, daß sie bestimmten Erziehungszielen näherkommen. Sie sprechen deshalb von »intentionaler Erziehung« (im Unterschied zur »funktionalen Erziehung« oder zum »funktionalen Lernen«, womit alles Erleben von Kindern bezeichnet wird), bei der es also auf die Intention, die Absicht der Erwachsenen ankommt.

Prüft man aber diese Kennzeichnung näher auf ihre Eindeutigkeit, erweist sie sich schnell als unzureichend. Ich möchte ja einem Kind ebenso wie einem Erwachsenen auf die Frage nach dem schnellsten Weg zum Bahnhof antworten und dabei durchaus die Absicht hegen dürfen, daß der Frager meine Beschreibung ver-

steht und sein Ziel rechtzeitig erreicht, ohne mich auf diese Weise eines Erziehungsaktes schuldig zu machen.
Hier ist deshalb eine weitere Unterscheidung nötig, die ich dem Buch »Soziologische Theorie der Erziehung« von Professor JAN-PETER KOB (Urban-Taschenbuch 838, Kohlhammer Verlag 1976) entnehme. »Intentionale Erziehung« muß selbst nochmals unterteilt werden. KOB schlägt die Begriffe »ergänzende Erziehung« und »substantielle Erziehung« vor. Der Unterschied ist ganz einfach zu verstehen:
Unter »ergänzende Erziehung« fallen Antworten auf Fragen und alle Dinge, die ein Erwachsener tut, weil ein Kind ihn dazu auffordert, aber auch Einmischungen des Erwachsenen, wenn sie begrenzt bleiben auf eine aktuelle Situation, die ein Kind allein wahrscheinlich nicht bewältigen kann.
»Substantielle Erziehung« dagegen bezeichnet Akte, die ein Kind in seiner Substanz verändern sollen. Sie gehen grundsätzlich vom Erwachsenen aus, der mit dem jetzigen Zustand des Kindes unzufrieden ist, sie wollen ein Kind »bessern«, seinen Charakter dauerhaft formen, seine Gefühle, Einstellungen und Überzeugungen prägen. »Substantielle Erziehung« verrät immer einen Herrschaftsanspruch des Erwachsenen, wie geschickt er auch verborgen werde und wie raffiniert die Methoden seien, mit denen er durchgesetzt, d.h. die Unterwerfung des Kindes erzwungen werden soll.
Es wird nun niemanden wundern zu erfahren, daß es die »substantielle Erziehung« ist, die abgeschafft werden muß und kann. (Ich erwähne nur am Rande die Unvereinbarkeit von »substantieller Erziehung« mit Demokratie und Mündigkeit etc., die Professor KOB in dem genannten Buch schlüssig nachweist.) »Substantielle Erziehung« ist immer objektiv kinderfeindlich, und schon allein deshalb durch nichts zu rechtfertigen (außer durch Kinderfeindlichkeit).

»Erziehung« als Verschleierung

Ich muß jetzt verständlich zu machen versuchen, warum ich es für richtig halte, im Rahmen des antipädagogischen Freiheitskampfes den Begriff »Erziehung« selbst, und nicht nur den der »substantiellen Erziehung«, zu verwenden. Im Sprachgebrauch heute ist es eben so, daß »erzieherische Gründe« noch auf jeden Fall gute Gründe sind – da redet niemand von »ergänzend-erzieherischen« oder »funktional-erzieherischen« Gründen. Das gleiche gilt, wenn es immer wieder heißt, die »Erziehungskraft« der Familie müsse gestärkt werden. Sie können das an allen Beispielen überprüfen, die Ihnen noch einfallen. Nach geltendem Recht haben Eltern im Rahmen ihrer Erziehungsberechtigung (und ihrer Erziehungspflicht!) das Züchtigungsrecht – und niemand hat je behauptet, dies habe etwas mit »funktionaler« oder »ergänzender« Erziehung zu tun.

Aber sehen wir uns dieses sprachliche Problem auch noch von der anderen Seite an. Aus welchem Grunde soll man eigentlich Versorgungs- und Pflegehandlungen gegenüber Kindern »Erziehung« nennen? Kranke, Behinderte und Alte werden auch versorgt und gepflegt, ohne daß man da auf die Idee käme, von »Erziehung« zu reden. Und weiter: Warum nennt man es eigentlich »Erziehung«, wenn man mit Kindern spielt, sich verabredet, ihnen Fragen beantwortet und die Meinung sagt? Tut man dies alles nicht auch mit Erwachsenen, ohne es »Erziehung« zu heißen? Schließlich: Auch bei der »ergänzenden Erziehung«, sogar bei einzelnen Hilfs- und Rettungsaktionen, handelt es sich um nichts, was nicht Erwachsene untereinander ebenso täten, nur würden sie es sich verbitten, das als »Erziehung« bezeichnen zu lassen. (Es gibt zwar beispielsweise Ehepaare, die sich wirklich – »substantiell« – erziehen wollen, aber ob Ehe- oder Erziehungskrieg: Aus der Tatsache, daß es Kriege gibt, muß man ja nicht schließen, sie seien gut und menschenfreundlich.)

In dem Wort »Erziehung« schwingt, unabhängig von dem guten Klang, den es im offiziellen Sprachgebrauch hat, etwas Herabwürdigendes mit. Wer Objekt von Erziehung ist, ist »Zögling«, ist zur Unterordnung, wenn nicht gar zum Gehorsam verpflichtet, ist »unreif«, ihm fehlt noch etwas am vollwertigen Menschentum. Der wichtigste Beiklang von »Erziehung« aber ist die Unfreiheit des Erziehungsobjektes, sein Ausgeliefertsein, die Behinderung seiner Selbstbestimmung und Selbstverantwortung.

Der Einwand liegt nahe – und ich höre ihn oft –, Kinder seien doch aber naturbedingt tatsächlich unreif, nicht vollwertig und nicht zur Selbstbestimmung und Selbstverantwortung fähig. Ich komme auf diesen Einwand zurück, will nur schon anmerken, daß er insofern stimmt, als er Erziehung (»substantielle«) für möglich erklärt, daß er aber nicht stimmt, wenn er sie für nötig und gerechtfertigt ausgeben will, denn es leben unter uns auch höchst »unreife« und mit mannigfachen Schwächen ausgestattete Erwachsene, die man in einer demokratischen Gesellschaft trotzdem nicht zu Zöglingen erklärt und erzieherischen Maßnahmen unterwirft.

»Friede ist nur möglich ohne Erziehung«, hatte HELMUT OSTERMEYER geschrieben. Im gleichen Sprachgebrauch sagte – beispielsweise – der Bochumer Bildungswissenschaftler HORST

DRÄGER in einem Vortrag im Hessischen Rundfunk am 4.12. 1977: »Die Logik der Demokratie ist antipädagogisch. Politik aus der Logik der Demokratie muß erkennen, daß Erziehung nicht sein darf.« Und CHRISTIANE ROCHEFORT schreibt (»Kinder«, S. 89): »Wo das Wort ›Erziehung‹ nichts mehr zu suchen hat – und nur dort – kann man den Begriff ›Beziehung‹ setzen.«

Ich erspare Ihnen die ungezählten weiteren Beispiele, die ich gesammelt habe, weil die Sache klar genug ist. (Es gibt sogar Buchtitel wie »Hört endlich mit dem Erziehen auf« und »Scheißerziehung«.) Nur eines muß ich noch anfügen, um zu beweisen, daß keineswegs nur Kinderfreunde unter »Erziehung« das verstehen, was auch gemeint ist. Ich zitiere aus der Stellungnahme des Rates der Evangelischen Kirche in Deutschland für die Nichtöffentliche Anhörungssitzung des Bundestagsausschusses für Jugend, Familie und Gesundheit (am 21.11.1977) zu dem Entwurf eines Gesetzes zur Neuregelung des Rechts der elterlichen Sorge (Ausschußdrucksache 8/39, S. 3 f.):

> »Auf keinen Fall scheint es ratsam, mit dem Alternativvorschlag des Juristinnenbundes noch über den Fraktionsentwurf hinauszugehen und § 1626 mit einem Satz anzureichern, der in der Erziehung jede Gewalt verbietet. Zwar sollte man auch in Deutschland Kindesmißhandlungen nachhaltig entgegenwirken. Ein Gewaltverbot im Recht der elterlichen Sorge ist aber sicher nicht das geeignete Mittel, Kindesmißhandlungen für die Zukunft auszuschließen. Dagegen kann ein solches Verbot Erziehung – zumindest in bestimmten Bevölkerungskreisen – schlechthin unmöglich machen, weil dieses Verbot nicht nur körperliche Einflußnahme auch dieseits der Grenzlinie zur Körperverletzung betrifft, sondern auch ›psychische Gewalt‹ (Liebesentzug) in jeder Form meint.«

Der Rat der Evangelischen Kirche in Deutschland und sein Sprecher, ein Oberkirchenrat, sagen hier – ausgerechnet in Zusammenhang mit einem Gesetz, das den Ausdruck »elterliche Gewalt« als »unzeitgemäß« abschaffen will – ganz unverschleiert (obwohl es keine Schande ist, wenn man die Sätze mehrmals lesen muß, um ihren wahnwitzigen Inhalt ganz zu verstehen), was Erziehung in jedem Falle ist, nämlich Gewaltanwendung gegen Kinder, in welcher Form und in welchen »Bevölkerungskreisen« auch immer. Die Schlußfolgerungen, zu denen die Kirchenführer kommen, werden sie zu überprüfen haben. Was aber den Sprachgebrauch angeht, besteht zwischen uns schon jetzt Einigkeit, weil sie die meist noch übliche Begriffsverwirrung nicht mitmachen. Ich sehe also weit und breit keinen einzigen vernünftigen Grund,

kinderfreundliche Handlungen oder die »funktionale« und die »ergänzende Erziehung« überhaupt »Erziehung« zu nennen. Damit wird höchstens der drastische Unterschied verschleiert, der etwa zwischen dem Baden eines Säuglings und dem Verprügeln eines Dreijährigen besteht. Zwischen solchen Handlungen besteht sogar ein Gegensatz: Bei Versorgungs-, Pflege- und Ergänzungstätigkeiten (ich erinnere an GERHARD BRANDLS Begriff: *Ergänzungsbedürftigkeit* des Menschen) bleibt das Kind Subjekt, seine Würde als gleichberechtigter Mitmensch wird nicht angetastet; Erziehungsmaßnahmen dagegen machen das Kind zum Objekt, seine Menschenwürde und Gleichberechtigung wird dem Herrschaftsanspruch des Erziehers und dem angestrebten Erziehungsziel aufgeopfert. Oder noch anders gesagt: Prinzipiell sollen Versorgungs-, Pflege- und Ergänzungstätigkeiten in erster Linie zur Zufriedenheit des Kindes führen. Wenn diese eintritt, hört der Erwachsene auf und hat seinerseits das gute Gefühl der erfüllten Pflicht. Erziehungshandlungen aber sollen prinzipiell in erster Linie zur Zufriedenheit des Erziehers führen. Damit diese eintritt (und der Erwachsene endlich aufhört), muß das Kind einen Teil seiner Autonomie und Souveränität opfern. (Es kann freilich auch Unterwerfung heucheln – wenn es alt und noch stark genug ist –, aber dann ist weder das Erziehungsziel wirklich erreicht, noch ist die Würde und freie, gleichberechtigte Entfaltungsmöglichkeit des Kindes gewahrt. Auf jeden Fall hat das Kind nicht seinerseits ein gutes Gefühl.)
Wer sich diese Unterschiede, ja Gegensätze, einmal in ihrer ganzen Tragweite klargemacht hat, der braucht – nach meiner Erfahrung mit Hörern, Lesern und Gesprächspartnern – schon recht besondere Gründe, noch unbefangen über »Kindererziehung« oder »Erziehung« im Sinne von »für Kinder gut und nützlich« sprechen zu wollen. Und ich möchte eben erreichen, daß das Verbrechen, das »Erziehung« heißt, sich allmählich nicht mehr der Entdeckung entziehen kann, indem es sich wie ein flüchtender Gangster unter eine Menge mischt, von der man nichts Böses vermutet. Zwar ist mir klar, daß es noch eine ganze Weile dauern wird, bis dem Verbrechen, das »Erziehung« heißt, der Heiligenschein und gute Wortklang in der gesamten Öffentlichkeit genommen sein wird, aber je länger ein Weg ist, desto wichtiger scheint es mir zu sein, entschlossen drauflosmarschieren. Und immerhin kann ich berichten, daß ich inzwischen kaum mehr mitleidiges Lächeln ernte, wenn ich von »Erziehung« mit Abscheu spreche und das Wort »Erzieher« beinahe als Schimpfwort gebrauche.

Entgegen dem noch vorherrschenden naiven Sprachgebrauch ist Erziehung das Wort zur Bezeichnung von objektiv kinderfeindlichen, menschenfeindlichen, lebensfeindlichen Handlungen, die aus vordemokratischer und faustrechtlicher Tradition stammen, Machtansprüche durchsetzen und Herrschaftsgelüste befriedigen sollen, die Abhängigkeit von Kindern schamlos ausbeuten und Kindern gegenüber die allen Menschen in unserem Grundgesetz garantierten Rechte auf Achtung ihrer Würde und auf freie Entfaltung ihrer Persönlichkeit mit Füßen treten. Wer Kinder erziehen will, will Kinder zerstören – ob er es schon weiß, oder ob er es noch nicht weiß: für die Kinder macht das keinen Unterschied.

Was ist Pädagogik?

Bedauerlicherweise ist es bei dem Begriff »Pädagogik« nicht so einfach, klare, eindeutige Bestimmungen und Abgrenzungen vorzunehmen. Wenn Leute ihren Beruf als »Erzieher/in« angeben, üben sie tatsächlich in hohem Maße Erziehung aus, ob im Vorschulbereich oder etwa in Heimen. (Natürlich ist nicht alles, was sie tun, Erziehung. Aber – hart ausgedrückt – ein Faschist bleibt ein Faschist, auch wenn er gerade ein Honigbrötchen verspeist, was sicher kein faschistischer Akt ist – allerdings ebensowenig ein Argument gegen antifaschistischen Widerstand.)
Darüber hinaus sind die Begriffe »Bildung« und »Ausbildung« hilfreich zur Abgrenzung von »Erziehung«. »Bildung«, »Ausbildung«, auch »Unterricht« sind Vorgänge, die mit Erziehung nichts zu tun zu haben brauchen. Kurz gesagt liefern sie dem Menschen Mittel zur erfolgreicheren Selbstbestimmung und Selbstentfaltung, während Erziehung beides zu unterlaufen trachtet. Nun nennen sich aber Lehrer, auch wenn sie nicht erzieherisch tätig sein sollten, »Pädagogen«. Bezeichnet man einen Lehrer als guten oder geschickten Pädagogen, muß man damit nicht sein Raffinement als Trickdieb an der Freiheit der Kinder meinen, man kann damit auch schlicht ausdrücken wollen, daß er einen interessanten Unterricht zu gestalten versteht und mit seinen Schülern produktiv zusammenarbeitet. Der Begriff »Pädagogik« bezieht sich also zu einem Teil auf Probleme von Bildung, Ausbildung, Unterricht, und insofern kann (und will) Antipädagogik ihm nichts anhaben. »Schulpädagogik« ist in vielen Bereichen, »Kindergartenpädagogik« immerhin noch in einigen Bereichen nicht für Erziehung zuständig. Es wird daher schwerfallen, den Begriff »Pädagogik« so negativ zu besetzen, wie es mit dem Begriff »Erziehung« über kurz oder lang gelingen wird.

Im Sprachgebrauch wird dieser Unterschied etwa dadurch deutlich: Wenn man hört, irgend etwas habe »aus erzieherischen Gründen« zu geschehen, so geht man selten fehl in der Annahme, daß es sich dabei um eine kinderfeindliche Veranstaltung handelt, um Erziehung eben. Hört man dagegen von »pädagogischen Belangen«, die bei irgend etwas nicht zu vernachlässigen seien, so ist damit oft nur gemeint, dieses etwas solle nicht über die Köpfe der Kinder hinweg geschehen, es solle auch für Kinder verständlich aufbereitet werden oder überhaupt schlicht nicht vergessen, daß auch Kinder davon betroffen werden.

Am schönsten fand ich den Begriff »Erziehung« und den feinen Unterschied zu »Pädagogik« in dem Buch »Erziehen – geht das noch?« von HERMANN MÜLLER (Herder-Taschenbuch 535, S. 13f) beschrieben:

> »Erziehung bedeutet zunächst und vor allem: Eingriffe. Sie ist zu beschreiben als etwas, das von Menschen an Menschen vollzogen wird, ist meist verstanden als etwas Ernstes, als etwas, was niemandem Spaß macht. Die Eltern erziehen nicht gern. Lehrer erziehen nicht gern. Und Kinder werden nicht gern erzogen. Etwas Schönes und Freudiges ist Erziehung offenbar nicht. Man sagt zwar: Der hat eine gute Erziehung genossen, oder der hat keine gute Erziehung genossen. Aber das ist ganz eindeutig Euphemie (d. h. Beschönigung; EvB). Daß an der Erziehung etwas zu genießen sei, das wäre neu. Als Motto wenigstens für die abendländische Erziehung kann das Wort des griechischen Sängers und Dichters Homer gelten: Ein Mensch, der nicht geschunden wird, wird nicht erzogen. Das Verb ›ziehen‹ in Erziehung und das Verb ›führen‹ (ago) in Pädagogik läßt sich als Erfahrung und Regel deuten, daß der geführt wird, der will, der sich fügt, und der gezogen wird, der nicht will, der sich nicht fügt.«

Auch hier also der etwas freundlichere Klang von »Pädagogik«, der strengere von »Erziehung«. Insgesamt finde ich, das Wort »erzieherisch« wird wohl niemals, das Wort »pädagogisch« aber recht häufig in dem Sinne von »die Interessen von Kindern berücksichtigend« gebraucht.

Nochmals: die pädagogische Einstellung

Nachdem ich über diese sprachlichen Probleme viele Jahre nachgedacht hatte, blieb mir nur eine einzige Redewendung übrig, bei der »erzieherisch« und »pädagogisch« dieselbe Bedeutung haben und gleichermaßen ohne Einschränkung Kinderfeindlichkeit signalisieren. Ich meine die im Kapitel I, 1 schon kurz eingeführte

»pädagogische *Einstellung*«, die man ebensogut auch eine »erzieherische Einstellung« nennen kann.

Pädagogisch eingestellte Erwachsene können Kinder nicht unbefangen annehmen, wie sie sind und sein wollen. Sie verhalten sich Kindern gegenüber nicht spontan, echt, ehrlich (authentisch, real). Sie tragen wie einen Stachel in sich das ständige Bedenken, die ständige Sorge, wie dieses Ereignis, jenes Spielzeug, diese Freundschaft, jener Plan, wie alles, was geschieht oder geschehen könnte, auf Kinder wirken, in welcher Weise sie beeinflussen, in welche Richtung sie lenken wird oder würde.
Pädagogisch eingestellte Erwachsene haben bestimmte Wunschbilder und Erziehungsziele im Kopf, sie stürzen sich – oft mit großem Fanatismus – auf alle Möglichkeiten, ihre Kinder diesen Zielen anzugleichen, sie geraten – oft in erhebliche – Panik, wenn Ereignisse drohen, die ihre Ziele gefährden, ihren Ehrgeiz frustrieren könnten.
Die pädagogische Einstellung ist ängstlich, mißtrauisch, intolerant, letztlich totalitär, machtlüstern, freiheitsmordend und lebensgefährlich. Gegen sie, gegen ihre Hintergründe, ihre Befürworter und Verteidiger richtet sich der antipädagogische Freiheitskampf.

Um einem gelegentlichen Mißverständnis gleich zuvorzukommen: Selbstverständlich macht sich jeder Mensch – mehr oder weniger häufig und intensiv – Gedanken über die Folgen seines Tuns, und zwar durchaus auch über die Folgen für andere Menschen. Wenn jemand sich gründlich überlegt, mit welchem Geburtstagsgeschenk er einem Freund die größte Freude bereiten kann, und welches Geschenk auch längerfristig von dem Freund sinnvoll genutzt werden dürfte, so verrät dies noch keine pädagogische Einstellung gegenüber dem Freund. Ebensowenig habe ich eine pädagogische Einstellung zu meiner Leserschaft, weil ich mir darüber Gedanken mache, wie ich es am besten anstelle, um von möglichst vielen Leuten verstanden zu werden. (So endet ein ausführlicher Bericht der »Basler Zeitung« vom 17. 12. 1977 über meine Arbeit zutreffend: »In einem guten, sehr altmodischen Sinn, nach dem Erziehung nur Liebe und Vorbild sein kann, erzieht er nun seinerseits, als Antipädagoge, zum Nachdenken. Nein, eigentlich erzieht er nicht, er regt nur an. Er hat keine Machtmittel außer seinem Wissen, der Leser braucht weder mit Trotz noch mit Lernschwierigkeiten zu reagieren.«) Wenn man ein Gästezimmer einrichtet, eine Feier vorbereitet, eine Gesellschaft veranstaltet, auch wenn man für irgend etwas wirbt, vor etwas warnt, ebenso beim Schreiben beispielsweise eines Liebesbriefes – in diesen und vielen weiteren Situationen (im Grunde fast immer, wenn man mit anderen Menschen umgeht) bedenkt man die möglichen Reaktionen derjenigen, für die oder mit denen man etwas unternehmen will, ohne daß dieses Bedenken die Bezeichnung »erzieherisch« oder »pädagogisch« verdiente.

Erlauben Sie mir ein Wortspiel, um dem Besonderen der pädagogischen Einstellung auf die Spur zu kommen. Im normalen Umgang zwischen Menschen ist es selten, daß dem einen völlig gleichgültig ist, wie der andere reagiert. Der andere als Person aber bleibt einem gleich-gültig, das heißt er bleibt gültig, gleich wie er reagiert. Wenn er anders reagiert als wir erwarteten oder wünschten, suchen wir keine Schuld bei ihm, kritisieren wir ihn nicht, halten ihn nicht für minderwertig, wir kommen auch nicht auf die Idee, ihn für seine überraschende Reaktion zu bestrafen. Wir nehmen seine Reaktion als neue Information für uns, die uns vorher fehlte, weshalb wir uns irrten und unser Versuch mißlang.

Im pädagogischen Umgang zwischen Menschen ist es anders. Es bleibt für den Zögling nicht folgenlos, wenn er sich nicht wie erwartet oder gewünscht verhält. Er ist dem Erzieher nicht als Person gleich-gültig, was immer er tun mag. (Kindern wird sogar oft bedeutet, daß sie *ungültig* sind, besonders durch die erzieherische Maßnahme des Liebesentzugs.) Wer mit der pädagogischen Einstellung behaftet ist, sucht den Fehler nicht bei sich, wenn der Zögling unvorhergesehen reagiert, sondern er kommt zum Schluß, daß bei dem Zögling etwas nicht stimmt (woraufhin der pädagogische Zugriff verstärkt wird). Der Erzieher nimmt nicht die Reaktion des Zöglings als neue Information, sondern er holt sich, wenn der Zögling sich unerwartet und unerwünscht verhält, allenfalls neue Informationen bei Erziehungstheorien oder Erziehungsberatungsstellen.

Ich versuche noch eine einfachere Beschreibung. Jeder kennt den Unterschied zwischen einer Bitte und einem Befehl. Dieser Unterschied ist keine Frage des Tonfalls. Ein militärischer Vorgesetzter kann einen Befehl sehr freundlich, sehr leise aussprechen, es bleibt ein Befehl, denn der Untergebene weiß, was ihm blüht, wenn er aufmüpfig würde. Umgekehrt kann eine Bitte sehr laut, dramatisch, auch unfreundlich geäußert werden (man denke z. B. an verzweifelte und drohende Hilferufe eines Verletzten), es bleibt eine Bitte, wenn die Angesprochenen sich ihr entziehen können, ohne Nachteile befürchten zu müssen.

Der Unterschied zwischen einer Bitte und einem Befehl liegt also nicht im Tonfall begründet, sondern stammt aus der Art der *Beziehung* zwischen den Beteiligten. Eine Mutter kann eine freundliche Bitte an ihr Kind richten; wenn das Kind dieser Bitte nur nachkommt, weil es aus Erfahrung weiß, was ihm blüht, wenn es sich sträuben würde, dann war die Bitte in Wirklichkeit ein Befehl. Ich höre oft, daß Eltern sich viel darauf zugute halten, »es immer erst freundlich« probiert zu haben. Solange sie aber von dem Anspruch nicht lassen, ihren Kopf so oder so durchzusetzen, ist es höchst nebensächlich, ob sie mit feineren oder strengeren Methoden zu Werke gehen.

Es ist nun an der Tagesordnung, daß Menschen im normalen Umgang miteinander gelegentlich Bitten äußern. Ich meine nicht die »Bitte«, die vielleicht Ihr Chef ausspricht – die hat oft genug Befehlsqualität. Ich meine die Bitte eines Kollegen, eines Freundes, eines Fremden. Wenn es uns ohne zu große Ungelegenheiten möglich ist, dieser Bitte zu entsprechen, tun wir dies für gewöhnlich und fühlen uns dabei sogar oft besonders wohl. Meist werden Bitten auch betont höflich ausgesprochen, damit deutlich zum Ausdruck kommt, daß kein Herrschaftsanspruch, keine Drohung dahintersteckt. Und wenn sich jemand eine Bitte von uns besonders zu Herzen nimmt und sich viel Arbeit macht, um sie zu erfüllen, sind wir leicht peinlich berührt und betonen eifrig: »Aber das wäre doch nicht nötig gewesen«, um jeden Gedanken daran abzuwehren, wir hätten den anderen mit unserer Bitte unter Druck setzen wollen.

Auch im pädagogischen Umgang sind Bitten an der Tagesordnung. Aber es braucht nicht erst zu dem typischen spitzen Kindergärtnerinnen-»Karl-Egon, bitte!« kommen, um diese Bitten als verschleierte Befehle zu durchschauen. Pädagogisch eingestellte Erwachsene mißbrauchen die Ausdrucksform der Bitte häufig zur Überlistung des kindlichen Autonomiestrebens, zur reibungsloseren Unterdrückung des Kindes, zur erfolgreicheren Durchsetzung der vom Erwachsenen vorgegebenen Erziehungsziele. Wer dagegen nicht pädagogisch eingestellt ist, wird zwar auch häufig Bitten an Kinder richten, aber die Kinder sagen dann ja oder nein, wie sie gerade wollen, und die Sache ist erledigt.

»Schmeckt« man dem Unterschied zwischen Bitten und Befehlen einmal genau nach, stößt man bald auf einen zweiten Unterschied, den Unterschied zwischen einem Wunsch und einem Anspruch. Ich will nichts dagegen sagen, daß liebende Eltern alles mögliche Schöne für ihre Kinder wünschen. Pädagogisch wird es erst, wenn hinter solchen Wünschen bei Gelegenheit doch ein Anspruch hervoräugt. Zu wünschen, daß seine Kinder es einmal besser haben sollen, ist eine Sache; eine andere, sie zu ihrem Glück im Zweifelsfalle glauben zwingen zu müssen/dürfen.

Dieser letztere Glaube ist nun ein wesentlicher Bestandteil der pädagogischen Einstellung. Pädagogische Maßnahmen mögen von noch so guten Absichten geleitet sein, indem sie einen Anspruch an das Kind herantragen, der verkappt oder offen Befehls- und Zwangsqualität besitzt, stellen sie Angriffe auf die Autonomie und Souveränität des Kindes dar, sind echte Bevormundungs-, ja Prostituierungsversuche.
Der nicht allzu erfolgreich erzogene Leser wird jetzt, so hoffe ich, ein Gefühl und auch Verständnis dafür haben, was es bedeutet, wenn ich von der pädagogischen oder der erzieherischen Einstellung spreche.

Wenn ein Erwachsener erzieherisch bzw. pädagogisch eingestellt ist, spielen seine einzelnen Handlungen gegenüber Kindern eine untergeordnete Rolle. Auch wenn er geschickt zu heucheln versteht, gestaltet die Summe aller seiner Verhaltensweisen ein bestimmtes Verhältnis zu den Kindern, stiftet eine bestimmte Beziehung, in der Kinder letztlich als Herrschaftsobjekte gelten. Die pädagogische Einstellung ist deshalb nicht nur kinderfeindlich, sondern auch verfassungsfeindlich und staatsgefährdend, nämlich antidemokratisch.

Grenze ich nun ein, daß »Pädagogik« nicht in allen ihren Erscheinungsformen und Funktionen gemeint ist (z. B. nicht bezüglich Bildung, Ausbildung, Unterricht, »ergänzender Erziehung«), sondern nur in der Rolle, die sie bei der Entstehung und Stützung der pädagogischen Einstellung spielt, muß ich sie als Gebrauchsanweisung zur Kinderschändung bezeichnen und ebenso wie die Erziehungswissenschaften und -theorien als Veranstaltungen zur Förderung der seelischen Prostitution und Zuhälterei.
Ich würde darüber nicht viele Worte machen, wenn es in diesem Bereich – wie bei der sexuellen Prostitution und Zuhälterei – eine kleine Anzahl von Opfern und Nutznießern gäbe, deren Treiben halbwegs unter staatlicher Kontrolle steht und dessen Zwielichtigkeit jedermann bewußt ist. Die pädagogische Einstellung zu Kindern ist aber nicht nur die normale und vorherrschende, ihre Stützung durch »die« Pädagogik (als Wissenschaft und Handlungslehre) wird ganz öffentlich betrieben und mit Millionen- (wenn nicht Milliarden-)beträgen aus Steuergeldern subventioniert. Und die ganze Sache wird immer wahnsinniger, denn je stärker sich Kinder wehren, desto eifriger fragt man die sogenannten Experten um Rat! Ich zitiere aus einer Rede der Vizepräsidentin des Deutschen Bundestages, LIESELOTTE FUNCKE, anläßlich des Weltkindertages 1977 (aus »Kinderschutz aktuell« Nr. 4/77, S. 4):

»Unser Grundgesetz gilt nicht nur für Erwachsene, sondern in vollem Umfang auch für Kinder: Daß die Menschenwürde unantastbar ist, daß Leben und Gesundheit zu schützen sind ... Die Erwartung geht allgemein dahin, daß Eltern das Beste für ihre Kinder wollen und tun. Aber es wird in einer so vielgestaltigen Welt mit ihren wechselvollen Verhältnissen und Erscheinungen immer schwieriger für sie, über Erziehung, Bildung, Beruf eine für das Wohl des Kindes richtige Entscheidung zu treffen. Darum kommt der Beratung eine ständig wachsende Bedeutung zu: Erziehungsberatung, Familienberatung, Berufsberatung, Sozialberatung.«

Die Würde des Kindes ist unantastbar, aber über seine Erziehung, seine Bildung, seinen Beruf treffen die Eltern die Entscheidungen, und dafür holen die Eltern sich Rat, nicht etwa bei den Kindern (die allein wissen, was sie unter ihrem Wohl verstehen), sondern bei Beratungsstellen. Nichts gegen Beratungsstellen für Kinder in einer komplizierten Welt, aber wenn sich Eltern beraten lassen, um Entscheidungen zu treffen, die für das Wohl des Kindes »richtig« sein sollen, dann ist der Wahnsinn perfekt und niemand kann sich wundern, daß es kaum noch Kinder gibt, die sich *wohl fühlen.*

Das Beratungsunwesen in Sachen Erziehung wütet nicht nur in Erziehungsberatungsstellen, sondern mehr noch in der Flut von Büchern und Zeitschriften. Einige Verlage kochen Eltern und berufsmäßige Pädagogen regelrecht ab. Das Prinzip ist einfach: Die Einstellung der Eltern wird systematisch pädagogisiert, ihr erzieherischer Ehrgeiz wird angestachelt, und gegen die zwangsläufig erzeugte Unsicherheit wird dann teurer Rat verkauft. Nicht nur Kinder dürfen nicht machen was sie wollen, sondern nur das Vor-geschriebene, auch Eltern dürfen nicht machen was sie wollen, sondern ebenso nur das Vor-geschriebene. Die Schreiberlinge mästen sich. Mit Hilfe »der« Pädagogik machen sie die Leute erst ratlos, zu Ratsuchenden, dann zu Ratsüchtigen. Wie Vampire saugen sie den gutwilligen Leuten Selbstbewußtsein, Selbstvertrauen, Spontaneität aus, um dann ihre papierenen Heuchelrezepte loszuwerden.

– Nun gut, ich verkneife mir, wie vorgenommen, den Schmarotzern namentlich an den Kragen zu gehen. Jeder kennt ihre Produkte und deren Folgen. Verderben wir ihnen lieber so schnell wie möglich das Geschäft.

Antipädagogik in Umrissen

Pädagogik als Handlungsanweisung für »substantielle Erziehung« ist nicht nur kinderfeindlich, sie erfüllt ihre Versprechungen auch nicht in einem einzigen Fall. Zumindest nicht, wenn es sich um moderne Pädagogik handelt, die Selbständigkeit, Mündigkeit, Verantwortungsgefühl usw. zu fördern behauptet. Es gibt selbstverständlich auch erfolgreiche Erziehung. Nämlich die Erziehung zum Untertan, zum autoritären Charakter, zur Marionette. Erziehung zur Freiheit aber ist Betrug. Denn Freiheit will zwar gelernt sein (wie viele Autoren betonen), aber Freiheit wird nur *gelernt,* wenn sie *gelebt* wird (dies haben solche Autoren noch nicht begriffen). Ich möchte als erstes das antipädagogische Theorem der »Säuglingsautorität« skizzieren, um in die Antipädagogik als Gegentheorie einzuführen.

König Kunde in der Wiege

Der menschliche Säugling ist nicht allein lebensfähig, er ist nicht souverän. Erziehungsideologen nennen ihn deshalb »erziehungsbedürftig«. Und damit fängt der ganze Schlamassel an. Die Eltern sehen das Kind als Erziehungsobjekt an, statt *für* das Kind zu sorgen, sorgen sie sich *um* das Kind, um seine Erziehung, seine Zukunft. Statt zu tun, was zu tun ist, beraten sie nächtelang, wie sie sich zu verhalten haben. Sie besorgen sich alle möglichen Informationen über das Wesen von Kindern, über Entwicklungspsychologie, über kindliche Bedürfnisse. Ihre echten Gefühle und spontanen Verhaltensweisen werden mehr und mehr ersetzt durch roboterhafte Verrichtungen nach Vorschrift und durch Angst, etwas falsch zu machen. Die Eltern haben sich zu der Verantwortung für ihr Tun auch noch die Verantwortung für die Person des Kindes aufschwätzen lassen.

Machen wir ein Gedankenexperiment. Nehmen wir einen König aus vordemokratischer Zeit, einen richtigen »Souverän«, wie man ihn nannte. Er hat alle Macht in Händen, sein Wunsch ist Befehl, jedermann hat ihm zu gehorchen. Und doch: Was unterscheidet ihn von einem menschlichen Säugling? Was würde passieren, wenn alle die Hofschranzen, die Handwerker, die Bauern, auch die Generäle und die Soldaten sich einen Dreck um die Wünsche und Befehle des »Souverän« scheren würden? Der König würde toben, er würde herumschreien, bis er blau angelaufen wäre, schließlich würde er resignieren. Alles dies tut der Säugling auch – er kann nur nicht, wie der armselige König, in den Wald gehen, sich von Früchten und Tieren ernähren und so wenigstens überleben.

Das Gedankenexperiment zeigt, wie alle Macht, Herrschaft, Autorität, Befehlsgewalt davon abhängig ist, daß sie respektiert wird, daß andere Menschen mitspielen. Auch die Erziehungstheorie besagt ja, daß ohne die »Mitarbeit« (das ist auf deutsch der Gehorsam, am besten der einsichtige und »freiwillige«) des Zöglings keine Erziehung möglich ist. Aber drehen wir den Spieß mal um. Was würde passieren, wenn sich die Eltern oder Betreuer eines Säuglings darauf einstellen, ihn als Autorität, als »Souverän« zu respektieren, seinen Befehlen zu gehorchen, seinen Wünschen zu entsprechen?

Sofern man die Situation eines Säuglings nicht mit pädagogischen Augen sieht, also nicht seine Abhängigkeit und Beeinflußbarkeit auszunutzen trachtet, sondern seine Grundrechte auf freie Entfaltung der Persönlichkeit und Achtung seiner Würde als Mensch bedenkt, kommt man plötzlich auf die Idee, daß man die natürliche Ohnmacht des Säuglings am vernünftigsten ausgleichen könnte, indem man ihm wie einem König künstlich Macht zubilligt. Dann ist der Säugling nicht hilflos, weil ihm ja immer geholfen wird. Dann ist er nicht »erziehungsbedürftig« (und wird auch nicht dazu gemacht), sondern er ist ergänzungsbedürftig (wie jeder Mensch) und wird von seiner Umgebung unterstützt, wie er es wünscht.

Einige Wünsche äußert König Säugling deutlich genug, z. B. wenn er Nahrung einnehmen möchte. Andere Wünsche, z. B. den nach einer bestimmten Temperatur oder den nach Ruhe, äußert er nur indirekt, aber man kann sich ungefähr denken, was er will, wenn man sich ein wenig in seine Lage einfühlt.

Noch andere Wünsche allerdings sind biologisch so geartet, daß sie ursprünglich auf instinkthafte Befriedigung rechnen und deshalb nicht ohne weiteres verständlich gemacht werden. Ich meine besonders das Bedürfnis des Säuglings nach ausgiebigem Hautkontakt, nach aktivem und passivem Schmusen, Spielen, Streicheln mit nackten Menschen. Diesem Bedürfnis steht entgegen, daß unsere Bekleidungsgewohnheiten und Sexualtabus den vielleicht noch vorhandenen entsprechenden Elterninstinkt überlagert haben. Aber wenn wir uns vorstellen, ein König lebte in einer Gegend, deren verpestete Luft bereits Gewohnheitssache geworden wäre, so daß der König nach reiner Luft überhaupt nicht ausdrücklich fragt, so würde doch ein Bediensteter, der den König liebt und der von den Vorteilen reiner Luft etwas gehört hat, nach Wegen suchen, zuvörderst dem König diese zu verschaffen. (Ich kann mir nicht vorstellen, daß das luxuriöse Leben der meisten

Könige, ihre Unterhaltungen, Speisen, Kleider usw. immer von den Königen selbst angeregt worden sind. Sicher haben oft Untergebene von sich aus Verbesserungsvorschläge gemacht, auf die der König nie gekommen wäre, die ihn dann aber begeisterten.) Ich will damit sagen: Wenn das Wohlbefinden von König Säugling das oberste Gesetz ist, und wenn der Säugling außerdem ein beliebter König ist, dann würde sich sein Hofstaat nicht nur verpflichtet fühlen, möglichst alle ausdrücklichen Wünsche des Königs zu erfüllen, sondern er würde sich auch darüber informieren, was einem König darüber hinaus Freude bereiten könnte, und würde entsprechende Angebote machen. Mir erscheint es wichtig, dies zu erwähnen, weil mir manchmal entgegengehalten wird, die Sache mit dem Hautkontakt, aber auch das Angebot von Spielzeug beispielsweise, zeige doch die Notwendigkeit für pädagogische Überlegungen. Manche Menschen können eben aus ihrem pädagogischen Denksystem nicht ausbrechen und suchen immerzu nach Hintertürchen, anstatt einfach den Unterschied gelten zu lassen zwischen der Absicht, jemanden zu erziehen, und der Absicht, jemandem eine Freude zu machen.

Ich verfolge diese Gedankenlinie nicht weiter, das kann der Leser ohne Schwierigkeit selbst, am besten im Austausch mit anderen Menschen. Ich wollte nur zeigen, wie Antipädagogik als Gegentheorie zur Pädagogik die Tatsache, daß der Mensch zunächst nicht voll handlungsfähig ist, entgegengesetzt deutet. – Der Hinweis auf die vielen Könige in der Geschichte, die in Wahrheit Marionetten ihrer Berater waren, zeigt nur noch einmal in aller Deutlichkeit, wie künstlich, wie abhängig, wie anfällig die Autorität eines »Souverän« ist. Aber Eltern und Betreuer eines Säuglings haben es in der Hand, der Versuchung zu widerstehen, die natürliche Schwäche ihres Kindes auszunutzen. Es winkt ihnen als Belohnung für diesen Verzicht immerhin die Gewißheit, mit glücklichen, freundlichen und klugen Kindern umgehen zu dürfen, anstatt sich später andauernd mit hysterischen Blagen oder abgeschlafften Versagern herumärgern zu müssen. Freiheit beginnt in der Wiege. Der Erziehungskrieg auch.

Meine Grenze – Deine Grenze

In der pädagogischen Literatur wird – außer vor unerzogenen Kindern – vor nichts so nachdrücklich gewarnt wie vor der »Verwöhnung«. Oft wird auch beides gleichgesetzt etwa als bequemer »Erziehungsverzicht« der Eltern. Beispielhaft zeigt diese Position ein Artikel in der offiziellen Zeitschrift des Bayerischen Kultusministeriums »Schule und Wir« (abgedruckt in der »Frankfurter Rundschau« vom 24. 12. 1977). Ich zitiere:

»Antiautoritäre Erziehungspropaganda, vom Meinungsdruck der Massenmedien nach Kräften unterstützt und ermuntert, hat allzu viele Eltern heute zur Kapitulation gezwungen. Viele haben darüber hinaus freiwillig auf ihre Erzieherrolle verzichtet – aus Resignation, aus Verunsicherung, und, geben wir es zu, bequem war's schließlich auch! Das Treibenlassen, das Schleifen- und Hängenlassen der Zügel, der ängstliche Verzicht auf kindlichen Gehorsam und sinnvolle Disziplin – das alles kam doch dem gängigen Konsumdenken unserer Überflußgesellschaft sehr gelegen.

Nicht allein Kriminologen, sondern auch Ärzte wissen ein Lied zu singen von den Folgen. In ihren Wartezimmern nämlich sitzen heute die Früchte der allzu frühzeitig in die Freiheit Entlassenen: übernervöse junge Leute, unfähig, normalen Belastungen standzuhalten, etwas durchzuhalten, die Zähne zusammenzubeißen. Angefüllt von Selbstmitleid, sind sie nicht willens, lebensnotwendige Leistungen zu erbringen, und gerade darum immerfort beherrscht von dem Gedanken, durch die Umwelt gestreßt zu sein. Die Schwäche der Erzieher war es, die diese Jugendlichen schwach machte.

Was ist in dieser Lage zu tun? Antwort: Wir müssen versuchen, zu der Wegstelle zurückzufinden, wo wir vor Jahren falsch abgebogen sind. Es muß beharrlich wiederhergestellt werden, was seither beharrlich in Frage gestellt wurde. Wir müssen die verlorenen und verwischten Markierungspunkte der guten Erziehung, der Erziehung zum Guten, wieder neu finden. Die Handlungslast für diese Rekultivierungsarbeit liegt bei den Eltern. An sie appelliert S & W (Schule und Wir, d. Red.): Verstärken Sie den Widerstand gegen die törichten Freiheitsideen im Feld der Erziehung.

Der Gebrauch des Erziehungsrechts ist keine verwerfliche ›Fremdbestimmung‹ der Kinder, keine widernatürliche Gewaltausübung, wie man uns pausenlos einredet, sondern ein Grundrecht, ja ein Verfassungsgebot.«

Bevor ich zu diesem Ausschnitt meine Meinung sage, zitiere ich noch einige weitere Sätze des (ungenannten) Verfassers:

»An dieser Stelle sei noch an eine oft übersehene andere Grundregel der Erziehung erinnert: Es führt kaum zum Erfolg, die Kinder nur durch Tadel, Verbot und Kritik, das heißt negativ, lenken zu wollen (›Halte dich gerade!‹). Erziehen heißt auch: den eigenen Elternblick für das Liebenswürdige der Kinder zu schärfen und nicht nur auf ihre Fehler zu starren. Man sollte sie darum täglich loben. Jedes Kind wartet darauf und verdient es auch, in den Arm genommen zu werden. Ein Kraulen im Haar, die unvermutet gekochte Leibspeise, ein lustiger Zettel oder das Betthupferl auf dem Kopfkissen: Kinder brauchen solche konkreten, körperlich spürbaren Beweise der elterlichen Zuwendung. Dadurch werden sie viel eher geneigt, auch das elterliche Verbot, den befohlenen Verzicht anzunehmen.«

»Die eigentliche Arbeit steht und fällt mit dem Einsatz in den Elternhäusern, mit dem dort vorhandenen oder verratenen Mut, Grenzen zu ziehen, Orientierungspunkte zu geben und deren Respektierung notfalls auch zu erzwingen.«

»Wie wird die Welt von morgen aussehen? Das hängt davon ab, ob wir als Eltern heute zu handeln bereit sind. Der Weg zur Tyrannei führt über den Erziehungsverzicht der Erwachsenen.«

Die »Frankfurter Rundschau« hat diesen Artikel, der vollständig fast eine ganze Zeitungsseite füllt, offenbar als eine heimliche Satire abgedruckt, so als ob das Kultusministerium im finsteren Bayern das Ende des Mittelalters verschlafen hätte. Tatsächlich ist es unseriös, die Gewaltausübung von Eltern als »keine widernatürliche«, also als natürliche aus der Verfassung abzuleiten – als sei die Verfassung für die ohnehin Stärkeren gemacht, nicht eine höchst künstliche, menschliche Konstruktion gerade gegen das Faustrecht –, und das von der Verfassung garantierte Recht der Kinder auf Achtung ihrer Würde und auf freie Entfaltung ihrer Persönlichkeit einfach zu leugnen.

Aber die Sorge des Autors ist doch sehr ernst zu nehmen. Denn schließlich *gibt* es die geschilderten Jugendlichen, deren Schwäche und Wehleidigkeit nicht von ungefähr kommt. Ich habe häufig mit Kindern und Jugendlichen zu tun, die ihre Eltern durch Passivität oder Aggressivität oder sogar Kriminalität zur Verzweiflung bringen. Viele Eltern erklären glaubwürdig, sie prügelten die Kinder schon lange nicht mehr, hätten sie überhaupt sehr frei erzogen – manche sagen: antiautoritär erzogen –, und jetzt bereuen sie das, weil die Sprößlinge tatsächlich an den Anforderungen ihres Lebens scheitern. Es ist schon verständlich, wenn man dann glaubt, man hätte es mit seinen Kindern nicht schlimm genug getrieben.

In Wirklichkeit gibt es kaum etwas Schlimmeres, als einem Kind erst Zügel anzulegen und diese dann schleifen zu lassen. Denn das bedeutet, dem Kind erst die innere Freiheit zu rauben, es also davon abhängig zu machen, daß es geführt wird, und ihm später dann die Führung zu verweigern. Es ist also richtig, wenn der zitierte Artikel von »Kapitulation« und »Erziehungsverzicht«

spricht. Es gibt »im Feld der Erziehung« wirklich nur »törichte Freiheitsideen«, weil in diesem Feld eben Freiheit nicht gedeiht und sich also auch nicht bewähren kann. Viele Eltern verstanden ja unter antiautoritärer Erziehung, ihre Kinder bei Verkehrsampeln statt auf Grün auf Rot zu dressieren. *Dazu* paßt die Empfehlung durchaus, die Kinder täglich zu loben und im Haar zu kraulen, damit sie besser parieren...

Ein weiterer Punkt: So richtig die Hinweise auf »gesellschaftliche Ursache für vielerlei Übel sind, und so sehr sie sich eignen, den einzelnen Menschen falsche Schuldgefühle zu nehmen, so entmündigend und freiheitsfeindlich ist es, wenn man Kindern und Jugendlichen einredet, sie seien ausschließlich Produkte und Opfer gesellschaftlicher Zustände. Ich finde, man sollte endlich – und dies sage ich gegen viele »linke« Theoretiker und Gläubige – die gesellschaftlichen Bedingungen als äußeren Rahmen und die innere Freiheit des Subjekts als aktiven Gestalter seines Lebens (und möglichen Veränderer des Rahmens) *aufeinander beziehen*, anstatt einseitig entweder (»konservativ«) das Subjekt schuldig zu sprechen (womit man es lähmt oder in hilflose Wut versetzt) oder (»progressiv«) die Gesellschaft alleinverantwortlich zu machen (womit man das Subjekt ebenfalls lähmt oder in hilflose Wut versetzt). Die Wehleidigkeit heutiger Jugendlicher, so viel sollte deutlich sein, ist nicht Folge von zu viel Freiheit, sondern Folge von »rechter« oder »linker« Bevormundung.

Was ist in dieser Lage zu tun? Antwort: Wir müssen versuchen, zu der Wegstelle zurückzufinden, wo wir vor Jahren abgebogen sind. Abgebogen von dem verfassungsgemäßen Weg der Freiheit und Demokratie. Wir müssen die Markierungspunkte, die unsere Verfassung gesetzt hat, endlich auch Kindern gegenüber beachten, und zwar von Anfang an. Was aufständische junge Leute damals unternahmen, um ihre innere Unfreiheit abzuschütteln, hat seine Berechtigung niemals verloren, obwohl der vollkommene Erfolg ausbleiben mußte. Was einige dieser Leute aber mit ihren Kindern anstellen, war Pädagogik, Erziehung, Mißbrauch der elterlichen Macht im schlimmsten Sinne. Ob man seine Kinder zu Kapitalisten erzieht oder zu Antikapitalisten, zu Systemverteidigern oder zu Revolutionären, macht unter dem Gesichtspunkt ihrer inneren Freiheit keinen Unterschied.

Ebenso verderblich haben sich Bemühungen ausgewirkt, von Kindern möglichst alles Ungemach fernzuhalten. Man wollte Kindern die berühmten »Frustrationen« ersparen – aber aus pädagogischen Gründen, mit pädagogischen Absichten, mit pädagogischen Erwartungen und Forderungen: Wehe, wenn die Kinder nicht »ihre Aggressionen ausleben« wollten, wenn sie

nicht die Freiheitssehnsucht der Eltern gehorsam stellvertretend realisierten! Auch hier wurden Kinder zu Objekten gemacht und seelisch ausgebeutet. Damit die lieben Kleinen einmal die Gesellschaft verändern, ließen sich Erwachsene auf der Nase herumtanzen, ängstlich darauf bedacht, keinesfalls durch autoritäre Töne den Nachwuchs von der Revolution abzuschrecken.
Was hier fehlte, war das antipädagogische Theorem des Notwehrprinzips. Um Kinder zu erziehen, muß man ihnen Grenzen setzen und deren Respektierung notfalls mit Gewalt erzwingen. Schließlich dürfen sie ja nicht machen, was sie wollen. Die antiautoritäre Erziehung, die den Kindern möglichst überhaupt keine Grenzen zumuten wollte, war insofern ein riesenhafter Betrug, als sie über die Begrenztheiten der Erwachsenen hinwegtäuschen wollte. Wer das pädagogische Denken durchschaut hat, kann sich an folgendem Modell, das *Gleichberechtigung* herbeiführt, sicher orientieren:
Kinderfreundlichkeit wird hintertrieben, wenn die Erwachsenen zu sich selbst unfreundlich sind. Kinder zu achten, wie sie sind, mißlingt dem, der sich nicht selbst achtet, wie er ist. Kinder brauchen Widerstände, an denen sie sich entfalten können, aber sie brauchen keine pädagogisch gesetzten Widerstände, sondern authentische Erwachsene, die ihre eigenen Interessen nicht verbergen, sondern vertreten und verteidigen. Um ein Bild zu gebrauchen: Man kann in Gedanken einen Kreis um das Kind zeichnen und es in dieser ihm gesetzten Grenze zu halten versuchen, und man kann um sich selbst einen Kreis zeichnen und diese eigene Grenze verteidigen. Es gibt ja Erwachsene, die lassen sich von ihren Kindern Dinge gefallen, die sie sich von einem Freund oder einem Gast niemals gefallen lassen würden. Gegenüber anderen Erwachsenen ist ein Notwehrrecht sogar gesetzlich verankert. Ich habe das Recht, mich gegen körperliche Angriffe und gegen Einmischungen in meine Privatangelegenheiten und meine Intimsphäre zu wehren. Man kann in jedem Einzelfall sehr leicht unterscheiden, welches Verhalten vom Notwehrprinzip gedeckt wird und welches einen Gegenangriff darstellt. Pädagogische bzw. erzieherische Akte sind immer entweder Angriffe oder Gegenangriffe, also niemals gerechtfertigt. Wer aber Angriffe von anderen nicht abwehrt – und zwar so »autoritär« wie eben nötig –, der braucht sich nicht zu wundern, wenn er nicht respektiert wird...
Daß »Verwöhnung« außer mangelnder Selbstachtung im Sinne des Notwehrprinzips auch bedeuten kann, Kinder in oft grausamer Weise an sich zu binden, sie zu bevormunden und klein zu halten, im Sprachgebrauch ALFRED ADLERS: sie zu »verzär-

teln«, erwähne ich nur vollständigkeitshalber. Auch wer Kinder mit Geschenken überhäuft, damit sie Ruhe geben, wer sich also loszukaufen versucht und womöglich jede nach einem Wunsch klingende Äußerung von Kindern unverhandelt wörtlich nimmt und vor ihnen in die Maske des Weihnachtsmanns flüchtet, braucht sich nicht zu wundern, wenn seine Kinder ihn dann verfolgen und gerade *nicht* Ruhe geben. Man brät ja einem Erwachsenen auch keinen Storch oder rutscht ihm irgendwo runter, wenn er einen dazu auffordert. Wer sein Kind *ernst* nimmt, nimmt es eben nicht *wörtlich*, sondern klärt erst einmal ab, was das Kind wirklich meint, wo sein eigentliches Bedürfnis liegt, worin sein echter (nach ALFRED ADLER: »berechtigter«) Wunsch besteht. »Verwöhnte« Kinder im üblichen Sinne sind mißverstandene Kinder – keineswegs geht es ihnen »zu gut«. Darüber ist in der »Gleichberechtigung des Kindes« das Nötige gesagt, und GERHARD BRANDL hat sich in dem Buch »Erziehen ohne verwöhnen« umfassend mit solchen Mißverständnissen auseinandergesetzt. Die Schlußfolgerung lautet eindeutig: Verwöhnung ist jedenfalls dann nichts Schlechtes, wenn möglichst alle echten Wünsche von Kindern erfüllt werden – wobei das Notwehrprinzip im antipädagogischen Hinterkopf für genau das richtige, nämlich wirklichkeitsgerechte Maß an Weigerungen sorglos sorgt.

Das Kind als Richter

Erzieher sehen sich als Richter über das Verhalten und die, zum Beispiel charakterliche, Entwicklung von Kindern. Erzieher vergleichen Kinder untereinander und im Verhältnis zu Erziehungszielen. Erzieher beurteilen Kinder unausgesetzt – und sei es durch Lob und Belohnungen –, Erzieher verurteilen Kinder, sofern sie sich »unerwünscht« verhalten oder entwickeln. Erzieher sind Gesetzgeber, Staatsanwälte, Richter und Vollzugsbeamte zugleich. Sie können Barmherzigkeit walten lassen – Erziehergnade vor Erziehungsrecht –, aber ebenso können sie in Grausamkeiten schwelgen.
Wir haben es hier mit einer perfekten Idiotie zu tun. Einerseits fühlen sich Eltern für das Verhalten ihrer Kinder verantwortlich – und reagieren deswegen so sauer, wenn die Kinder sich danebenbenehmen –, andererseits schieben sie die Verantwortung weit von sich, sobald sie über die Kinder zu Gericht sitzen. Solange sich Eltern von den Erziehungsideologen in dieser Zwickmühle festhalten lassen, werden sie um Sicherheit im Umgang mit Kindern vergeblich ringen.

Soll es menschenwürdig und kinderfreundlich – oder schlicht vernünftig – zugehen, muß eine andere Konstruktion zum Tragen kommen. Wenn ich mit Kindern (oder Erwachsenen) umgehe, kann ich alles mögliche und unmögliche anzetteln, ich kann bitten und betteln, ich kann herumtoben wie der wilde Watz, ich kann wirklich machen, was ich will, ohne meine Rechte zu überschreiten oder Erziehung zu betreiben, sofern mir klar ist, daß dem anderen, mit dem ich etwas versuche, die Richterrolle zusteht. Ich meine damit nicht das, was auch Erzieher gelegentlich zugeben, daß nämlich Kinder ohnehin die Richter *sind* – daher die Frage: »Was haben wir nur falsch gemacht?« Ein Zyniker könnte sagen: Kinder sitzen sowieso am längeren Hebel, sie brauchen nur kaputtzugehen, um sich an ihren erziehungswütigen Eltern fürchterlich zu rächen. Diesen abstrakten Triumph im konkreten Scheitern meine ich nicht. Es ist nur logisch, daß Kinder Kinderfeindlichkeit bestrafen und Kinderfreundlichkeit belohnen.
Hier kommt es mir darauf an klarzustellen, daß Kinder das Recht haben, Kinderfreundlichkeit zu *definieren*, d. h. darüber zu urteilen, was sie als freundlich empfinden. Im Grunde müßte das eine banale Forderung sein. Jeder kundenfreundliche Dienstleistungsbetrieb richtet sich nach dem Urteil seiner Kunden. Aber ich sage nur »Schule«, und sofort wird klar, wieviel passieren muß, damit die genannte Forderung erfüllt ist. Kinder sind entweder Erziehungsobjekte, oder sie sind legitime Richter über alles, was die Erwachsenenwelt ihnen anzubieten hat.
Die Idee der Gleichberechtigung des Kindes ist, wie Professor HANS SCHAEFER, der Präsident der Deutschen Liga für das Kind in Familie und Gesellschaft richtig bemerkte, noch unzureichend. Kinder müssen, entsprechend ihrer zunächst eingeschränkten Handlungsmöglichkeiten, *bevorrechtigt* werden. Mit der Rolle des Säuglings als König, des Kindes als Richter ist dieser Forderung Rechnung getragen. Je mehr Bedürfnisse und Wünsche Kinder im Zuge ihrer Entwicklung und ihres Lernens sich selbst erfüllen können, desto mehr Vorrechte der Kinder erlöschen. Während in pädagogischer Sicht, die auch in den geltenden Gesetzen herrscht, Kinder mit zunehmendem Alter in immer mehr Rechte hineinwachsen, besagt die Gegentheorie, daß sie zu Beginn bereits alle Rechte haben (und zusätzlich das Vorrecht, bei der Wahrnehmung ihrer Rechte vertreten und unterstützt zu werden – Elternrecht als Treuhänderrecht und Sorgepflicht), mit zunehmendem Alter aber in immer mehr Pflichten hineinwachsen. Theoretisch steht dann die Richterrolle den Kindern in dem Augenblick nicht mehr zu, in dem sie bereit sind, mit den Erwachsenen gleichberechtigt und gleichverpflichtet zu sein. Über diese

Bereitschaft kann selbstverständlich verhandelt werden, sie tritt auch in den verschiedenen Lebensbereichen zu unterschiedlichen Zeiten ein, aber prinzipiell gilt, daß Kinder/Jugendliche/Heranwachsende diesen Augenblick selbst bestimmen. Entsprechend fordert CHRISTIANE ROCHEFORT (»Kinder«, S. 108): »Volljährigkeit auf Verlangen. Niemand soll volljährig werden müssen, wenn ihm nicht danach zumute ist.«
Dies ist eine gedanklich saubere, logisch konsequente Betrachtungsweise. Daß es in der Wirklichkeit zwischen lebendigen Menschen nicht immer perfekt nach Theorie zugehen wird, spricht nicht dagegen. Auch unter heutigen Voraussetzungen sind nicht alle Menschen genau an ihrem 18. Geburtstag plötzlich mündig. Selbst wenn antipädagogisches Denken zum Gemeingut geworden sein wird, werden nicht alle Kinder ideale Lebensbedingungen vorfinden. Manche werden deshalb vielleicht die Richterrolle ungebührlich lange spielen wollen, auf Gleichberechtigung verzichten, um der Gleichverpflichtung zu entgehen. Schon heute tun das Jugendliche, wenn sie z. B. in die Kriminalität ausweichen. Dann bleiben sie Richter über die sogenannten Resozialisierungsversuche der Justiz. Hier wie da sind Autonomieanspruch und Autonomiefähigkeit der Kinder nicht von Anfang an voll zum Tragen gekommen, ihr Gemeinschaftsgefühl ist beeinträchtigt. Es muß aber in jedem Fall klar sein, daß es sich nicht nachträglich noch ausformen kann, wenn sich die Gemeinschaft gegen den jungen Menschen stellt. Es bleibt ihr so oder so nichts anderes übrig als um ihn zu werben. Alle Erfahrungen mit unerzogenen Kindern aber zeigen, daß dies nur in den seltensten Ausnahmefällen erforderlich und dann immer erfolgreich ist. Was man über die heutigen Zöglinge nun wahrlich nicht behaupten kann.

Der pädagogische Gegenteileffekt

Immer wenn man etwas zu einem Menschen sagt, sagt man auch etwas über ihn, über sich selbst und über die Beziehung, die zwischen ihnen besteht oder bestehen soll. Meistens macht man sich das nicht klar. Trotzdem ist es so, ob man es will oder nicht. Man kann es nicht vermeiden.
Nehmen wir an, ein paar Leute sitzen zusammen und diskutieren über irgend etwas. Wenn man darauf achtet, merkt man, daß da nicht nur Worte gewechselt werden. Es passiert mehr. Schalten wir mal, als Gedankenexperiment, unser äußeres Ohr ab und unser inneres Ohr ein. Wir hören jetzt nicht mehr, was die Leute sagen, aber wir hören die unausgesprochenen Botschaften, die

zwischen den Leuten hin und her fliegen. Ein Mann, der besonders wichtigtuerisch redet und andere häufig unterbricht, »sagt« zu ihnen: »Alles klar? Ich bin hier der Größte, ich habe sowieso recht, Ihr anderen seid Deppen, es wäre das beste, wenn Ihr den Mund halten würdet. Eigentlich müßtet Ihr dankbar sein, daß ich überhaupt zu solchen Idioten spreche. Also hört mir gefälligst andächtig zu und glaubt mir jedes Wort.«
Ein anderer Mann, der in der Diskussion fast überhaupt nicht redet, »sagt« den anderen: »Ich bin ein bißchen schüchtern, aber Ihr seid liebe Leute. Ihr versteht etwas von der Sache, mehr als ich jedenfalls. Ich tue Euch gern den Gefallen, Euch zuzuhören. Bin ich nicht nett?«
Eine Frau, die ebenfalls fast nichts spricht, »sagt« vielleicht: »So eine Bande von Verrückten habe ich ja noch nie erlebt! Für Euch bin ich doch viel zu gut. Wenn ich wollte, könnte ich Euch alle lächerlich machen, aber das lohnt sich ja überhaupt nicht. Jedenfalls habe ich vorhin mit meiner kurzen Bemerkung bewiesen, daß ich Euch alle in die Tasche stecken könnte. Seht nur, wie Ihr mich langweilt!«
Eine andere Frau, die eifrig mitdiskutiert, könnte »sagen«: »Ich habe es nicht nötig, mich so dämlich vorzudrängeln wie der eitle Kerl da. Aber ich bin auch nicht so feige, mich in den Schmollwinkel zurückzuziehen. Ich bin sachlich interessiert und diszipliniert, ein Vorbild für alle. Merkt Ihr das?«
Viel klarer und intensiver werden solche unausgesprochenen Botschaften, wenn nur zwei Menschen miteinander zu tun haben. Machen wir ein ähnliches Gedankenexperiment, aber halten wir jetzt auch das äußere Ohr geöffnet. Kurzer Wortwechsel zwischen einem Ehepaar. Der Mann ist Fußballfan, die Frau nicht. Trotzdem begleitet sie ihn fast regelmäßig zum Fußballplatz, weil er sich sonst betrinkt und sie verprügelt. Er sagt: »Ich gehe morgen auf den Fußballplatz. Kommst Du mit?«
Unausgesprochen »sagt« er noch: »Du weißt genau, daß es Dir schlecht bekommt, wenn Du mich nicht begleitest. Schließlich bin ich der Herr im Haus. Und wenn Du Dich noch so sehr langweilst, Du hast zu parieren. Sonst denken meine Freunde womöglich, wir hätten Krach miteinander.«
Sie antwortet: »Ja, wenn Du unbedingt willst.« Und »sagt« damit: »Ich will mich jetzt nicht streiten, Du brutaler Bock. Ich habe Angst vor Dir, na klar. Ich tue Dir den Gefallen, aber warte nur, bis Du wieder einmal eine schwache Stunde hast!«
Oder sie antwortet: »Morgen geht es nicht, ich bin schon mit Else verabredet.« Sie könnte damit »sagen«: »Ich habe es satt, mich von Dir herumkommandieren zu lassen. Von mir aus kannst Du

machen, was Du willst, aber zum Fußball gehe ich nicht mehr mit!«

Hinter dem, was diese Eheleute sagen und »sagen«, steckt aber noch mehr. Sie beschreiben, wie sie ihre Situation und ihre Beziehung einschätzen. Der Mann bringt zum Ausdruck, daß er glaubt, seine Frau würde nicht wagen, eine höfliche Bitte mit Widerstand zu beantworten. Bei der ersten Antwort bestätigt die Frau den Mann. Bei der zweiten bringt sie zum Ausdruck, daß sie ihre Situation und Beziehung verändern will. Daß sie ihren Mann für jemanden hält, dem man eine Bitte höflich und begründet abschlagen kann. Daß sie sich stark genug fühlt, das Risiko eines großen Krachs einzugehen.

Nur der Vollständigkeit halber erwähne ich, daß noch weiter hinter diesem Wortwechsel bestimmte Annahmen stecken. Beide nehmen an, daß ihr Partner ihnen gerade zuhört, daß er die deutsche Sprache versteht, daß er weiß, was ein Fußballplatz und wer Else ist, daß morgen ein Fußballspiel stattfindet, daß die Welt heute nacht nicht untergeht, daß sie morgen noch leben und irgendwohin gehen können, daß sie das Geld für zwei Eintrittskarten haben und vieles andere. So komisch das manchem erscheinen mag, es hat einen Sinn, sich die verschiedenen Annahmen und Botschaften, die hinter einem kleinen Gespräch stecken, einmal klarzumachen. (Wenn man die immer kennen und nennen würde, gäbe es keine *Mißverständnisse*!)

Betrachten wir uns jetzt in gleicher Weise den Wortwechsel zwischen einer Mutter und einem Kind. Veronika sagt: »Die Renate, die alte Sau, hat mir meine schönste Puppe weggenommen.«

Die Mutter antwortet: »Also Veronika, wie oft soll ich Dir noch sagen, daß Du solche Wörter nicht gebrauchen sollst. So etwas tut man nicht. Außerdem hast Du gelogen. Renates Mutter hat vorhin angerufen und erzählt, Du hättest Deine Puppe im Park verloren. Habe ich Dir nicht oft genug erklärt, daß Lügen kurze Beine haben? Also tu mir den Gefallen und bleibe in Zukunft bei der Wahrheit. Du brauchst doch keine Angst zu haben. Wenn Du weiter so lügst, dann muß ich es Deinem Vater sagen.«

Eine harmlose Sache, ein harmloser Erziehungsversuch, wenn man unter »Harm« die Erziehungsorgien versteht, die in Deutschland normal sind. Aber was ist hinter der sprachlichen Kulisse vorgegangen? Das Kind hat ein Schimpfwort gebraucht und gelogen. Daran gibt es nichts zu rütteln. Die Mutter hat zwar auch geschimpft und gelogen (gelogen: So etwas tut man nicht, Du brauchst keine Angst zu haben), aber sie ist ja schon ausgereift und darf das. Unsere Frage: Was ist im Hintergrund passiert?

Veronika »sagte«: »Ich habe Angst, Dir zu erzählen, daß ich meine Puppe, die Du mir geschenkt hast, verloren habe. Wenn ich die Schuld auf meine Freundin schiebe, kannst Du nicht auf mich schimpfen. Wenn ich auf meine Freundin schimpfe, glaubst Du mir eher, daß sie wirklich schuld ist.«
Damit das Beispiel einfacher wird, hat aber Renates Mutter schon Bescheid gegeben. Was »sagt« nun Veronikas Mutter? Ungefähr das: »Du hast es schon wieder gewagt, eines meiner Gebote zu übertreten. Außerdem bist Du mir in die Falle gegangen. Jetzt kann ich Dir zeigen, daß Du nichts bist ohne meine Gnade. Wenn Du mich anlügst, zeigst Du mir Undank, und zur Strafe dafür hetze ich Deinen Vater auf Dich. Ich will verdammt noch mal stolz sein auf das Produkt meiner Erziehung – wage nicht, mir einen Strich durch die Rechnung zu machen.«
Veronikas Mutter könnte auch »sagen«: »Mensch, Kind, wenn Du so redest, kriegst Du doch überall Ärger. Wie kann ich Dir das nur ersparen? Du mußt doch lernen, Dich zu einer Panne zu bekennen. Vielleicht kann ich Dir am besten helfen, wenn ich Dir mit dem strengen Vater drohe. Ich meine es doch so gut mit Dir, merkst Du das nicht?«
In beiden Fällen, die sich übrigens nicht widersprechen müssen, steht noch tiefer dahinter die Einstellung (Annahme) der Mutter, die man so formulieren kann: »Du bist mein Kind, mein Geschöpf. Ich habe die Verantwortung für Dich. Ich muß Dich auf irgendeine Weise dazu bringen, daß Du Dich anständig benimmst. Wenn ich Dir das Schimpfen und Lügen durchgehen lasse, wirst Du weiter schimpfen und lügen. Wahrscheinlich wird es sogar schlimmer werden. Ich wäre eine schlechte Mutter und würde Dich nicht lieben, wenn ich dem tatenlos zusehen würde. Schließlich hat jeder später im Leben Schwierigkeiten, der sich nicht anständig zu benehmen weiß.«
Übersehen wir einmal, daß die kurzen Beine der Lügen beispielsweise zum Erklimmen der Stufen zu höchsten Ehren und Ämtern am geeignetsten sind, solange die Mehrheit der Menschen aus Erzogenen besteht, und ebenfalls, daß Veronika sich durchaus anständig zu benehmen weiß, wenn kein Grund vorliegt, es nicht zu tun. (Es ist nachgerade haarsträubend, wie *dumm* die meisten Erzieher sind, indem sie Kindern Verhaltensweisen beibringen wollen, die diese längst beherrschen – jedes Kind *kann* die Wahrheit sagen; wenn es das, z. B. aus Angst, nicht *will*, gibt es dafür Gründe, die ein Erziehungsakt nur *verstärken* kann.)
Aber sehen wir zu, von welchen Annahmen Veronikas Mutter ausgeht. Die Mutter nimmt an, sie würde mit ihrer Reaktion Veronika dazu bringen, in Zukunft weniger Schimpfwörter in den

Mund zu nehmen und weniger zu lügen. Weiter nimmt sie an, ihre Rolle als Mutter verpflichte und berechtige sie dazu, ihr Kind zu einem anständigen Menschen zu machen, und zwar mit fast allen Mitteln, z. B. mit Schimpfen und Lügen. Sie verbündet sich dazu mit der ganzen Menschheit: So etwas tut *man* nicht. Sie nimmt an, daß sie dem Kind Anstand und Sitte durch ihre Worte näherbringen kann. Sehr verkürzt wäre die Situation und Beziehung so zu beschreiben: Das Kind hat sich schlecht benommen. Das Kind ist schlecht. Die Mutter muß das Kind erziehen, damit es besser wird. Wenn die Mutter das Kind nicht erzieht, bleibt es schlecht oder wird sogar noch schlechter. Die Mutter ist die Erzieherin, die Verantwortliche, die Richterin und Machthaberin. Das Kind ist Material, Objekt. Es ist *nicht* Marionette, sonst hätte es nicht Sau gesagt und gelogen. Aber die Mutter nimmt an, sie müßte das Kind notfalls mit Gewalt (der Drohung mit dem Vater) zur Marionette machen.

Weil Veronika seit ihrer Geburt von der Mutter erzogen wurde und sich das gefallen lassen mußte, hat sie die Annahmen ihrer Mutter übernommen. Sie erhebt überhaupt nicht den Anspruch, für ihre Puppe selbst verantwortlich zu sein. Sie geht »freiwillig« zur Mutter und beichtet ihr den Verlust, weil sie der Mutter das Recht zugesteht, ihre Besitztümer zu kontrollieren. Gleichzeitig greift sie aus Angst vor Strafe zu einer Notlüge, womit sie anzeigt, daß sie ihre Persönlichkeit schon gespalten hat: Der eine Teil versteht sich als Marionette, als Zögling der Mutter, der andere Teil, der echte, lebendige, hat einfach Angst und versucht, diese zu vermindern, ohne Rücksicht auf Gut und Böse. Der eine Teil weiß genau, daß »man« nicht Sau sagen und lügen soll, aber der andere Teil ist ein fühlender Mensch, der Freude sucht und Leiden vermeiden will.

Nun bleibt die Frage zu untersuchen, was in Veronika vorgeht, nachdem die Mutter ihren harmlosen Erziehungsakt vollzogen hat. Äußerlich sichtbar ist, daß Veronika weint. Innerlich passiert etwa folgendes: Der Marionetten-Teil faßt gute Vorsätze, will sich bessern, die Mutter nicht mehr enttäuschen. Der echte Teil aber »sagt« sich: »Meine Mutter hat schon recht, in bin ein schlechtes, ein böses Kind. Es nützt alles nichts. Obwohl es die Mutter so gut mit mir meint, benehme ich mich so schlecht und versuche sogar, sie, die doch alles herauskriegt, zu betrügen. Ich verdiene es überhaupt nicht, daß meine Mutter mich so gut behandelt und sich so um mich sorgt.«

Dieses »Sagen« darf man sich freilich nicht so vorstellen wie formulierte Gedanken, die einem durch den Kopf gehen. Es handelt sich um gefühlsmäßige Eindrücke. Man kann sie vielleicht verstehen, indem man daran denkt, wie bei einem selbst Stimmungen und Launen entstehen. Oft kennen wir die Ursache für eine besonders gute oder besonders schlechte Laune, aber oft kennen wir sie auch nicht. Veronikas Lage kommen wir am nächsten, wenn wir an eine Situation denken, in der wir mies gelaunt waren und versucht haben, diese miese Laune zu überwinden.

Wenn wir versuchen, aus einer schlechten Laune in eine gute zu kommen, dann ist ganz klar, daß dieser Versuch von einem anderen Bereich unserer Persönlichkeit kommandiert wird als von dem, der die schlechte Laune fabrizierte. Wir können unseren bewußten Willen noch so sehr anstrengen, es gelingt ihm nicht, beispielsweise aus einer pessimistischen Grundstimmung eine optimistische Grundstimmung zu machen. Viele Menschen sind ihren Stimmungen geradezu ausgeliefert, unterworfen, und schikanieren mit ihnen oft sogar ihre Umgebung. Der bewußte Wille ist dagegen machtlos. Aber ein äußeres Ereignis kann die schlechteste Laune plötzlich in Freude verwandeln. Wenn ein solches Ereignis eintritt, »sagt« sich unser Gefühlsbereich auch eine Menge Dinge, ohne daß wir mehr davon merken als den Stimmungsumschwung. Aber wir wissen alle, daß es recht oberflächliche Stimmungen gibt, die schon durch wenig bedeutsame Ereignisse verändert werden können, und daß es sehr tief sitzende Stimmungen gibt, die auch durch große Ereignisse kaum zu beeinflussen sind. Auf dieser tiefsten Schicht muß man sich Veronikas Eindrücke vorstellen, die ich in Sprache übersetzt habe.

Überblicken wir den geschilderten Vorgang nach diesen Überlegungen, dann fällt auf: Die erzieherischen Worte der Mutter richten sich an Veronikas Marionetten-Teil, jenen Teil von Veronikas Persönlichkeit, der sowieso längst auf der Seite der Mutter steht und nie auf den Gedanken gekommen wäre, Sau zu sagen oder zu lügen. Veronikas Gefühls-Teil, die tiefe Schicht in ihr, die das Lügen und das Schimpfen verursacht hat, ist durch Mutters Worte nicht direkt zu erreichen. Zu ihm dringt aber vor, was die Mutter »sagte«. Und die Folge davon ist, daß Veronika in ihrem Kern noch ein bißchen »schlechter« geworden ist, als sie vorher war. Sie hat zwar oberflächlich ein schlechtes Gewissen und faßt gute Vorsätze, aber tief innen ist das Gefühl gefestigt worden, sie sei ein böser, ein verlorener Mensch.

Ich verlasse jetzt die geschilderte Szene, um allgemeine Schlußfolgerungen zu ziehen. Jeder Erziehungsakt besteht, vom Erziehenden her, aus zwei Teilen. Zuerst kommt ein Urteil, eine Wertung. Der Erzieher stellt fest, daß irgend etwas mit dem Zögling nicht

stimmt, daß etwas geändert werden muß, daß er eingreifen muß. Der zweite Teil besteht aus der pädagogischen Maßnahme. Nun transportiert diese Maßnahme aber beide Teile zu dem Zögling. Ganz einfach gesagt: Der Zögling nimmt durch den zweiten Teil zur Kenntnis, daß er sich bessern soll, und durch den ersten Teil nimmt er zur Kenntnis, daß er schlecht ist.
Das Peinliche (für Erziehungsideologen) ist nun, daß die Botschaft des ersten Teils immer eine viel stärkere Wirkung hat als die des zweiten. Denn der zweite Teil erreicht den Marionetten-Teil des Zöglings, rennt dort gewissermaßen offene Türen ein. (Wenn Erzieher erklären: »Ich habe Dir das doch schon hundertmal gesagt!«, gestehen sie ein, daß sie mindestens 99mal zur falschen Adresse geredet haben.) Das Kind *weiß* ohnehin, daß es gut, brav usw. sein soll. Auf dieser Ebene passiert bei einem Erziehungsakt also nichts oder wenig (z. B. bewußter Widerstand). Anders ist es auf der tieferen Ebene. Der Wertungs-Teil (»Du bist schlecht, ich muß Dich besser machen«) trifft auf eine tiefe Gefühlsschicht des Kindes und richtet dort erheblichen Schaden an. In dieser tiefen Schicht, dem echten, lebendigen Teil der Persönlichkeit, geht es nicht so einfach zu wie in dem Marionetten-Teil. Dort bestätigt die Botschaft des Erziehers nicht nur, was das Kind schon »weiß«, denn dort ist seine Lebenskraft zu Hause, sein Selbstgefühl. Die sind nicht passiv wie der Marionetten-Teil, sondern sie arbeiten aktiv an der Selbstbehauptung der Persönlichkeit. Deshalb bedeutet jeder einzelne Erziehungsakt für diese Schicht eine Verminderung der Lebenskraft sowie der Fähigkeit zur Selbstkorrektur (die bei unerzogenen, selbstverantwortlichen Kindern sehr ausgeprägt ist) und eine Verschiebung des Selbstgefühls in die Richtung der Wertungs-Botschaft.
Man kann das an kriminellen Karrieren sehr deutlich erkennen. Das Kind macht Dummheiten, es erleidet Erziehungsakte, es erwirbt das Selbstgefühl, ein Verbrecher zu sein, schließlich *will* es überhaupt nichts anderes mehr. Daß so viele Kriminelle nach der Verbüßung einer Strafe rückfällig werden, liegt sicher auch an den Vorurteilen der Bevölkerung. Eine größere Rolle aber spielt das Vorurteil der Kriminellen selber, die sich nämlich nicht *zutrauen*, ein sozial akzeptables Leben führen zu können. Sie wurden so streng erzogen und dadurch so nachdrücklich von ihrer Schlechtigkeit überzeugt, daß es geradezu unlogisch wäre, nicht rückfällig zu werden...
Ich fasse zusammen: Jeder Erziehungsakt erreicht, wenn er überhaupt etwas erreicht, genau das Gegenteil von dem, was er beabsichtigt. Natürlich spielt bei diesem Satz das »beabsichtigt« die Hauptrolle. Erst durch ihre erzieherische Absicht wird eine

Handlung zum Erziehungsakt mit dem entsprechenden Gegenteileffekt. Die Absicht ist es, die dem Kind die Wertung »sagt«, die der Erzieher vorgenommen hat. Daran müssen wir denken, wenn wir verstehen wollen, warum der Gegenteileffekt auch bei positiven Erziehungshandlungen wie Belohnung und Lob eintritt. In diesem Falle freut sich zwar der Marionetten-Teil des Kindes, aber seine Gefühlsschicht nimmt die dahinterstehende Absicht und die sie verursachende Wertung (»Du bist schlecht, jedenfalls nicht gut genug. Ich muß Dich loben, wenn Du mal etwas Gutes tust, damit Du besser wirst«) zur Kenntnis.
Etwas ganz anderes ist es, wenn ich mich echt über ein Kind freue. Wohlmeinende Pädagogen wissen sehr genau, was der Gegenteileffekt ist. Sie sagen deshalb, man müsse an das Gute im Kind glauben. Und es stimmt: Wenn man diesen Glauben *hat*, dann nimmt den die Gefühlsschicht des Kindes zur Kenntnis und stärkt dadurch seine Lebenskraft. Leider hintertreiben oder verhindern aber Erziehungsakte diesen Vorgang, denn wer dem Guten im Kinde nicht mißtraut, der erzieht es auch nicht. Erzieher aber verstehen sich letztendlich als moderne Teufelsaustreiber, ohne zu begreifen, daß ihre Urteile (Wertungen) Prophezeiungen sind, die sich selbst erfüllen – so heimlich wie zwangsläufig.
Wie die Wissenschaftler, die sich mit diesen (»kommunikationstheoretischen«) Fragen beschäftigen, sagen, sind die Wertungen und Annahmen der Erzieher für die Gefühlsschicht der Kinder »Zuschreibungen«, »Anweisungen«, sogar »Befehle«, denen sie sich nicht entziehen können (wenn nicht von anderen wichtigen Beziehungspartnern andere »Befehle« kommen).
Von solchen »Befehlen« streng zu unterscheiden sind Meinungsäußerungen, auch Vorschläge, Bitten, Hilfsangebote, die nicht erzieherisch gemeint sind. Authentische Erwachsene senden keine sich widersprechende Wertungen und Botschaften aus. Wenn sie Angst haben, sagen sie, daß sie Angst haben. Die verdeckte Botschaft enthält dann keine Verurteilung des Kindes, sondern signalisiert ihm, daß man es ernst nimmt, als vollwertigen Mitmenschen akzeptiert und sogar von ihm Hilfe erhofft. Authentische Erwachsene definieren die Beziehungen zwischen sich und dem Kind eben nicht wie die zwischen Herrchen und Hund, sondern als eine zwischen gleichberechtigten Partnern. Sie sprechen als ganze Persönlichkeiten zu ganzen Persönlichkeiten. Einen Gegenteileffekt kann es da natürlich nicht geben. (Mehr dazu in Kapitel II,2.)
Nochmals, etwas anders formuliert: Jeder Erziehungsakt beweist (bzw. unterstellt) seine eigene Notwendigkeit. Keinem Kind bleibt verborgen, daß es nur deshalb zum Guten erzogen werden

muß, weil es schlecht ist. Aus diesem Grunde wehren sich auch Erwachsene gegen Erziehungsversuche so entschieden, wenn sie noch ein wenig seelisches Rückgrat haben. Erwachsene deuten Erziehungsversuche ganz richtig als Beleidigungen. Für Kinder sind sie zwar das gleiche, aber Kinder leben in Abhängigkeit und müssen lernen, eine einigermaßen gute Miene zum bösen Spiel der Eltern zu machen. Es ist meines Wissens noch kein einziges Kind von seinen Eltern umgebracht worden, das diesen Lernprozeß rechtzeitig vollzogen hat. Wenn das Kind zu stolz dazu ist, wird aus dem Spiel der Eltern allzu leicht blutiger Ernst.

Spätestens jetzt drängt sich die Frage auf, warum nicht alle Menschen Verbrecher sind, wenn das mit dem pädagogischen Gegenteileffekt so stimmt. Ich wähle zwei einfache Beispiele, um diese Frage zu beantworten.

Viele Eltern sind sehr besorgt, ob ihre Kinder auch genug essen. Ein Löffelchen für Tante Paula, ein Löffelchen für Onkel Eduard – warum verweigern so erzogene Kinder das Essen nicht? Es ist klar, sie haben Hunger. So werden Kindern zwar Essensstörungen, Verdauungsbeschwerden und Magengeschwüre anerzogen, aber weil es eben den Hunger gibt, verweigern sie das Essen nicht ganz und gar.

Zweites Beispiel: Viele Eltern erziehen ihre Kinder zu Höflichkeit, Rücksichtnahme. Fachleute meinen ähnliches mit dem »sozialen Lernen«. Trotzdem haben sie es noch nicht geschafft, daß *alle* Kinder *unausgesetzt* aggressiv gegen ihre Mitmenschen sind, weil der Mensch eben ein soziales Wesen ist, weil es das Gemeinschaftsgefühl gibt. Kinder werden ja nicht pausenlos erzogen, sie machen Erfahrungen mit Kameraden und mit netten (»verantwortungslosen«) Erwachsenen außerhalb des Machtbereichs ihrer Erzieher. Deshalb bewahren sich viele Kinder einen Rest von sozialen Gefühlen, trotz ihrer »Sozialisation«.

Auch diese Beispiele sind zu verallgemeinern. Der pädagogische Gegenteileffekt betrifft nur einen kleinen Ausschnitt der Lebenswirklichkeit von Kindern, nämlich den erzieherisch kontrollierten. Er tritt nur ein als Reaktion auf echte Erziehungsakte. Er meint auch nur die innere (»charakterliche«) Entwicklung von Kindern. Nach außen können sie gehorsam sein und tun, was man verlangt hat. Trotzdem gibt es keine erfolgreichen Erziehungsakte. Wenn man ein Kind beispielsweise zur Ordnung erziehen will und das Kind räumt plötzlich tatsächlich auf, dann nicht wegen der Erziehung, sondern trotz der Erziehung (und schon gar nicht aus Liebe zur Ordnung). Es kann etwa sein, daß das Kind einfach Angst hat, oder daß es erreichen will, daß die Erzieherei aufhört, oder es hat einen Gegenstand verloren usw. Wenn ein

Erzieher einem Kind irgendeine Predigt hält, passiert ja außerdem noch vieles andere. Das Kind denkt an etwas, es beobachtet die Fliegen am Fenster, es hört die Radiomusik, es wartet auf das Abendessen usw. Das Kind mag dann tun, was der Erzieher wollte, aber keineswegs wegen seiner goldenen Worte, sondern damit es bei den viel wichtigeren Dingen, die es vorhat, nicht weiter gestört wird.

Tatsächlich haben die meisten Erziehungsakte keinen Gegenteileffekt, weil sie überhaupt keinen Effekt haben. Wenn *sie aber etwas erreichen, und zwar* im *Kind, nicht bloß auf der Verhaltensebene, auf der Kinder schon aus Angst bzw. Klugheit oft nachgeben, dann erreichen sie – für sich allein genommen – immer und unausweichlich das Gegenteil des Beabsichtigten.*

Ich denke, es gehört schon einige Unverfrorenheit dazu, dies zu wissen und mit dem Unsinn trotzdem nicht aufzuhören.

Zeitliche Perspektiven im Umgang mit Kindern

Bevor ich im nächsten Kapitel darstelle, wie Sie mit Kindern umgehen und klarkommen können, ohne sie zu erziehen, muß ich noch darüber Rechenschaft geben, wie und warum das überhaupt zu verantworten ist. Gut, man will nicht kinderfeindlich sein und auch dem pädagogischen Gegenteileffekt nicht auf den Leim gehen, aber schließlich kann man doch nicht einfach ins Blaue hineinleben, als trüge man keinerlei Verantwortung für die Kinder.
Mir fällt bei Gesprächen mit Eltern immer wieder auf, daß ihre Unsicherheit zu einem großen Teil aus einer ganz bestimmten Verwirrung stammt. Ihr Kind hat ein Problem, ich sage ihnen, was sie tun können, aber beim nächsten Gespräch berichten sie, daß sie es nicht getan haben, weil ihnen Bedenken gekommen sind. Diese Bedenken haben aber mit dem ursprünglichen Problem oft wenig zu tun. Wenn die Eltern z. B. erzählt hatten, ihr Kind wäre von den schulischen Hausaufgaben überfordert, und ich hatte geraten, sie sollten das Kind nach Ablauf der in den kultusministeriellen Erlassen angeordneten Höchstzeit für Hausaufgaben am Weiterarbeiten hindern und ihm für den Rest eine entsprechende Entschuldigung mitgeben (und den Lehrer von dem Unsinn der meisten Hausaufgaben überzeugen und grundsätzlich zu

ihrem Kind halten und und und), dann kommen sie wieder mit dem Bedenken, wir lebten doch in einer Leistungsgesellschaft, und sie wollten nicht riskieren, daß ihr Kind durch ihre Unterstützung verweichlicht würde und später scheitern müßte. Ging es zuerst also um die einzelnen Nachmittage, an denen das Kind litt, geisterte dann eine ganz andere Sorge in das Problem.

Ich schlage Ihnen deshalb ein Schema vor, nach welchem elterliche Sorgen sortiert werden können. Ich teile die Sorgen von Eltern in vier Gruppen ein, vom Hier und Jetzt ausgehend hinein in die Zukunft, und denke dabei eine fünfte Perspektive zunehmend mit, d.h. von 1. bis 4. wird die Bedeutung dieses weiteren Blickwinkels normalerweise größer.

1. Eltern geht es um einen angenehmen, möglichst harmonischen Tagesverlauf. Wenn Schwierigkeiten auftauchen, sollen sie möglichst schnell bereinigt werden. Dies ist die Tagesperspektive oder aktuelle Perspektive. (P1)
2. Aber Eltern machen sich oft Sorgen, daß eine Schwierigkeit morgen oder übermorgen wieder auftauchen könnte, wenn sie nicht richtig handeln, oder daß morgen und übermorgen aus der heutigen Schwierigkeit neue Probleme erwachsen könnten. Dies ist die kurzfristige Zukunftsperspektive. (P2)
3. Häufig machen sich Eltern Sorgen anläßlich bestimmter Lebensabschnitte, neuer Situationen und auf längere Sicht drohender Gefahren. Dies könnte man die mittelfristige Zukunftsperspektive nennen. (P3)
4. Vielen Eltern geht auch häufig durch den Kopf, wie ihr Kind als Erwachsener sein wird, wenn sie heute so oder so handeln. Sie fragen sich, ob es ein sinnvolles und glückliches Leben als Erwachsener führen wird. Dies ist die langfristige Zukunftsperspektive. (P4)
5. Alle diese zeitlichen Perspektiven werden oft noch ergänzt von einer gesellschaftlichen Perspektive: Eltern fragen sich, wie es mit Staat, Wirtschaft, Demokratie, Frieden aussehen wird und wie ihre Kinder mit diesen Gegebenheiten, Anforderungen und Gefahren klarkommen werden. (P5)

Die gleichen Sorgen machen sich natürlich auch viele Lehrer und andere Erwachsene, die mit Kindern zu tun haben. Wir wollen auch nicht verkennen, daß Erwachsene nicht *nur* an das Wohl der Kinder denken, sondern sich auch um sich selbst die hier unterschiedenen Sorgen machen. Kurz gefaßt könnte man also sagen: Wenn ein Erwachsener in bezug auf ein Kind eine Entscheidung zu treffen hat, schwebt ihm, falls er alle Konsequenzen bedenkt, vor, es solle ihm und dem Kind

- heute (P 1)
- morgen (P 2)
- nächstes Jahr (P 3)
- immer (P 4)

möglichst gut gehen und

zusätzlich solle seine Entscheidung der Gesellschaft sowie ihm und dem Kind in ihr zum Guten dienen (P 5).

Ein Beispiel dafür, wie sich P 2 in P 1 einmischt, wäre der bekannte Fall, daß ein Kind zwar heute abend die Erwachsenen nicht stören würde, wenn es noch mit ihnen fernsehen könnte (weil sie ohnehin in gelöster Stimmung sind, sich nicht konzentrieren, sondern herumalbern), daß dann aber einer denkt, das Kind würde aus dem heutigen Abend ein Recht auf den morgigen ableiten und morgen Schwierigkeiten beim Zubettgehen machen, wenn der wichtige Besuch eintrifft.

P 3 und P 4 mischen sich in solches Bedenken dann ein, wenn die Erwachsenen den Einfluß des Fernsehens für die Entwicklung von Kindern mittel- und langfristig mit ins Entscheidungsspiel bringen, und P 5 kann wirksam werden, wenn es etwa um die Fähigkeit des Kindes, Verzichte auf sich zu nehmen, geht, die in der Gesellschaft einfach gefordert wird.

Ein verantwortungsbewußter Erwachsener ist sichtbarlich überfordert, wenn er eine unter allen Perspektiven *richtige* Entscheidung treffen will. Aber ich möchte zeigen, daß dies nicht an einem Mangel in seiner Person liegt (Informationsstand, Weitblick, Gutwilligkeit usw.), sondern daß die Überforderung im Wesen des Problems liegt, genauer gesagt in dem Anspruch (der Idee), es überhaupt lösen zu *können* und zu *wollen*. (Außerdem bestreite ich den Erwachsenen, falls sie es lösen könnten, das Recht, es lösen zu *dürfen*.)

Die Besonderheit der Gegenwart

Eine Entscheidung im Sinne von P 1 kann sich sofort als »richtig« oder »falsch« herausstellen. Letztendlich ist nur eine P 1-Entscheidung *dialogfähig*, nur sie kann Ergebnis eines echten Gesprächs zwischen den Betroffenen sein, nur sie kann, da sie das Hier und Jetzt betrifft, von ihnen direkt als richtig oder falsch bewertet und spontan korrigiert werden.

Diese Besonderheit der Entscheidungen im Felde von P 1 ist von so weitreichender Bedeutung (und wird so häufig außer acht gelassen), daß ich mit einem Zitat erläutern möchte, was unter einem echten Gespräch (Dialog) auch zwischen Erwachsenen und Kindern zu verstehen ist. Der Tübinger Philosophieprofessor

OTTO FRIEDRICH BOLLNOW schreibt in seinem Buch »Das Doppelgesicht der Wahrheit« (Urban-Taschenbuch 184, Kohlhammer-Verlag 1975, S. 46) über die Fähigkeit des Zuhörens:

> »In der Fähigkeit, auf das Wort des andern zu hören, ist zugleich eine weitere Forderung als selbstverständlich mit enthalten, die wir noch gesondert herausheben müssen: Das ist die Anerkennung der grundsätzlichen Gleichberechtigung des Gesprächspartners; denn nur, wenn ich ihn als völlig gleichberechtigt betrachte, bin ich auch imstande, seine Einwände und Anregungen ernsthaft aufzunehmen. Die Bereitschaft zum Gespräch fordert den Verzicht auf jede Autorität. Das unterscheidet das echte dialogische Verhalten von jedem monologischen Sprechen, ob dieses nun als Anordnung oder als Belehrung geschieht. Dieser Verzicht auf die Autorität fällt dem Menschen in seiner ›natürlichen‹ Lebenssicherheit begreiflicherweise oft schwer. Das wirkt sich besonders dort aus, wo faktische (d.h. tatsächlich bestehende; EvB) Rangunterschiede des Alters, des Wissens, der sozialen Rangordnung usw. bestehen. Aber sobald ich mich ernsthaft auf ein Gespräch einlasse, befinde ich mich auf der Ebene einer grundsätzlichen Gleichberechtigung, zum mindesten im Themenkreis dieses Gesprächs, und diese ist keine Fiktion (d.h. nicht nur eine erdichtete Annahme oder Behauptung; EvB), sobald man erkannt hat, daß dort, wo sich Menschen im letzten Ernst begegnen, z.B. auch im Gespräch eines Erwachsenen mit einem Kind, die Rangunterschiede in der Tat hinfällig geworden sind.«

Eine Entscheidung, die in diesem Sinne Ergebnis eines echten Gesprächs ist, erweist sich im Felde P 1 unmittelbar als richtig, wenn die Gesprächspartner mit ihr einverstanden und zufrieden sind. Stellt sich kurz darauf heraus, daß einer der Partner unter den Folgen der Entscheidung unerwartet leidet, kann sofort ein neues Gespräch beginnen, das zu einer neuen Entscheidung führt. Auch diese kann sich dann im zeitlichen Nahbereich unmittelbar als richtig oder falsch erweisen.

Das Verwirrspiel um Absichten, Taten und Folgen

Ganz anders ist es mit Entscheidungen, die in Hinblick auf zukünftige Ereignisse getroffen werden. Nehmen wir ein Beispiel. Ein vierjähriger Junge findet auf der Straße ein Geldstück. Das zeigt er seinen Eltern und will mit ihnen beraten, was er damit am besten anfangen kann (er ist ein unerzogenes Kind, fragt also nicht, was er damit anfangen *soll*). Nach einigem Hin und Her wandert das Geldstück ins Sparschwein, alle sind zufrieden. Wäre diese Entscheidung noch »richtig« zu nennen, wenn am nächsten Tag das Sparschwein geklaut wird (P 2), wenn das Kind zum nächsten Weihnachten von seinem Inhalt ein unsinniges Geschenk kauft (P 3), wenn es gar sein Leben lang als schrecklicher Geizkragen herumliefe (P 4) und womöglich auch an den Steuern sparte (P 5)?

»Hinterher ist man schlauer«, sagt der Volksmund. Dabei meint »hinterher« immer die Perspektive (den Gesichtspunkt), unter der (dem) eine Entscheidung getroffen wurde, das Ereignis, auf das hin sie fiel. Je ferner in der Zukunft dieser Bezugspunkt liegt, desto unsicherer wird der Erfolg einer Handlung, desto problematischer die Maßstäbe zur Beurteilung einer Entscheidung. Zukunftspläne sind immer anfällig für Störungen. Wenn sich eine Entscheidung, die man zunächst für ganz und gar richtig hielt, später als Grund oder Mitgrund für unerwünschte Entwicklungen herausstellt, sagt man deshalb rückblickend: »Ja, wenn ich das gewußt hätte!« Und es gibt Leute, die sich vor der Verantwortung für die Folgen ihrer Entscheidungen beharrlich drücken, indem sie sagen: »Von meinem damaligen Standpunkt aus war die Entscheidung richtig.« Sie war aber höchstens *verständlich;* ob sie *richtig* war, konnte damals überhaupt nicht beurteilt werden. Korrekt wäre zu sagen: »Von meinem damaligen Standpunkt aus bestand bei dieser Entscheidung die denkbar größte Wahrscheinlichkeit, daß sie zu dem angestrebten Erfolg führen würde.«

Natürlich ist es umgekehrt ebenso. Es gibt zahlreiche Entscheidungen, die sich unter bestimmten Gesichtspunkten bereits als falsch herausgestellt haben und später noch zu erfreulichen Folgen führen. In der Wirklichkeit des Lebens lassen sich viele Entscheidungen überhaupt nicht prüfen, weil man nicht weiß, zu welchem Zeitpunkt man ihre Folgen beurteilen soll. Gebe ich etwa einem Bettler fünf Mark in der Absicht, eine gute Tat zu vollbringen, komme ich in Verlegenheit, wenn ich höre, daß der Mann das Geld versoffen und dann einen Einbruch begangen hat. Und wie soll ich meine damalige Tat beurteilen, falls der Mann durch diesen von mir »finanzierten« Einbruch mit einem Bewährungshelfer zusammentrifft, der ihm hilft, beruflich wie privat eine vernünftige, ja glückliche Existenz zu finden? Oder »einfacher«: Was ist von meiner Spende zu halten, wenn der Bettler auf dem Weg zu seiner Kneipe einem Menschen das Leben rettet, der seinerseits später drei Menschen ermordet, welche ihrerseits, wenn sie am Leben geblieben wären, zusammen zwölf Menschen ermordet oder mir vielleicht auf meine alten Tage mal fünf Mark zugesteckt hätten?

Das Problem löst sich nur dem Schein nach, wenn man meint, die Entscheidung, dem Bettler fünf Mark zu geben, sei richtig gewesen, weil ihre Absicht war, eine gute Tat zu tun, und eine gute Tat zu tun bzw. tun zu wollen sei immer richtig. Das Problem verlagert sich dann nur von dem Wort »richtig« auf das Wort »gut«. Obwohl es vielleicht noch in einem alten Katechismus steht, kann eine Tat doch nicht allein deshalb »gut« sein, weil ich eine gute Absicht hatte. Mit guten Absichten ist der Weg zur Hölle gepflastert. Eine gute Absicht ist eine gute Absicht, das stimmt. Sie ist als Absicht hier und heute gut, nämlich unmittelbar zu beurteilen, ganz einfach weil sie in den P 1-Bereich gehört. Eine gute Absicht kann deshalb als »gut« beurteilt werden, weil sie allein keine in die Zukunft weisenden Folgen hat. Führt die Absicht aber zu einer Tat, die ihrerseits Folgen hat, so gehört die Absicht mit zu den Ursachen dieser Folgen, und wenn diese Folgen schlecht sind, dann war die Absicht zwar möglicherweise gut, die von ihr verursachte Tat kann man aber nicht mehr gut nennen.
Übrigens gibt es aus diesem Durcheinander einen Ausweg. Wenn ich nicht den hohen Anspruch verfolgte, unbedingt eine »gute Tat« zu begehen, könnte ich auf die Idee verfallen, einem hungrigen Bettler eine Mahlzeit zu verschaffen. Gebe ich ihm dann fünf Mark, die er versäuft, war meine Entscheidung falsch. Lade ich ihn dagegen zum Essen ein und leiste ihm Gesellschaft, so habe ich meine Absicht verwirklicht. Denke ich außerdem nicht darüber nach, was dieser gesättigte Mann anschließend alles anstellen könnte, nur weil ich wissen will, ob meine Tat auch vor dem Urteil der Geschichte als eine gute bestehen kann, beschränke ich mich also auch in meinem Denken auf den Bereich P 1, so behalte ich die Chance, vom Wahnsinn verschont zu bleiben ...
Ich hoffe, Sie halten mein oberflächliches Geplauder hier nicht für oberflächliches Geplauder. Ich kenne sehr viele Menschen, die im Grunde hilfsbereit sind und auch Mittel besitzen, anderen zu helfen. Aber sie tun es nicht, sie gönnen sich nicht die Freude, die es bereitet, anderen im P 1-Bereich, also direkt zu helfen, weil sie etwa denken: »Es nützt ja doch nichts, der steht morgen doch wieder da.« Weil es offenbar kaum gelingen kann, diesen Bettler mit einem Schlage zu einem Durchschnittsbürger zu veredeln, verweigern sie ihm heute eine Mahlzeit. Sie selber essen aber, obwohl sie morgen wieder hungrig sein werden. Daß dieser Bettler wahrscheinlich überhaupt kein Durchschnittsbürger sein will, sondern eine Mahlzeit haben möchte, bedenken sie nicht. Ihre Taten sollen gefälligst richtig gute sein. Wenn sie etwas tun, dann wollen sie vorher am liebsten die Garantie, für alle Zeiten ein großes Werk vollbracht zu haben. Da diese Garantie im Bereich

P 1 nirgends erhältlich ist, versagen sie dort ihre persönliche Hilfe und geben höchstens eine Spende an eine Hilfsorganisation, wo Bürokraten und Fachleute sie weitervermitteln. Den persönlichen Einsatz gegen den heutigen Hunger eines Bettlers schätzen sie gering, er »lohnt nicht«. Manchmal hörte ich auch den Satz: »Der wird schon noch einen Dummen finden.« Wer seinen Anspruch nicht so hoch schraubt wie sie, den halten sie für dumm.
Diese Einstellung, meine ich, ist die wesentliche Ursache dafür, daß viele kleine Hilfen, Freundlichkeiten, Wohltaten im P 1-Bereich unterbleiben. Und das hat Auswirkungen. Denn das Klima, die Atmosphäre, die Stimmung zwischen Menschen hängt von diesen Kleinigkeiten ab. Wir alle beneiden oder bewundern bestimmte Menschen als »Lebenskünstler«, die ihre Entscheidungen – nicht ausschließlich, aber in weit höherem Maße als wir – am Hier und Jetzt ausrichten. Wir genießen zwar gern ihre Ausstrahlung und Herzlichkeit, aber wir wollen doch etwas Besseres sein, weitsichtiger, verantwortungsbewußter. Wir sehen zwar, daß solche Lebenskünstler nicht nur glückliche, sondern auch erfolgreiche Menschen sind, erfolgreichere oft als die hektischen Planer, aber wir schreiben das nicht ihrer Denkweise, der Konzentration auf den P 1-Bereich zu, sondern ihrem Temperament oder ihrer Begabung. Es könnte sich sonst herausstellen, daß unsere Denkweise falsch ist. Falsch in Hinblick auf das Ziel eines erfüllten und glücklichen Lebens und falsch in Hinblick auf eine freundliche, wohltuende zwischenmenschliche Atmosphäre, die zugleich förderlich wäre für Spontaneität, Kreativität und Produktivität.
Nun ist sicher nichts dagegen zu sagen, daß sich jemand hohe Ziele steckt. Schlimm wird es erst, wenn die Ziele so hoch werden, daß sie ihm selbst unerreichbar scheinen, so daß er schließlich überhaupt nichts für sie tut (außer vielleicht am Biertisch zu quatschen). Ganz schlimm aber ist es, wenn man *anderen Menschen* solche Ziele steckt, wenn man Erwartungen und Ansprüche an die Zukunft anderer Menschen richtet. Damit bin ich wieder bei den Kindern.

Die Vergötzung der Zukunft

Wir sind es aus unserer Kindheit, die wir als Zöglinge verbrachten, gewöhnt, in Hinblick auf Zukunft bewertet und behandelt zu werden. Unsere jeweilige Gegenwart wurde häufig bekämpft, das mögliche Glück im Hier und Jetzt wurde verhindert, damit einmal etwas aus uns wird. Nur wenigen von uns gelingt es, wenn sie »es« dann tatsächlich »geschafft« haben, dies noch wirklich zu genießen. Meist jagen wir gleich weiter nach dem nächsten Ziel.

Die zwischenmenschliche Kälte (wachsame Zeitgenossen bemerken bereits Anzeichen einer allgemeinen »seelischen Eiszeit«), die Isolation voneinander, die existentielle Einsamkeit inmitten des Getriebes sind der Preis dafür, denn Wärme und Gemeinschaft gibt es immer nur im P 1-Bereich, im jeweiligen Hier und Jetzt. Aber wir sind getrieben von dem Gedanken, es sei nicht gut, das Hier und Jetzt zu genießen. Viele Menschen bekommen Schuldgefühle, wenn sich sich einmal dem Genuß des Hier und Jetzt hingeben – wobei hinzukommt, daß ihr Genießen häufig wirklich verantwortungslos in Form einer Orgie stattfindet. Weil sie das Genießen der Gegenwart nicht einüben durften, übertreiben sie es, wenn sie es sich schon einmal gönnen. Sie gleichen dem Schüchternen, der sich betrinkt und mit seinen Protzereien allen Leuten auf den Wecker fällt, woraufhin er nach dem Ende seines Rausches noch schüchterner wird.
Die meisten Menschen unseres Kulturkreises haben Schwierigkeiten in ihrem Verhältnis zur Zeit, zur Vergangenheit, Gegenwart und Zukunft. Es ist klar, daß diese Schwierigkeiten auch ihr Verhältnis zu Kindern beeinflussen. So ist es nicht eine Selbstverständlichkeit, sondern eher eine Ketzerei, wenn Bildungswissenschaftler (sogar in bezug auf die Schule!) heute fordern:

»Kinder haben ein Recht auf eine glückliche Gegenwart.«
»Kinder haben ein Recht auf ein eigenständiges Leben. Und sie haben dieses Recht in der Gegenwart. Sie sind nicht dazu da, um geheime Wünsche und Lebensziele ihrer Eltern zu verwirklichen. Wenn wir dem Kind dieses Recht zugestehen, dann müssen wir es als gleichberechtigte Person ansehen und behandeln.«
(*Zitiert aus:* HEINRICH DAUBER und HERIBERT WEBER, »Eltern aktiv – Handbuch für eine humane Schule«, rororo 6993, S. 15 und 222.)

Ein anderes Zitat aus diesem wichtigen und sehr empfehlenswerten Buch (S. 90): »Nur zusammen können sie (Lehrer und Eltern; EvB) die Schule demokratisieren und zu einem Ort machen, an dem Lehrer, Schüler und Eltern sich gerne aufhalten. Allein haben beide zuviel Angst: die Lehrer um ihren Arbeitsplatz, die Eltern um ihre Kinder.« Und weiter (S. 252): »Wir müssen aufhören, Schulen nach ihren angeblichen Langzeitwirkungen zu beurteilen, und sie wieder danach beurteilen, ob Lehrer und Schüler gerne in ihnen arbeiten und lernen.«
Nicht nur, aber besonders deutlich in bezug auf die Schule gibt es tatsächlich eine große Zahl von Eltern, die in geradezu panische

Ängste verfallen, wenn jemand versucht, ihren Kindern die Gegenwart zu verschönern. Sogar kleine Entlastungen, die ganz banal für die körperliche Gesundheit der Kinder nötig sind – etwa die Abschaffung der unsinnigen Hausaufgaben –, haben dort, wo sie versucht worden sind, den wütenden Protest der Elternschaft gefunden und mußten rückgängig gemacht werden. Ich höre, im Gegensatz zu meinen Erfahrungen vor etwa 20 Jahren, heute mehr Klagen von Kindergärtnerinnen und Lehrern über die Erziehungswut der Eltern als umgekehrt. Viele Fachleute haben – anders kann ich das nicht deuten – die Pädagogisierungswelle bereits überwunden und möchten sich kinderfreundlich verhalten (»kinderfreundlich heißt antipädagogisch«), aber die Eltern sind jetzt erst so richtig in Schwung gekommen und entwickeln immer mehr von dem durch Erziehungsratgeber angestachelten Ehrgeiz.

Die »Langzeitwirkungen« (DAUBER/WEBER) solcher Kindesmißhandlungen durch Eltern – aus Angst »um ihre Kinder« (DAUBER/WEBER) –, sind sicherlich anderer Art als die Eltern glauben, aber dies ist gerade das Problem, um das es hier geht. Wir Erwachsene sind auf Langzeitwirkungen dressiert und glauben (da es uns nicht geschadet hat ...), das sei gut und richtig so. Tatsächlich haben die Eltern aber nicht Angst um ihre Kinder (sonst würden sie sie vor Erziehung schützen), sondern sie haben Angst um die Zukunft ihres Ehrgeizes. Sie stecken ihren Kindern hohe *Ziele*, richten hohe *Erwartungen* und *Ansprüche* an die Zukunft ihrer Kinder. Sie opfern ihre Kinder der Erziehung auf, weil sie sich Sorgen machen, die meist im Bereich von P 1 keinerlei Begründung haben. Nur sind sie eben für die Erziehung, also für die Zukunft, verantwortlich ...

Gegen diesen mörderischen Wahnsinn vertrete ich die Meinung, daß man für die Zukunft eines anderen Menschen überhaupt nicht verantwortlich sein *kann*. Sobald man denkt, man wäre für die Zukunft seines Kindes verantwortlich, hat man dieses wirkliche Kind aus dem Denken schon ausgeklammert. Es kommt darin gar nicht vor. Jedenfalls nicht als freies Subjekt, sondern nur als Marionette, als Roboter, als Maschine. Mit einem so angesehenen Kind ist ein wirkliches Gespräch, wie es BOLLNOW kennzeichnet, unmöglich. Die Folgen sind verheerend und der Grund ist einfach. Wenn ich die Gegenwart eines Kindes gering achte, achte ich das gegenwärtige Kind gering. Ich signalisiere dem Kind zwar im P 1-Bereich meine Sorge, also seine Wichtigkeit (was die Folgen wenigstens oberflächlich betrachtet mildert), aber ich signalisiere dem Kind auch mein Mißtrauen, meine Unzufriedenheit, meine Angst.

Selbstverständlich kann ich, wenn ich mißtrauisch, unzufrieden und angstvoll bin, dies vor dem Kind nicht verbergen. Ich kann aber eine Vermischung der zeitlichen Perspektiven (Gegenwart und Zukunft) vermeiden und dadurch meine Angst vor der Zukunft daran hindern, die Gegenwart so stark zu belasten, daß die Zukunft schließlich genau so schlimm wird, wie ich es befürchtete.
Oft habe ich den Eindruck, als gingen Erwachsene, wenn sie Entscheidungen in bezug auf Kinder treffen, davon aus, sie müßten heute, jetzt, mit dieser Entscheidung, ein für allemal das Glück der Kinder sichern. Die Erwachsenen tun so, als wären sie morgen nicht mehr da. Diese Vorstellung ist natürlich ungeheuer belastend. Sie folgt aus der Idee, das Leben sei nicht ein dynamischer, spielerisch beweglicher Prozeß, sondern ein mechanischer Ablauf, den man heute verdammt noch mal für alle Zeiten programmiert und basta. Diese Idee verwechselt das Leben mit den Zuständen in einer vollautomatischen Fabrik. Sie opfert die Bewegung der Starre, die Freiheit der Kontrolle, das Leben dem Tod – ob aus Todessehnsucht oder aus Angst vor dem Tod ist hier nicht von Belang. Jedenfalls drückt diese Idee Angst vor dem Leben, der Bewegung, der Freiheit aus. Wer dieser Angst aber Widerstand leisten will, tut das heutige und vertraut darauf, daß er morgen das morgige tun kann. Statt seine Entscheidungen Hier und Jetzt von Sorgen aus den Feldern P 2 und P 3 belasten zu lassen, wartet er es ab, bis diese in den P 1-Bereich rücken, wo er sich ihnen konkret stellen kann. Diese Haltung vermindert die Angst und ihre Schädlichkeit (ihre Funktion, die schlimmen Befürchtungen zu sich selbst erfüllenden Prophezeiungen zu machen) entscheidend.
Ein anderer hilfreicher Gedankengang, der auch die Bereiche P 4 und P 5 einbezieht: Wenn ich im Bereich von P 1 Gespräche führe und Entscheidungen treffe, über die das Kind und ich direkt mit »gut« und »richtig« urteilen, kann ich nicht wissen, welche bestimmten Einflüsse diese Entscheidungen auf die Zukunft und die gesellschaftlichen Belange haben. Dies wurde ausführlich erörtert. Ich kann mir aber klarmachen, daß ich die Zukunft ohnehin nicht in der Hand habe und auch nicht in der Hand haben *darf*, wenn ich das Kind nicht seiner Freiheit berauben will. Ich weiß nicht, was ein Kind morgen tun wird, dem ich heute ein Geldstück schenke. Vielleicht wird es ein weiteres Geldstück haben wollen, aber dann kann ich nein sagen, wenn ich will. Ich bin ja ebenso frei wie das Kind. Ich weiß nicht, wie ein Kind von fünf Jahren im nächsten Jahr seinen ersten Lehrer erleben wird, wenn ich mich heute mit ihm gegen seine gemeine Kindergärtnerin verbünde. Vielleicht wird es gegen den Lehrer voreingenommen sein, aber

falls das ein Vorurteil ist, wird es das Kind, notfalls mit meiner Hilfe, korrigieren. Ich weiß nicht, ob das Kind ein glücklicher Erwachsener wird, weil ich ihm heute eine Freude bereite. Aber wenn es unglücklich wird, lag es bestimmt nicht an dieser Freude. Schließlich weiß ich nicht, wie sich die Gesellschaft entwickeln wird. Aber wenn ich in meiner Umgebung Freiheit und Glück fördere, kann dies gesellschaftlich gesehen kein Fehler sein.

Wie wenig ich also weiß, eines weiß ich doch, und das weiß ich sehr genau, nicht nur aus kulturvergleichenden Studien und wissenschaftlich-theoretischen Erwägungen, nicht nur aus der gesamten Weltliteratur, aus allen Berichten von Psychotherapeuten und aus philosophisch-religiöser (original christlicher) Überzeugung, sondern ebenso aus allen meinen praktischen Erfahrungen und Beobachtungen, die *immer*, ich meine *ausnahmslos* die gleichen sind: Die Wahrscheinlichkeit, daß es dem Kind morgen, nächstes Jahr und überhaupt schlecht geht, ist, wenn es ihm heute schlecht geht, größer, als wenn es ihm heute gut geht. Und das gleiche gilt für den Erwachsenen selbst, für sein Verhältnis zum Kind und für beider Fähigkeiten, mit gesellschaftlichen Zuständen und Entwicklungen aktiv wie passiv klarzukommen.

Das Offenhalten der Zukunft

Es ist aber wichtig zu sehen, daß ich keine bestimmten Vorstellungen von dem zukünftigen Verhalten des Kindes habe, daß ich weder voraussehe noch voraussehen will, was das Kind wirklich tut, wie es genau sein wird. Was mich leitet ist die Vorstellung, daß eine gute Gegenwart für alle Beteiligten die Wahrscheinlichkeit einer schlechten Zukunft verringert. (Ich habe diesen Satz nicht unbedingt für Wirtschaftsplaner und verwandte politische Kräfte geschrieben; sein Inhalt ist psychologischer Natur, betrifft die seelischen Grundlagen des menschlichen Fühlens, Denkens und Tuns. Er erklärt sich schon allein aus dem im 1. Kapitel genannten psychologischen Prinzip, wonach der erste Tag des Lebens wichtiger ist als der zweite usw.; weil Gegenwart und Zukunft gemäß den Erfahrungen aus der Vergangenheit *gedeutet* werden.)

Um die Zukunft für das Kind offenzuhalten, d. h. seine Freiheit zu schützen – gerade vor mir als seinem Beziehungspartner und möglicherweise gefährlichsten Feind –, versuche ich erst gar nicht, mir ein Bild davon zu machen, wie das Kind später sein und handeln wird. Denn sobald man sich dieses Bild gemalt hat, kann man schwerlich vermeiden, das Kind mit diesem Bild zu vergleichen, es an ihm zu messen und sich erzieherisch zu betätigen. Ich male mir also kein Bild von bestimmten Eigenschaften und Verhaltensweisen, ich habe keine Erziehungsziele, ich weiß aber, daß sich eine Gruppe von Handlungen auf das Kind ungünstig auswirken kann. Kurz gesagt: Ich denke nicht daran, wie ich der Zukunft des Kindes nutzen kann, sondern ich denke daran, was ihr schaden könnte. Ich weiß auf die Zukunft bezogen nicht, was gut und richtig ist, ich weiß aber, was schlecht und falsch ist. Ich kann nicht in Einzelheiten beschreiben, wie das Kind nach meinem Wunsche werden soll, ich kann aber beschreiben, wie es nach meinem Wunsche nicht werden soll.

An dieser Stelle freilich droht eine Wortklauberei auszubrechen, denn wenn ich jetzt sage: Ich will nicht, daß das Kind unfrei, unglücklich usw. wird, kann man mir entgegenhalten: Aha, also willst du doch, daß es frei, glücklich usw. wird. Das stimmt natürlich, aber der Unterschied liegt darin, daß ich für mein eigenes Verhalten gegenüber dem Kind nur im P 1-Bereich mit dem Kind »aushandeln« kann (indem ich seine Reaktionen erlebe), womit es Begriffe wie Freiheit und Glück konkret ausfüllt. Für die Zukunft kann ich das nicht und will es auch nicht, weil ich das Kind nicht bevormunden will. Ich will es durch mein heutiges Verhalten nicht auf etwas Bestimmtes in der Zukunft festlegen. Ich möchte aber, soweit das in meiner Macht liegt, bestimmte Entwicklungen in der Zukunft möglichst vermeiden, das heißt, ich möchte die Wahrscheinlichkeit von Schäden verringern.

In diesem Zusammenhang erscheint mir ein Hinweis wichtig. Die beschriebene Haltung ist zwar philosophisch vielleicht etwas kompliziert – worauf ich hier nicht näher eingehen mag, weil es meine Leser ebenso wie mich überfordern würde. (Sie ist begründet in der »Negativen Dialektik« von THEODOR W. ADORNO und der »Negativen Anthropologie« von ULRICH SONNEMANN – vgl. dazu den Abschnitt »Negative Pädagogik« aus der »Antipädagogik«.) Man kann diese Haltung aber Kindern sehr leicht verständlich machen. Kinder fragen ja oft, warum man etwas tut. Erzieher müssen dann, wenn sie ehrlich sein wollen, zugeben, daß sie dem Kind nicht zutrauen, in Freiheit, ohne Erziehung, aufzuwachsen. Damit reden sie dem Kind seine Freiheitsfähigkeit noch weiter aus, reden ihm die Rolle des Ohnmächtigen, der Marionette, noch weiter ein. Im Gegensatz dazu demütigt die beschriebene Haltung das Kind nicht. Dem Kinde nicht schaden zu wollen, kann niemals eine das Kind und seine Freiheitsrechte verletzende Manipulation sein (das wäre ein Widerspruch in sich). Umgekehrt empfinden es aber Kinder auch nicht als Interesselosigkeit oder Vernachlässigung, wenn man sie erklärtermaßen nicht auf eine bestimmte Zukunft festzunageln versucht. Ich habe noch kein Kind getroffen, das meine Haltung nicht verstanden und uneingeschränkt gutgeheißen hätte. Man braucht sich eben mit Kindern nicht über die ehrwürdigen philosophischen Traditionen auseinanderzusetzen, sie wissen sehr genau, worauf es wirklich ankommt.

Über Begriffe wie »Freiheit«, »Gesundheit«, »Wahrheit«, »Gerechtigkeit« kann man ewig streiten; was Unfreiheit, Krankheit, Lüge, Ungerechtigkeit ist, sagt uns die Erfahrung viel konkreter. Indem ich einige Verhaltensweisen, von denen ich weiß, daß sie böse Folgen haben, aus meinen Handlungsmöglichkeiten ausschließe, bleibt mir in jeder Situation eine Fülle von Verhaltensweisen, *die jedenfalls nicht falsch oder schlecht sind.* Ohne irgendeine Unsicherheit habe ich einen großen Spielraum für spontanes Tun. Ich bin nicht gezwungen, »das« Richtige zu suchen, und bin nicht in Gefahr, das Kind dadurch als Objekt anzusehen. »Das Richtige« könnte in jeder Lage etwas anderes sein und es wäre eine unlösbare Aufgabe, immer genau »das« herauszufinden. (Man kann über diese Fragen schon mit ziemlich jungen Kindern viele sehr lustige Gespräche führen!)

Das Falsche, das Schlechte sind nur zwei Dinge, die ich mir ein für alle Mal abgewöhnen kann: einmal den Machtmißbrauch, unter den auch das erzieherische Denken und Handeln fällt, auf der anderen Seite Verhaltensweisen, die man mit dem Begriff »Vernachlässigung« bezeichnet. Alles andere, was mir beim Umgang mit Kindern in den Kopf kommt, kann ich unbefangen tun: Die direkte Reaktion des Kindes zeigt mir, was es davon hält, und wenn ich will, kann ich mich danach richten, ohne mich über die möglichen Folgen sorgen zu müssen.

Diese Einstellung hat natürlich eine grundlegende Voraussetzung. Es handelt sich bei ihr um die Überzeugung, daß eine glückliche Gegenwart auch die beste Chance für eine glückliche Zukunft ist. An dieser Überzeugung scheiden sich die – erzogenen – Geister. Viele Menschen glauben, Kinder würden sich nicht weiterentwickeln und lernen, wenn man sie nicht auf Zukunft trimmt. Sie trauen Kindern nicht zu, daß sie selbst eine Zukunftsperspektive haben, daß sie selbst, autonom und aktiv, die notwendigen Anpassungsleistungen vollbringen, daß sie selbst wissen, was sie wollen. Diese Menschen verweisen auf die vielen heutigen Jugendlichen, die vor sich hingammeln und wirklich nicht an ihre Zukunft zu denken scheinen. In Wahrheit beweisen diese Jugendlichen das Gegenteil, denn sie wurden alle auf Zukunft getrimmt, und ihr Verhalten ist gerade als Protest dagegen zu verstehen: Wie können sie wissen, was *sie* wollen, da sie ständig dazu getrickst wurden zu wollen, was sie *sollen*, also was *andere* wollen. Ich sehe ganz eindeutig eine Verbindung zwischen dem Vormarsch des pädagogischen Denkens, der Verfeinerung und Perfektionierung der Erziehungsmethoden, *dem Rückgang des Denkens im P 1-Bereich* einerseits und der Verschlechterung des seelischen Zustandes der Menschen, der Atmosphäre zwischen ihnen, der Chancen eines glücklichen und erfüllten Lebens andererseits.

Auch im gesellschaftlichen Bereich ist dieser Zukunftswahn wirksam. Gerade die kritischen Geister, die unter den bestehenden Verhältnissen leiden, malen die herrlichsten Utopien in den Wind der Zukunft, anstatt das, wofür sie streiten, gleich jetzt zu tun. Es gibt ja Revolutionäre, die sich für menschenfreundlich halten, aber zu vielen ihrer Zeitgenossen höchst unfreundlich sind. Sie verschieben die Freundlichkeit gewissermaßen hinter die Revolution, anstatt sie heute zu praktizieren. Wenn alle Leute, die unter dem gesellschaftlichen System leiden, sich so verhalten würden, wie sie sich nach der Änderung des Systems angeblich verhalten wollen, wären sie entscheidend glaubwürdiger. (Ich weiß, daß man gerade in diesem Punkt völlig anderer Meinung sein kann; dennoch erhoffe ich nichts von einer Revolution, die von unfreundlichen Menschen veranstaltet würde.)

Im Unterschied zu dem Perspektivenmodell, das die Sorgen heutiger, erziehender Erwachsener darstellte, konzentriert sich also die beschriebene Haltung sehr weitgehend auf die Perspektive 1 und verbindet sie – ebenfalls sehr weitgehend – mit der Perspektive 5. Auch der private Umgang mit Kindern trägt nicht erst in ferner Zukunft politisch-gesellschaftlich bedeutsame Früchte, er ist selber immer schon politisch-gesellschaftlich bedeutsam. Ich denke somit den Bereich P 5 nicht als einen bei zunehmender zeitlicher Ferne immer wichtiger werdenden mit, sondern gehe auch in bezug auf ihn davon aus, daß gegenwärtige Entscheidungen, die – ich wiederhole es – einzig dialogfähig sind, der Zukunft in jeder Beziehung am meisten nutzen, wenn sie die Gegenwart zufriedenstellend gestalten. Die anderen Perspektiven berücksichtige ich ebenfalls in der jeweiligen Gegenwart offen unter dem Motto, nicht bestimmten Wunschbildern nachzujagen, sondern die Wahrscheinlichkeit von Unsinn und Leiden möglichst gering zu halten.

Ich sehe dem Vorwurf entgegen, ich würde mir die ganze Sache sehr leicht machen, zu leicht. Das erstere gebe ich zu, das letztere nicht. Der gleichberechtigte Umgang mit Kindern ist um ungeheuer vieles leichter als der erzieherische. Doch kann man das nicht als Argument gegen ihn anführen. Der Vorwurf des *zu* leicht allerdings wiegt schwer. Er unterstellt Verantwortungslosigkeit.

Und in der Tat bestreite ich Erwachsenen das Recht, Verantwortung für ihre Kinder zu beanspruchen. In meiner Sichtweise tragen Erwachsene die Verantwortung für ihre eigenen Handlungen, nicht für die Kinder. Dies berührt natürlich nicht die Verantwortung nach außen, beispielsweise vor staatlichen Gesetzen. Nach innen sind Erwachsene für ihr Tun verantwortlich, und zwar den Kindern verantwortlich. Sind die Kinder zufrieden, ist dieser Verantwortung genügt. Sind die Kinder unglücklich, haben die Erwachsenen versagt.

Ich höre nun von genau denjenigen Leserinnen und Lesern, die vorhin dachten, ich machte es mir zu leicht, den gerade umgekehrten Vorwurf. Ich überforderte normale Eltern, verlangte zuviel von ihnen. Solche Leser sind noch im pädagogischen Denken verhaftet und haben womöglich unglückliche Kinder. Ich versichere sie meines Mitleids, aber das ändert nichts an der Tatsache, daß kein Kind freiwillig unglücklich wird. Unabhängig davon, ob man es leicht oder schwierig findet: Erwachsene sind für ihr Tun verantwortlich, und zwar nicht vor der Gesellschaft oder vor Erziehungszielen, sondern in erster Linie vor den Kindern. Die Kinder sind die Richter. Ich behaupte oder fordere das nicht, ich stelle fest, daß es so ist. Die verzweifelte Frage vieler Eltern von unglücklichen Kindern »Was haben wir nur falsch gemacht?« zeigt deutlich, daß sie es auch wissen und zugestehen. Die Kinder sind die Richter. Ihre Probleme (z. B. »Erziehungsschwierigkeiten«) sind ihre Rache. Was die Eltern falsch gemacht haben? Nehmen wir ein Beispiel und bedienen uns des Perspektivenschemas.

Ein 14jähriger Junge begeht Selbstmord, weil er ein schlechtes Zeugnis bekommen hat. Dies ist sein Richterspruch, sein Urteil über die Eltern. Der Selbstmord geschieht im Hier und Jetzt. Er war niemals ein Erziehungsziel der Eltern. Die Eltern hatten andere Ziele. Sie haben den Jungen im P 1-Bereich gequält, damit er morgen eine gute Arbeit schreibt (P 2), damit er aufs Gymnasium kann (P 3), damit er ein erfolgreicher Mensch wird (P 4) und ein wertvolles Mitglied der Gesellschaft (P 5). Er hat die gute Arbeit nicht geschrieben. Als das Morgen in den P 1-Bereich rückte und er sein Versagen beichtete, wurde er wieder gequält. Als er aufs Gymnasium kam, wurde er zwar gelobt und beschenkt, aber wieder waren das nur Dressurmittel, damit er weiter den Ehrgeiz der Eltern befriedigt. Die Eltern sahen ihn nicht als ihren Richter an, sondern als ihren Sklaven. Er selbst sah sich auch so. Am Tage der Zeugnisausgabe wurde ihm bescheinigt, daß er ein schlechter Sklave war. Die Eltern wollten einen guten Schüler, er aber war ein schlechter Schüler. Nicht die Angst vor den Eltern, etwa ihren Strafen, war der Grund für den Selbstmord (sonst würden wenige Kinder überleben). Der wirkliche Grund war das Wissen, ein schlechter Sklave zu sein. Dieser Junge sah den Sinn seines Lebens darin, seine Eltern zu erfreuen. Weil ihm dies nicht gelang, brachte er sich um. Sein Leben spielte sich wie das Leben aller Menschen jeweils in der Gegenwart ab. (Auch die Hoffnung auf ein gutes Zeugnis im nächsten Jahr ist heutige Hoffnung.) Im P 1-Bereich handelten die Eltern grundsätzlich gegen den Jungen. Nur in diesem Bereich kann der Mensch Liebe erfahren, Anerkennung, Vertrauen, kann er Kraft schöpfen und Mut im Austausch mit anderen. All dies verhinderten die Eltern, und der Junge hatte offenbar keine Freunde oder andere Beziehungspartner, die ihm diesen Verlust im P 1-Bereich ersetzen konnten. (Mit Sicherheit wäre die Zahl von Selbstmorden bei Kindern und Jugendlichen um ein Vielfaches höher, wenn alle Kinder nur auf ihre Eltern angewiesen wären.) Wie Vampire saugten die Eltern diesem Jungen seine eigene Zukunftsperspektive aus, seine Selbstverantwortlichkeit, seinen Lebensmut. Was sie falsch gemacht haben? Man könnte sagen: kriminologisch gesehen nichts. Sie haben den Jungen umgebracht (sie wollten ihn nie *leben* lassen; Leben spielt sich in der Gegenwart ab), aber sie haben das perfekte Verbrechen, den perfekten Mord vollbracht. Sie ernten sogar noch Mitleid...

Wer auf solches Mitleid nicht spekulieren mag, der kann es sich und seinen Kindern leicht machen. Er stellt sich dem Urteil seiner Kinder jeweils im P 1-Bereich. Hier kann er daraus lernen. Kinder wollen nicht auf das Leben vorbereitet werden, sie wollen leben. Sie denken selbst an morgen, an die Zukunft. Man kann auch alle Sorgen, die man sich als Erwachsener um die Zukunft der Kinder macht, mit ihnen im P 1-Bereich besprechen. Man kann all sein Wissen, alle Erfahrungen und Meinungen Kindern *zur Verfügung stellen* – und wenn man sie schätzt und als Richter anerkennt, wird man das ausgiebig tun. Wenn das Kind Hilfe für morgen will, erhält es diese Hilfe heute, im P 1-Bereich. Ist das Problem morgen nicht gelöst, bietet man weitere Hilfe an, immer im Hier und Jetzt, mit dem Kind als Richter, der heutigen gemeinsamen Zufriedenheit als Richtschnur. Man kann mit Kindern im P 1-Bereich auch alle möglichen mittelfristigen und langfristigen sowie gesellschaftlichen Zukunftsperspektiven besprechen, ohne das Glück und die Freiheit der Gegenwart dieser Zukunft aufzuopfern. Eine freie und glückliche Gegenwart ist die beste Vorbereitung auf eine freie und glückliche Zukunft. So leicht ist das.

2. Statt Erziehung für Kinder Freiheit für alle

Vorbemerkungen

In diesem Kapitel schreibe ich die Rezepte auf, die Sicherheit und Freiheit für Erwachsene und Kinder herstellen. Selbstverständlich muß ich dabei eine Unterteilung vornehmen, denn es ist klar, daß die Rezepte für Erwachsene, die mit Kindern schon zu tun hatten und erzieherisch tätig waren, anders ausfallen müssen als die Rezepte für solche Menschen, die sich auf den Umgang mit Kindern erst vorbereiten.

Ich habe mir lange überlegt, wie ich dieses Kapitel am besten anpacken kann. Auf jeden Fall will ich den Eindruck vermeiden, man könnte irgend etwas gewinnen, wenn man die Rezepte oder Vorschläge mechanisch anwendet, wenn man also etwas nachahmt. Es gibt ja heute massenhaft Eltern- und Lehrerbildungsveranstaltungen, in denen Erwachsene den Umgang mit Kindern *trainieren*. Mit diesem Wahnsinn möchte ich wirklich nichts zu tun haben. Man kann den Umgang mit Autos, Computern, Marionetten usw. üben; versucht man das gleiche bezogen auf Kinder, so hat man sie bereits *entwürdigt*, ganz gleich, was man da übt. Wie bestimmte Autoren es verantworten können, beispielsweise Gespräche mit Kindern in wörtlicher Rede wiederzugeben und als Musterbeispiele zur Nachahmung oder Einübung zu empfehlen, müssen sie mit sich selbst ausmachen. Freiheit und Sicherheit können durch solches Dompteurstraining jedenfalls nicht gefördert werden. Allenfalls kann man Säuglingspflege üben – wie jede Dienstleistung. Den gleichberechtigten Umgang mit Kindern kann man nicht üben, man muß sich auf ihn einlassen, jeweils im Hier und Jetzt.

Aus diesem Grunde habe ich wieder einmal einen ursprünglichen Plan geändert. Ich werde nicht beschreiben, wie die vielen nichterziehenden Eltern, Lehrer usw., die ich kenne, mit Kindern umgehen. Dies könnte zur Nachahmung herausfordern und womöglich pädagogisch eingestellten Leuten ein paar Erziehungstricks zur Verfügung stellen. Außerdem würden diese Berichte für vermutlich zahlreiche Leser schlicht unglaubwürdig sein. Denn die meisten Probleme, die Erwachsene mit erzogenen Kindern haben, tauchen bei unerzogenen Kindern überhaupt nicht auf. Unerzogene Kinder sind außerordentlich einfühlsam, rücksichtsvoll und verantwortungsbewußt, sie schädigen weder sich selbst noch strapazieren sie das Notwehrrecht der Erwachsenen in aufregendem Maße. Es wäre wahrscheinlich recht langweilig, wenn ich erzählen würde, wie lässig und harmlos in nichterziehenden Familien Probleme gelöst werden, die in erzieherischen Familien von einer Katastrophe in die nächste zu führen pflegen.

Damit es zu solchen Problemen gar nicht erst kommt, wende ich mich im ersten Teil dieses Kapitels an Eltern, die noch keine sind. Ich hoffe ja, daß dieses Buch in die Hände vieler junger Leute gelangt, die sich für Fragen des Umgangs mit Kindern nicht erst interessieren, nachdem sie schon merken mußten, daß sie den Erziehungskrieg nicht gewinnen können. Aber selbstverständlich setze ich auch bei diesen Lesern voraus, daß sie die bisherigen Kapitel des Buches ebenfalls zur Kenntnis genommen haben. Und ich empfehle ihnen, keinesfalls auf den Rest dieses Buches zu verzichten: Obwohl sie viele der dort behandelten Schwierigkeiten von vorneherein vermeiden werden, sind doch die Rezepte zur Selbstbefreiung auch für sie – als Erzogene – geschrieben, und da sie sich von der Umwelt nicht abschirmen können (und sollen), werden ihnen Argumentationshilfen ebenso nützlich sein wie die Kenntnis der Möglichkeiten, auf die Verbesserung der Lebensbedingungen ihrer Kinder politisch-gesellschaftlich wirkungsvoll Einfluß zu nehmen.

An zukünftige Eltern

Über die Gründe, sich ein Kind zu wünschen

Wenn Sie sich an den Anfang dieses Buches erinnern, werden Sie sich nicht wundern zu hören, daß das Motiv, der gefühlsmäßige Grund, sich ein Kind zu wünschen, bei vielen Menschen bereits objektiv kinderfeindlich ist. Ich habe 1974/75 für die »Antipädagogik« eine Umfrage unter mehr als 500 Schülerinnen und Schülern über ihr Kinderwunschmotiv gemacht, und da stellte sich heraus, daß die allermeisten Kinder und Jugendlichen (über 90 %), die Eltern werden wollten, nicht einen einzigen Gedanken an das Recht ihrer zukünftigen Kinder auf Achtung ihrer Würde, auf freie Entfaltung ihrer Persönlichkeit, auf ein eigenständiges Leben, auf Gleichberechtigung oder gar auf Schutz vor Erziehung verschwendeten. Kaum einer der Befragten ließ in seiner Einstellung etwas erkennen, was ich in diesem Zusammenhang für das wichtigste halte: die Offenheit für neue Erfahrungen. Viele Aussagen schwelgten geradezu in Erziehungsplänen, aber auch in so widersprüchlichen Vorstellungen, daß die einen Kinder haben wollten, um nicht einsam zu sein und sich nicht zu langweilen, die

anderen aber keine Kinder haben wollten, weil sie Krach und Arbeit machen. Ich will hier nicht in alle Einzelheiten gehen, nur auf eine Gefahr aufmerksam machen, die mir durch diese Antworten so richtig deutlich wurde. Wer sich ein Kind wünscht, hat noch die Chance, sich rechtzeitig darüber klar zu werden, ob er sich wirklich einen Sklaven wünscht, ein Spielzeug, ein lebendiges Schmusetier, einen Blitzableiter für den Alltagsstreß, ein Objekt für seinen Ehrgeiz und Stolz oder gar einen Sinn für sein Leben. Solche Gefühle und Ideen wären die denkbar schlechtesten Voraussetzungen für ein Kind. Es soll ja sogar junge Frauen geben, die sich ein Kind zeugen lassen, um von ihren Eltern die Erlaubnis zur Heirat zu erzwingen. Und auch sonst scheint es mir fast an der Tagesordnung zu sein, fast der Normalfall, daß Leute, denen es seelisch gar nicht so gut geht, Eltern werden wollen (und werden!), damit sie sich auf Kosten eines kleinen Wesens so richtig schön aufbauen und wichtig vorkommen können. – Umgekehrt ist es natürlich genauso gefährlich, wenn junge Leute es einfach auf einen »Betriebsunfall« ankommen lassen, ohne sich gründlich geprüft zu haben, ob sie sich zur Elternschaft eignen.
Ich deute solche Gedanken hier nur an. Es liegt mir fern, Ihnen in diese intime Entscheidung hineinreden zu wollen. Ich finde es nur außerordentlich traurig, daß junge Menschen, die einen sehr ausgeprägten, ja triebhaften Wunsch nach eigenen Kindern haben, von niemandem darauf aufmerksam gemacht werden, welch große Gefahr gerade dieser starke Wunsch signalisiert: die Gefahr, das Kind für die eigene seelische Gesundheit und Stabilität zu *brauchen,* was nichts anderes heißt als es zu *mißbrauchen.*
Ich würde diese Warnung nicht aussprechen, wenn die Chance bestünde, daß sich alle diese Hoffnungen, die viele Menschen mit ihrer zukünftigen Elternschaft verbinden, erfüllen könnten. Leider erwecken die meisten Eltern, die schon welche sind, genau diesen Eindruck. Sie spielen ihrer Umwelt glückliche und zufriedene Eltern vor, deren Kinder die Hoffnungen, die auf sie gerichtet waren, nicht enttäuschten. Nur selten erlebt man – z. B. bei der Kinderschutzarbeit und im Rahmen von Kinder-, Jugendlichen- und Familienpsychotherapie –, wie diese Fassade zusammenbricht. Ich kann deshalb jungen Leuten, Ihnen jetzt, nur raten, nicht dem Gerede vom Elternglück zu glauben, sondern sich sehr genau zu fragen, wieviel Glück Sie selbst Ihren Eltern bereitet haben und wie groß die Wahrscheinlichkeit für Sie ist, daß Sie sich mit einem Kind für eine Reihe von Jahren einen Freund zur Lebensgemeinschaft einladen, oder ob Sie nur ein Opfer suchen, einen Trost, einen Lebenssinn. In diesem letzteren Fall können Sie

dem Kind *und sich selbst* sehr viel Kummer ersparen, wenn Sie sich lieber ein anderes Betätigungsfeld suchen.
Mit diesen Bemerkungen möchte ich nun keinesfalls alle Leser, die keine perfekten Übermenschen sind, vom Kinderkriegen abschrecken. Menschliche Motive sind vielschichtig und widersprüchlich, einige Anteile von Kinderfeindlichkeit und Mißbrauchswunsch sind sicherlich bei jedem Kinderwunsch im Spiel. Man *muß* ja, um ein Kind zu wollen, einen Grund haben, der in einem selbst liegt; in der Persönlichkeit des Kindes kann er nicht liegen, da es noch nicht auf der Welt ist. Ich gebe hier nur ein paar Bedenken zu bedenken, sonst nichts.
Vielleicht gehören Sie allerdings zu den jungen Leuten, die sich ihrer Verantwortung so stark bewußt sind, daß sie auf Kinder überhaupt verzichten wollen. Dann muß ich umgekehrt argumentieren, denn Ihr Verantwortungsbewußtsein und Ihre Distanz machen Sie in meinen Augen zur Elternschaft gerade besonders geeignet. Auch dies zum Bedenken.
Unabhängig von Ihrer Entscheidung gilt: Ein Kind in die Welt zu setzen ist ein *Abenteuer*. Das muß man sich klarmachen. Schwächliche Leute tun sich schwer mit dem Dasein als Abenteurer. Aus einer Position der Stärke heraus ist das Abenteuer Elternschaft entschieden leichter zu bestehen. Weder für eine Frau noch für einen Mann »gehört es dazu«, ein Kind zu haben. Wir leben nicht mehr im Urwald. Es braucht eine echte, wohlüberlegte Entscheidung, Eltern zu werden, sonst warten schlimme Ent-Täuschungen. Wer aber Kraft besitzt und Abenteuerlust, Neugierde und Offenheit für neue Erfahrungen, der kann sich ohne Angst in das Erlebnis Elternschaft stürzen: Ich wüßte nicht, welche Lebenszeit nach Dauer und Intensität einem Menschen mehr Glück geben kann als die Zeit mit Kindern, die Zeit für Kinder.

Über eine wichtige Vorbereitung

Nun erwarten Sie ein Kind. Ich will nicht über die Problematik von Elternschaft und Berufstätigkeit, über die Wohnungseinrichtung oder ähnliches sprechen, denn ich kann mir nicht vorstellen, daß Sie sich über Ihre Zeiteinteilung nicht längst im klaren sind, oder daß Sie zu den Leuten gehören, die zwar für den Besuch einer Oma die ganze Wohnung renovieren, aber für ein Kind noch nicht einmal die Steckdosen sichern, den Plattenspieler auf eine Truhe stellen und allerlei praktische Vorkehrungen treffen, die es Ihnen und dem Kind – entsprechend seinem Alter – ersparen, an solche dummen Sachen wie »Aufsicht« überhaupt zu denken. (Ein empfehlenswertes Buch zum Thema Wohnung ist: ELISABETH DESSAI, »Kinderfreundliche Erziehung in der Stadtwohnung«, Fischer Taschenbuch 1596).

Nein, ich meine etwas anderes, wichtigeres, das Ihrer Aufmerksamkeit entgehen könnte, wenn Sie nicht zufällig mit Ihrem Haus- oder Frauenarzt großes Glück haben. Ich meine die Geburt, jenen Anfang, der für das Grundgefühl des Menschen so wichtig ist, weil nach diesen Erfahrungen das Spätere gedeutet wird. Der Einfachheit halber zitiere ich den Klappentext, den der Verlag dem Buch von FREDERICK LEBOYER: »Der sanfte Weg ins Leben – Geburt ohne Gewalt« (Desch, München 1974) mitgegeben hat und den ich Wort für Wort unterstreichen möchte.

> »Dieses ungewöhnliche Buch stellt ein ganz wesentliches Problem, nämlich die Art, wie wir auf die Welt kommen, – bzw. bis zur Stunde gezerrt werden, bis wir uns gequält mit dem ersten Schrei melden, von Grund auf in Frage. Professor Leboyer ist empört über die Art, wie die Frauen in Europa entbunden werden. Worauf richtet der Geburtshelfer heute seine Aufmerksamkeit? Auf die Mutter und eine Niederkunft ohne Schmerzen für sie – und ihr Kind? Auch Leboyer hat lange geglaubt – so zäh ist das Vorurteil –, daß das Neugeborene nichts fühle, kein Bewußtsein habe und weder glücklich noch unglücklich sein könne. Der Autor hat gelernt, das Neugeborene anzusehen und in ihm und durch es hindurch seine eigene Geburt nochmals zu durchleben.
>
> In dem Kampf zwischen Säugling und Mutter am Ende der Schwangerschaft bahnt sich der Säugling ausgehungert einen Weg, um in die Außenwelt zu gelangen. Was ist seine erste Erfahrung? Er wird gepreßt, geblendet, herumgeschwenkt, gequält. Es ist ein Schock von unerhörter Brutalität – wahrscheinlich der unerträglichste, den er je im Leben erfährt. Der Autor macht sich zum Fürsprecher des Säuglings, den er im Dunkeln, in der Stille, mit Geduld, Aufmerksamkeit und großer Zuneigung entbindet und dem er eine sanfte und freundliche Umwelt schafft, die das Trauma der Geburt so weit wie irgend möglich abschwächt. So wird die Geburt zu einem friedlichen Erwachen. Die Bilder in diesem Buch sind ein überzeugender Beweis für die Forderung Professor Leboyers, die Aufmerksamkeit bei der Entbindung endlich auch auf das Neugeborene zu richten. Das Buch hat zu leidenschaftlichen Diskussionen geführt, ist aber vor allem schnell zur Lieblingslektüre junger Frauen und Mütter geworden, da es bei aller Präzision der vorgetragenen Forderungen über einen hohen poetischen Reiz verfügt.«

Weniger poetisch, doch ebenso wichtig und für Ihre jetzt fällige Entscheidung sogar praktischer ist das Buch »Schwangerschaft« von BARBARA VOGT-HÄGERBÄUMER (rororo 7078). Der volle Titel lautet: »Schwangerschaft ist eine Erfahrung, die die Frau, den Mann und die Gesellschaft angeht; Probleme beim Kinderkriegen – Lösungen für Frauen und ihre Partner«.
In diesem Taschenbuch, das ich Ihnen sehr empfehlen möchte, wird außer auf die LEBOYER-Methode (S. 104: »Bei der Entbindungsmethode nach Leboyer ist das Kind jedoch nicht nur das Produkt der Geburt, sondern gleichberechtigter Partner.«) noch auf andere wichtige Dinge aufmerksam gemacht – auf viel zu viele, als daß ich sie hier auch nur aufzählen könnte. Außerdem enthält es zahlreiche nützliche Adressen. – Es ist nicht meine Sache, über die normalen Geburtshelfer herzuziehen oder für Hausgeburten zu werben. Aber immerhin sterben in der Bundesrepublik Deutschland nach Angaben VOGT-HÄGERBÄUMERS 26 von 1000 Neugeborenen – bei rund 97% Krankenhausgeburten –, während es in den Niederlanden nur 16 von 1000 sind – wo die meisten Geburten (rund 70%) zu Hause stattfinden. Nach neuen Zahlen des Statistischen Bundesamtes (Presseberichte vom 15. 2. 1978) sank allerdings die Säuglingssterblichkeit während des ersten Lebensjahres in der Bundesrepublik von 23 pro 1000 (1970) auf 17 pro 1000 (1976). Folgende Zahlen aus der Zeitschrift »psychologie heute« vom März 1978 zeigen aber eindeutige Tendenzen: Die Sterbeziffer in England ist für Klinikgeburten 27,8 pro 1000, für Hausgeburten 4,3 pro 1000. »Ähnliche Zahlen werden aus Holland berichtet, wo die Mortalitätsrate bei Hausgeburten bei 4,5/1000 liegt (gegenüber der deutschen allgemeinen Sterblichkeitsrate von 23/1000 – bzw. 17/1000; EvB).«
Ich zitiere aus dieser Zeitschrift noch einen Abschnitt über die LEBOYER-Methode:

> »Obwohl viele Geburtshelfer diesen neuen Ideen skeptisch gegenüberstanden – ein Arzt sprach von Sentimentalitäten –, sollte eine Untersuchung der französischen Psychologin Danielle Rappoport alle werdenden Eltern aufhorchen lassen. Bei der Untersuchung von drei Gruppen von ›Leboyer-Babys‹ (aus der Mittel-, unteren Mittelklasse und Arbeiterschicht stammend) stellte Rappoport einen überdurchschnittlichen IQ von 106–129 fest, sie wurden als ›aufgeweckt, klug, mit beiden Händen kreativ‹ bezeichnet, 112 der 120 Kinder hatten keine Probleme mit dem Sauberwerden (Blasen- und Darmkontrolle, Selbständigkeit beim Essen). Am außergewöhnlichsten aber fand Rappoport, daß diese Eltern ihr (im Gegensatz zu anderen

Elterngruppen) als Psychagogin keine Fragen stellten. Wie sich herausstellte, empfanden die Eltern die Kinder als vollkommen unproblematisch, es bestand ein positives Mutter-Kind-Verhältnis.«

Obwohl der elterliche Ehrgeiz, an den hier appelliert werden könnte, nicht unproblematisch ist, scheint es mir doch unbedingt erforderlich zu sein, daß zukünftige Eltern die Zeit der Schwangerschaft (in der das Kind schon höchst bedeutsame Eindrücke empfängt) und die Geburt nicht blind in der üblichen Weise erleiden, nur weil sie üblich ist. Das Geburtserlebnis mitsamt den Vorbereitungen und Ängsten (die eben nicht sein müssen) ist nicht nur für das Kind außerordentlich wichtig, sondern auch für Mutter und Vater. Viele wesentliche Entscheidungen können Sie erst treffen, wenn Sie sich darüber informiert haben, zwischen welchen Möglichkeiten Sie tatsächlich wählen können. Ich selbst bin heute noch traurig darüber, daß ich nicht energisch genug darauf bestanden habe, auch bei der Geburt meines zweiten Kindes dabeisein zu können, und daß man damals von anderen als den »normalen« Geburtsmethoden noch nichts wußte. Die Gefühlsbeziehungen zwischen den Eltern und zwischen Eltern und Kindern werden von den Umständen der Geburt sehr tiefgreifend beeinflußt – Sie sollten jede Chance nutzen, das beste aus diesem Wissen zu machen.

Also nochmals und mit allem Nachdruck: Erziehung hin oder her, es ist eine Sünde wider das Leben, wenn Sie sich nicht wenigstens mit dem genannten Taschenbuch beschäftigen. Es gibt keine bessere Vorbereitung für Sie und Ihr Kind.

Über das erste Lebensjahr

Nun ist Ihr Kind auf der Welt. Ob es friedlich geboren oder mit den üblichen Prügeln empfangen wurde – vielleicht lag das nicht in Ihrer Macht. Dann grämen Sie sich nicht mehr als nötig. Der Start ist wichtig, und man sollte ihn nicht fahrlässig verpatzen, aber der Start ist nicht das ganze Rennen. Sie können Ihr Kind mit dem Leben versöhnen, wenn Sie das grausame Spiel nicht fortsetzen. Jetzt kommt es auf Sie allein an. Rezept:

Sie respektieren die Autorität des Säuglings. Sie »gehorchen« ihm, möglichst aufs Wort. Aber das ist nicht einfach, denn der Säugling hat keine Worte. Keinesfalls bedeutet jedes »Melden«, daß er trinken will. Am besten verstehen Sie sich als »Butler«, also wie jene englischen Leibdiener, die Sie sicherlich aus dem Fernsehen kennen. Ein guter Butler verliert nie die Ruhe, auch wenn seine Herrschaft noch so aufgeregt ist. Ein guter Butler tut immer, was seine Herrschaft will, aber er weiß oft besser, was zu tun ist, damit die Herrschaft zufriedengestellt wird.

Für den Umgang mit Säuglingen gibt es viele Fragen zu bedenken. Die meisten davon können die Erwachsenen nach ihrem eigenen Instinkt und Geschmack entscheiden. Wenn man weiß, in wie vielen gänzlich voneinander verschiedenen Umgebungen Menschenkinder auf dieser Welt gesund aufwachsen können, regelt man Nebensächlichkeiten nicht mehr danach, wie sie angeblich für das Kind am förderlichsten sind, sondern so, wie man sie selbst für praktisch und erfreulich hält. Man kann unbegrenzt darüber streiten, ob der Säugling im Zimmer der Eltern schlafen soll, ob ein Gitterbett nicht wie ein Gefängnis wirkt, ob man Windeln vermeiden sollte, wieviel »anregende« Gegenstände oder Kuscheltiere am besten sind und so weiter – das Seelenheil und Lebensglück des Säuglings hängt von diesen Fragen nicht ab, wohl aber davon, ob die Betreuer ihre eigenen Ideen verwirklichen oder sich von allen möglichen Ratschlägern (z. B. auch aus der Verwandtschaft) verrückt machen lassen, die ganz genau zu wissen meinen, wie das Kind am besten zu fördern sei. Bleiben Sie mit Ihrem Denken im P 1-Bereich, im Hier und Jetzt: Da ist auch Ihr Fühlen angesiedelt, Ihr »Instinkt«, die Bedürfnisse des Säuglings einfühlend zu erraten und seine Botschaften zu verstehen. Wenn Sie sich nicht auch selbst wohlfühlen, sondern sich von Ratgebern gewissermaßen fremdsteuern lassen, muß dies Ihre Beziehung zu dem Kind und damit auch sein Wohlbefinden stören.

Ebenso sollte Ihr eigenes Gefühl darüber bestimmen, welche Omas, Opas und sonstige Leute Sie auf das Kleine loslassen. Sobald Sie sich unbehaglich fühlen, wenn andere Menschen in der bekannten dämlichen Weise mit Ihrem Kind »scherzen«, schmeißen Sie sie raus. Kinderfreundliche Besucher können Sie daran erkennen, daß sie das Kind aus der Entfernung beobachten und überhaupt nicht auf die Idee kommen, es anzuturteln oder in die Backe zu kneifen ...

Tatsächlich gehört es zu Ihren wichtigen Pflichten als Butler, von Ihrer Herrschaft respektlose Besucher fernzuhalten. Das kann im Einzelfall schwierig sein, etwa wenn die Erbtante kommt, aber Sie sollten jedenfalls Ihr Kind nicht zu billig verkaufen. Es lohnt sich schon, mit ein paar Kinderfeinden (respektlosen Besuchern) Krach anzufangen, um Ihrem Kind und sich selbst die Ruhe zu bewahren.

Vom Hautkontakt schrieb ich schon vorher. Zwingen Sie sich nicht dazu, den Säugling häufig auf Ihrem nackten Körper herumturnen zu lassen, wenn es Ihnen nicht gefällt. Aber versuchen Sie es mal. Es könnte sein, daß es Ihnen (egal ob Mann oder Frau) dann mehr Spaß macht, nämlich richtige Lust, als Sie dachten bzw. für normal oder gut finden. Aber machen Sie sich auch dann keine Sorgen, je mehr Spaß und Lust, desto besser für alle. Machen Sie getrost alles, was Ihnen und dem Kind Spaß macht. Sollten Sie besonders sexualfeindlich erzogen sein, werden Sie von selbst darauf achten, daß Sie das Kind nicht mißbrauchen, also nichts tun, was *ihm* keinen Spaß macht. – Aber auch im umgekehrten Fall brauchen Sie sich nicht zu sorgen, ich meine, wenn Sie und andere Beziehungspartner des Kleinen nicht ausgiebigen Hautkontakt gewähren wollen. Es ist allemal besser, es dabei bewenden zu lassen und sich zu sagen: »In diesem Punkte hat das Kind halt Pech gehabt mit seinen Eltern«, als gegen sein Gefühl zu handeln. Das Kind spürt nämlich dann auf jeden Fall Ihre Nervosität und Abwehr. Gut ist Hautkontakt für das Kind nur, wenn auch Sie ihn genießen oder wenigstens entspannt gewähren können.

Über die Ernährung gibt es viele vernünftige Informationen. Richten Sie sich nach ihnen, aber vor allem nach dem Kind. Eine wichtige Regel: Im Zweifelsfalle weniger! Das heißt, orientieren Sie sich an dem vom Kind zu bestimmenden Minimum. In diesem Fall lohnt es sich, an den Unterschied zwischen Gegenwart und Zukunft zu denken. Sie merken, wenn Ihr Kind zufrieden ist. Veranlassen Sie es trotzdem, noch weiterzutrinken, so denken Sie allenfalls an Ihre eigene Zufriedenheit (im Hier und Jetzt). Für die Zukunft aber schaffen Sie damit für sich und Ihr Kind Probleme. Sie legen den Keim zu Fettleibigkeit, Trägheit und Krankheitsanfälligkeit. Machen Sie sich klar: Die Menschheit wäre längst ausgestorben, wenn hungrige Säuglinge sich nicht rechtzeitig melden würden. – In der Praxis können Sie natürlich auch an Ihre eigenen Interessen denken und mehr füttern, wenn Ihr Chef möglichst länger schlafen »soll«, weniger, wenn Sie ihm bald wieder zur Verfügung stehen.

Ein Problem in diesem Zusammenhang ist das Wiegen. Man wird durch allerlei Durchschnittstabellen dazu verführt, den Säugling womöglich nach jeder Mahlzeit zu wiegen. Das ist bei einem gesunden und munteren Säugling unsinnig und macht Sie nur verrückt. Die Zufriedenheit Ihres Chefs spricht eine deutlichere Sprache als der Zeiger einer Waage. Glauben Sie Ihrem Gefühl, es ist das Beste, was Sie haben.

Das gilt immer, auch in bezug auf das Weinen oder Schreien von Säuglingen, für das Sie keinen Grund erkennen. Wenn Sie müde sind und keine Lust haben, oder wenn Sie sich womöglich gar tyrannisiert fühlen, dann lassen Sie die Herrschaft schreien. Er ist zwar der Boß, aber wenn Sie nicht wissen, was er will, und wenn Sie keine Lust haben, ihn einfach so zu trösten, dann erhalten Sie

sich Ihren Seelenfrieden: Der ist auch für Ihren Boß wichtiger als fast alles andere. Wenn Sie aber nicht abschalten können und anfangen, sich Sorgen zu machen, dann gehen Sie eben hin. Hauptsache, Sie folgen Ihrem Gefühl und nicht irgendwelchen Ideen von »Verwöhnung« oder »Schreien kräftigt die Lunge« oder »Was sollen denn die Nachbarn sagen«. Ob das Schreien schlimm ist, kann man nicht wissen, solange man den Grund nicht kennt. Deshalb ist solches Schreien nicht so wichtig wie Ihre Reaktion darauf. Nur wenn die hektisch, aufgeregt oder gar aggressiv wäre, würde die Sache dramatisch. Kleiner Tip: Wenn der Chef in Abständen schreit, weil Sie auf sein erstes Melden nicht reagieren konnten, zeigen Sie sich ihm als kluger Butler (gleichgültig ob Sie wissen, was er will, oder nicht) in einem Augenblick der Ruhe. Im P 1-Bereich ist es unwichtig, für den P 2-Bereich verhindert es, daß Ihre Herrschaft einen falschen Eindruck von Ihnen bekommt. (Außerdem ist es für Sie unter P 1 lustiger, sich einem freundlichen Chef zuwenden zu können.)
Insgesamt: Die Säuglingsschreierei wird schrecklich überbewertet, wenn man lange überlegt, wofür sie gut oder schlecht sei. Sie ist nichts weiter als eine Nachricht, die man anfangs manchmal nicht versteht. Versteht man sie, so antwortet man sofort (Pflegehandlungen, Sprechen, Spielen usw.), versteht man sie nicht, so kann man nach Lust und Laune reagieren, ohne sich zu grämen. Nach wenigen Wochen oder Monaten versteht man dann jede Nachricht, weil kleine Könige, die so betreut werden, nicht die Lautstärke ihrer Meldungen steigern, sondern ihre Ausdrucksmöglichkeiten erstaunlich erweitert haben. – Eine wichtige Ergänzung: Freie Säuglinge, die obendrein eine friedliche Geburt erlebten, können das umgekehrte Problem schaffen: Sie schreien fast überhaupt nicht. Dann dürfen Sie natürlich nicht warten, bis sie doch zu schreien beginnen, sondern Sie müssen dafür sorgen, daß Sie ihre leisen Töne hören können. Wenn Sie sicher sind, daß das Kind Hunger hat, bieten Sie ihm Nahrung auch von sich aus an, zunächst vielleicht durch Andeutungen aus einer gewissen Entfernung. Sie merken dann schon, ob das Kind interessiert ist. (Später können Sie sich von Ihrem Boß durch eine Flöte oder andere Geräusche rufen lassen. Es ist nicht einzusehen, warum man warten soll, bis Kinder in Todesängsten schreien, bevor man sie errettet.)
Ein Wort zum Thema Babysitter: Grundsätzlich bin ich dagegen. Denn Sie sind Beziehungspartner – gleichgültig ob Sie allein mit dem Kind leben oder zu zweit oder zu zehnt in einer Wohngemeinschaft. Als Beziehungspartner sind Sie, Sie beide oder Sie zehn nicht ersetzbar. Außerdem können Sie nicht wissen, wie der

Babysitter sich benimmt, wenn er mit Ihrem Chef allein ist. – Andererseits brauchen Sie keinesfalls nun ein paar Jahre zuhause herumzuhocken und auf die Atemzüge Ihres Lieblings zu lauschen. Wenn Sie sich wie beschrieben verhalten haben, wissen Sie sehr bald, wielange der Boß zu ruhen geruht, und Sie können ihn getrost allein lassen. Selbst wenn er durch irgendeinen Krach oder anderen Zufall geweckt würde, gerät er nicht in Panik, denn es geht ihm grundsätzlich gut. Außerdem können Sie ihn schon früh bei vielen Gelegenheiten einfach mitnehmen. Freie Kinder sind in einem Maße anpassungsfähig, wie Sie es sich, wenn Sie keine kennen, nicht vorzustellen vermögen. Aber Ihren eigenen Erfahrungen können Sie ja wohlgemut trauen.

Zum Schluß dieses Abschnitts kann ich mir nicht verkneifen, einen Zeitungsartikel von heute (da ich diese Seiten schreibe) anzufügen. Unter der Überschrift »Wie Babys ihre Mütter überlisten« steht da im »Wiesbadener Kurier« vom 6. 1. 78 das folgende:

> »Sie sind noch ganz klein und doch schon ganz raffiniert – Babys führen ihre Mutter mit ein paar bewußten Gesten an der Nase herum, erklärt der amerikanische Kinderarzt Kenneth Kaye.
>
> Der ›Hilf-mir-doch‹-Trick: Ein Baby möchte das Spielzeug haben, das außerhalb seiner Hände liegt. Es schaut lange mit großen Augen drauf. Dann wendet es plötzlich den Kopf weg. Fast alle Mütter springen auf und holen das Spielzeug.
>
> Der ›Unterhalt-mich-doch‹-Trick: Beim Füttern saugt das Baby eine Zeitlang, plötzlich hört es auf. Und was macht die Mutter? Sie nimmt ihr Kind an den Händen, stipst es mit den Fingern an und spricht mit ihm.
>
> Der ›Sei-doch-wieder-lieb‹-Trick: Das Baby hat die Mutter nervös gemacht, sie spricht lauter als sonst. Das Baby zieht eine Schnute, kräuselt die Stirn und wird ganz still. Die Folge: Die besorgte Mutter guckt ins Körbchen, lächelt ihr Kind an – das Baby hat erreicht, was es wollte.
>
> Dr. Kaye: ›Jedes Baby beobachtet das Verhalten seiner Mutter ganz genau – und stellt sich darauf ein.‹ (cep)«

Sie sehen, Kinder lernen sehr früh, sich zu verständigen, auch ohne Belehrungen (bzw. deswegen), und nicht nur auf die Mutter bezogen. Schlimm finde ich allerdings die Deutung dieses Arztes, wenn er von überlisten, raffiniert, an der Nase herumführen und Tricks spricht, ganz so, als wollte er die Betreuer warnen, nur ja nicht auf sowas hereinzufallen. Also, bitte, fallen Sie auf Ihr Baby herein so oft es geht. Und auf solche Ärzte nicht.

Ich brauche nicht hervorzuheben, daß für Sie – als einem kinderfreundlichen Beziehungspartner – so etwas wie Sauberkeitserziehung oder Reinlichkeitstraining selbstverständlich nicht in Frage kommt. Die übliche Empfehlung, Sie sollten damit nicht »zu früh« beginnen und dabei nicht »zu streng« sein, entfällt also. Sie respektieren die Würde Ihres Kindes, gerade auch die Würde seines Lernens. Nur das Kind selbst weiß und bestimmt, wann es beginnen kann und will, von seinen Windeln unabhängig zu werden. Sie andererseits wissen, daß das Kind Sie nachahmen will, weshalb irgendwelche Anreize überflüssig sind. Sie können aber als Übergang einen Topf anbieten – ohne einen Anspruch damit zu verbinden, versteht sich. Es wird (wie bei der Sauberkeitserziehung auch) zu manchen »Pannen« kommen, weil das Kind noch nicht kann, wie es will. Immer wenn das Kind nicht kann, wie es will, ist es Ihre Aufgabe, seinen Mangel auszugleichen, alle »Schäden« zu beheben. Aber wieder: nur im Rahmen Ihrer gefühlsmäßigen Möglichkeiten. Zum Beispiel brauchen Sie das Kind mit seinem Kot nicht spielen zu lassen, wenn Ihnen das unerträglich ist. Sie können das Kind nicht täuschen, es merkt Ihren Widerwillen. Also bekennen Sie sich offen dazu und schaffen das Zeug weg – freilich ohne Vorwurf, eher mit einer Entschuldigung. Alles andere wäre Heuchelei oder Vernachlässigung oder Machtmißbrauch.

Das beste Rezept, das Ihnen diesen Punkt auf der leichten Schulter lassen hilft: Stellen Sie sich innerlich von Anfang an darauf ein, drei oder noch mehr Jahre lang Windeln zu waschen. (Das bedeutet nicht, daß Ihr Kind länger Windeln braucht als ein erzogenes. Das Rezept hat nur den Sinn, die innere Freiheit des Kindes zu schützen. Denn wenn Sie sich ehrlichen Herzens auf einen so langen Zeitraum einstellen, vermeiden Sie, das Kind unter Druck zu setzen – und sei es nur der heimliche Druck Ihrer Erwartungen.)

Ihr Kind beginnt zu krabbeln, lernt zu laufen. Ihr Gefühl sagt Ihnen sicher, wann das Kind Ihre Hilfe will und wann es alleine probieren will. Erziehende Betreuer stehen immer in Gefahr, zu viel oder zu wenig Hilfe zu geben. Bei Ihnen bestimmt das Kind das richtige Maß. Aber: Jetzt kommt es unweigerlich vor, daß Ihr Kind mehr riskiert, als es tatsächlich schon bewältigen kann. Es klettert beispielsweise auf hohe Gegenstände. Wenn es nicht wieder herunter kann, ruft es um Ihre Hilfe, die Sie ihm geben. Das wäre kein Problem.

Aber in einer kurzen Übergangszeit versucht es, auf Gegenständen zu balancieren. Es würde dann erst bemerken, daß es Hilfe braucht, wenn es schon fällt. In dieser Übergangszeit halten viele Eltern ihre Kinder beim Balancieren fest, was die ganze Sache unsinnig macht, denn wenn man festgehalten wird, kann man seinen Gleichgewichtssinn nicht erkunden und üben. Rezept: Sie bleiben in der Nähe des Klettermaxen, und wenn er stürzt, fangen Sie ihn – so knapp über dem Boden, wie Ihnen ohne Risiko möglich – auf. Sie fragen vielleicht: »Nochmal?« Und das Experiment wird wiederholt, solange das Kind will. Auf diese Weise können Sie sicher sein, daß Ihr Kind ein guter Kletterer wird, der die Risiken sehr schnell genau einschätzen kann.

Frage: Was tun Sie, wenn das Kind bei einem Spaziergang im Park in eine andere Richtung wetzt und Sie aus dem Auge zu verlieren droht? Wenn Sie genug Nerven und Zeit haben, warten Sie, bis es von selbst zurückkommt. (Selbstverständlich rufen Sie das Kind nicht, jedenfalls nicht kommandierend, wie es viele Eltern tun, die ihre Kinder nicht von Hunden unterscheiden können.) Aber wieder: Sobald Sie sorgenvolle Gefühle bekommen, folgen Sie dem Kind. Und machen Sie oft Spaziergänge, bei denen das Kind die Richtung bestimmen kann. Dann nimmt es auch auf Sie Rücksicht, wenn Sie einmal unbedingt in Richtung Tante Frieda wollen.

Müssen Sie etwa einen Bus erreichen oder verhindern andere Umstände, daß Sie sich nach dem Willen und den spielerischen Launen des Kindes richten können, dann fackeln Sie nicht lange (und entwickeln keine Schuldgefühle). Es wäre falsch, dem Kleinen jetzt viel erklären zu wollen. Schaffen Sie vollendete Tatsachen, so mit dem Bewußtsein: Leider, Chef, kann ich dich jetzt nicht zu deinem Recht kommen lassen – wir sind beide Opfer einer höheren Gewalt.

Wohlgemerkt: Ich empfehle hier nur das kleinere Übel. Wenn man schon bei seinen Plänen die zu erwartenden Wünsche des Kindes berücksichtigt, werden solche Gewaltakte (die von unerzogenen Kleinkindern meist problemlos hingenommen werden) die seltene Ausnahme sein. Es ist aber angemessener und freundlicher, im Falle des Falles das körperliche Faustrecht anzuwenden, als es mit dem geistigen zu versuchen. Warum? Beim körperlichen Faustrecht setzen Sie Ihre größere Kraft ein, die das Kind längst kennt, anerkennt und oft genug in seinen Dienst nimmt. Beim geistigen Faustrecht legen Sie sich mit dem Willen des Kindes an, was ein ungleich härterer Angriff auf seine Autorität, ein ungleich tieferer Eingriff in seine Souveränität ist.

Entscheidend kommt es bei allen diesen Fragen auf die Art der Beziehung an, die zwischen dem Kind und seinen Beziehungspartnern besteht, auf das Ansehen, welches das Kind in dieser Beziehung genießt. Keinesfalls kommt es darauf an, daß Sie jede Situation sauber nach Theorie bewältigen. Lesen Sie bitte einige Sätze der Psychoanalytikerin SELMA FRAIBERG (aus: »Die magischen Jahre in der Persönlichkeitsentwicklung des Vorschulkindes«, Rowohlt 1972, S. 53 f.):

> »Die sogenannte Trotzphase ist eine der Erscheinungen dieser Entwicklung, aber unter gewöhnlichen Umständen wird sie keine Anarchie. Sie ist eine Art Unabhängigkeitserklärung, hat aber nicht die Absicht, die Regierung zu stürzen ... Verwandeln wir jede Gelegenheit des Höschenwechselns, Schatzsuchens, Schlafens, Patschens durch die Pfützen und Abfallverteilens in eine Regierungskrise, dann können wir leicht heftige Widerspenstigkeit und Wutanfälle hervorrufen – ein ganzes Feuerwerk der Revolte im Kinderzimmer ... Sie braucht aber nicht die bestehende Regierung zu alarmieren oder nach einer Sondersitzung des Kongresses, einer neuen Gesetzgebung oder einer Demonstration der Macht zu rufen. Der Bürger darf gegen den Wechsel des Höschens protestieren (es sind ja schließlich seine Höschen), und die Regierung kann ihr Vorrecht in Sachen Höschenwechseln ausüben, ohne eine Krise herbeizuführen.«

Wenn Sie als kinderfreundliche Eltern den Spieß, sprich: die Machtverhältnisse genau herumdrehen, also das Kind als Regierung ansehen und das Höschenwechseln als Dienstleistung (unerzogene Kinder *wollen* ihre Höschen im richtigen Augenblick gewechselt bekommen und geben das auch zu erkennen, wenn man sie nicht dazu drängelt), dann wird aus zynischer Erzieherbrutalität eine vernünftige, lässige, coole Betrachtungsweise, der es nicht um Perfektionismus geht. Es stimmt, wir – *können* unsere Kinder in dieser Welt sicherlich nicht *immer* zu ihrem Recht kommen lassen, aber das ist ein Grund, sich bei ihnen zu entschuldigen, nicht einer, sich als »Regierung« aufzuspielen und sich über die »Bürger« noch lustig zu machen. – Ich hoffe, Sie sehen durch dieses Zitat, daß zwei verschiedene Leute recht ähnliche Dinge tun und sie dennoch entgegengesetzt (pädagogisch – antipädagogisch) deuten können. Und wie man alltägliche Verrichtungen deutet, einordnet, ist eben charakteristisch für die Einstellung, die man hat, und diese wiederum prägt die Qualität der Beziehung, die entweder prinzipiell auf Freiheit, Gleichberechtigung und Gemeinschaftsgefühl gegründet ist (trotz aller Pannen, Streits, Ungeschicklichkeiten), oder prinzipiell auf das Faustrecht des Erziehers (trotz aller Liebe, Witze, Barmherzigkeiten).

Straßenverkehr. Hier habe ich keine Rezepte, weil es zu stark von den Ängsten der Betreuer abhängt, was sie in Situationen auf Leben und Tod daraus machen würden. Ich will allerdings nicht verschweigen, daß dieses ganze Problem nach meinen Erfahrungen in nichterziehenden Familien schlichtweg nicht existiert. Da wird wohl anfangs manchmal gewarnt, gezeigt, erklärt, aber freie Kinder haben schon vom Kinderwagen aus offenbar bemerkt, daß auch Erwachsene sich mit diesen brausenden Ungetümen nicht anlegen. Wenn Sie Angst haben, sagen Sie dem Kind, daß Sie wegen ihrer eigenen Angst es jetzt auf dem Arm tragen wollen. Aber sofern bisher alles gut gelaufen ist, hat das Kind Ihnen schon viele Ihrer Ängste genommen. Im Notfall retten Sie das Kind, wie Sie jeden anderen Menschen auch retten würden. Je näher Ihnen ein solcher Schock geht, desto weniger werden Sie zum Schimpfen – oder zur Verkehrserziehung – neigen: Wenn Sie einen Menschen dem Tode entrissen haben, ist das doch ein Grund zur Freude und Erleichterung (au wei, das ist grade noch mal gut gegangen), zu was sonst? – Und selbstverständlich kriegen Sie es nicht fertig, Ihr Kind in der bekannten Weise hinter sich herzuzerren. Bieten Sie ihm Ihre Hand, daß es sich sichern kann. Grundsätzlich: Tun Sie, was Sie nicht lassen können. Aber überlegen Sie, ob es Ihnen wahrscheinlich vorkommt, daß alle die vielen verunglückten Kinder von ihren Eltern wirklich nicht *oft genug* mit Ermahnungen, Verboten und Beschimpfungen traktiert wurden. Ich glaube eher, sie wurden durch alle die Erziehungsmaßnahmen immer unselbständiger gemacht, verantwortungsloser und schließlich lebensmüder. Jedenfalls beobachte ich täglich erzogene Kinder, die ohne Vorsicht etwa einem Ball auf die Straße nachspringen, während ich das bei unerzogenen Kindern nie sehe. Elterliche Ermahnungen werden aus für das Kind wichtigem Anlaß unwirksam, ihre Wirkung verblaßt. Wer sich mit der Wirklichkeit (und Wirksamkeit) des Straßenverkehrs ohne störende Erziehungsakte auseinandersetzt, vergißt ihre Gefährlichkeit nicht so leicht. (Tiefenpsychologisch gesehen: Elterliche Kommandos werden im Über-Ich gespeichert, und dieses kann – z.B. bei Erwachsenen mit Alkohol – außer Kraft gesetzt werden. Eigene Erfahrungen – z.B. mit dem Getöse vorbeibrausender Automobile – werden im Ich gespeichert und sind unverlierbar.) Aber nochmals: Gehen Sie kein »Risiko« ein, das Sie nicht selbst vor Ihrem Gefühl verantworten und verkraften können. Notfalls denken Sie sich Eselsbrücken aus. Ich selbst bin (allerdings aus Versehen) schon öfters mit einem Kleinkind auf dem Arm unvorsichtig auf eine Straße gegangen und beim Nahen von Autos zurückgeschreckt. So ähnliche Dinge als Vorführungen zu veranstalten, scheint mir allemal besser als die schönsten Ermahnungen. Zur (antipädagogischen) Sicherheit merke ich an: Nicht zu erziehen bedeutet nicht, Kindern Lerngelegenheiten zu verweigern. Es kommt auf Ihre Einstellung an, auch in diesem Gefahrenbereich. Sehen Sie das Kind als Richter oder als Dackel an. Wenn Ihres also etwas »falsch« macht, so mischen Sie sich allenfalls mit der Entschuldigung ein, sie hätten offenbar ein bestimmtes Problem noch nicht richtig verständlich gemacht. Aber wem sage ich das...

Weniger lebensgefährlich, aber ebenso gefährlich für die Entwicklung Ihres Kindes sind jetzt Probleme, die sich im häuslichen Rahmen abspielen. Rezept: Sehen Sie es nicht als Ihre Aufgabe an, das Kind irgendwohin zu (er)ziehen, sondern betrachen Sie es als Ihre erste und stolzeste Pflicht, die Freiheit Ihres Kindes zu achten und zu schützen. Dabei ist es besonders wichtig, den Unterschied zwischen innerer und äußerer Freiheit nicht zu vergessen. Äußere Freiheit als Handlungsspielraum gibt es – wie jeden Raum unserer Erfahrung – nur mit Begrenzungen. Jeder Mensch findet zahlreiche äußere Tatsachen und Gegebenheiten vor, mit denen er sich problemlos abfindet, wenn er unter ihnen nicht leidet, wenn er sie nicht ändern kann oder wenn er nicht weiß, wie er sie ändern könnte. So findet sich das Kind zunächst einmal mit der Wohnung ab, in der es lebt, mit den Möbeln usw., auch mit den Eltern oder Betreuern, obwohl alle diese äußeren Gegebenheiten ja auch anders sein könnten und obwohl sie seine Handlungsmöglichkeiten auf verschiedenste Weisen einschränken. Es ist sicher schön, wenn Ihre Raum-, Zeit- und sonstigen Verhältnisse dem Kind einen großen Handlungspielraum gewährleisten, aber diese äußere Freiheit ist sekundär, zweitrangig, gegenüber der inneren Freiheit ihres Kindes. Um es ganz anschaulich zu machen: Wenn das Kind sagt, es wünschte, daß Sie sterben (jedes Kind äußert diesen Wunsch gelegentlich gegenüber seinen Beziehungspartnern), so können sie getrost am Leben bleiben, aber es wäre falsch (die innere Freiheit des Kindes beschneidend), würden Sie ihm seinen Wunsch verübeln.

Alle Gefühle Ihres Kindes, alle Wünsche Ihres Kindes, alle Entscheidungen Ihres Kindes sind zunächst einmal vom Innen des Kindes her begründet, gerechtfertigt und verdienen Ihren Respekt. Die Seele Ihres Kindes, seine Gefühls- und Willenskundgebungen, seine Motive sind für Sie tabu, d.h. Sie haben sie nicht zu bewerten, nicht zu beurteilen, nicht zu loben oder zu tadeln.

Dies ist die wichtigste Regel für den Umgang mit Ihrem Kind. Jedesmal, wenn Sie diese Regel übertreten, rauben Sie Ihrem Kind ein Stück Freiheit, denn es ist von Ihnen und Ihren Wertungen abhängig. Viele Leute haben theoretische Schwierigkeiten mit dieser Regel, glauben etwa, Eltern wären damit überfordert, aber in der Praxis ist es ganz einfach. Die Unsicherheit im Umgang mit Kindern stammt ja zum wichtigen Teil daher, daß Erzieher immerzu ihre Zöglinge bewerten müssen und dabei in die geschilderten Schwierigkeiten kommen, was denn überhaupt als gut oder schlecht (böse) bezeichnet werden soll: die Absicht, deren Gründe man nicht kennt, oder die Folgen, deren Folgen man nicht kennt.
Ersparen Sie sich diese Unsicherheit. Ihr Kind ist, wie es ist, aus Gründen, die Sie kennen oder nicht kennen. Ihr Kind ist, wie es ist, es hat *seine* Gründe, *seine* Ziele, das genügt. Sie haben nicht das Recht, sich da einzumischen. Allerdings werden Sie manchmal daran interessiert sein, Gründe und Ziele Ihres Kindes kennenzulernen, beispielsweise wenn Sie eine Handlung des Kindes nicht verstehen können. Dann spricht nichts dagegen, Ihr Kind zu fragen. Aber seine Antwort ist Ihnen nur Hilfe zum Verständnis, nicht Gegenstand der Bewertung.
Ich sagte, diese Regel sei in der Praxis leicht anwendbar. Sie wenden Sie nämlich im Umgang mit Erwachsenen andauernd an (ausgenommen der Umgang mit Erwachsenen, die Sie erziehen wollen, was es ja geben soll). Wenn Ihr Nachbar etwas tut, das Sie nicht verstehen, dann fragen Sie ihn, und er sagt Ihnen das Warum und Wozu. Wenn Ihr Nachbar in seinem Garten lauter rosa Tulpen pflanzt und Ihnen erklärt, er fände rosa Tulpen schön, dann können Sie ihn noch für etwas spinnert halten (denn daß er sie schön findet, hätten Sie sich auch ohne seine Antwort denken können; zudem rechtfertigt sie seine Übertreibung nicht). Wenn er Ihnen aber den tieferen Grund, seine wirklichen Gründe für diese Vorliebe genau erzählen würde, dann würden Sie ihn verstehen und achten und fertig. Sie würden es einfach so hinnehmen, wie es ist, und keinesfalls versuchen, ihm die Schönheit von gelben Rosen nahezubringen (dabei kämen Sie sich lächerlich, mindestens respektlos und missionarisch vor). Vielleicht, wenn Ihnen der Nachbar sympathisch ist, würden Sie auch in Ihrem Garten ein paar rosa Tulpen pflanzen. Das wäre nett. (Nötig natürlich nicht.)
Mit demselben Respekt stehen Sie Ihrem Kind gegenüber. Es ist wirklich äußerst einfach. Jedenfalls was die innere Freiheit Ihres Kindes angeht. Probleme tauchen auf, wenn gewissermaßen der Nachbar in Ihrem Garten seine Blumen pflanzen will, also wenn

das Kind sich in Ihre Angelegenheiten einmischen will. Es versteht sich von selbst, daß Sie diese Einmischungen zurückweisen, verhindern können. Dies entspricht dem Notwehrprinzip. Ich bleibe bei dem Nachbarn und stelle mir vor, Sie wären nachbarnfreundlich. Dann würden Sie etwa sagen: Guter Mann, ich verstehe ja Ihre Begeisterung für rosa Tulpen, und ich bin Ihnen auch nicht böse über Ihr Ansinnen, aber ich teile Ihre Begeisterung nicht, ich habe andere Vorstellungen und Vorlieben, das müssen Sie nun Ihrerseits verstehen und respektieren.

Sind Sie allerdings nachbarnfeindlich eingestellt, werden Sie sich über die Unverschämtheit dieses Menschen schrecklich empören. Ist ja klar. Nur ist ebenso klar, daß Erwachsene, die sich für kinderfreundlich halten, ihre Kinder oft entschieden schlechter behandeln als Ihre Nachbarn. Ich will damit sagen, daß Sie Versuche Ihres Kindes, sich in Ihre eigenen Angelegenheiten einzumischen, nicht als unverschämte Übergriffe deuten und entsprechend zurückweisen *müssen.* Sie *können* Ihr Notwehrrecht auch genauso bestimmt, aber höflich und verständnisvoll gebrauchen.

Mit diesen Überlegungen sind die wichtigsten Probleme abgedeckt, die sich jetzt ergeben können. Ihr Kind hat eben zwar schon einen fast unermüdlichen Tatendrang, aber es hat noch keinerlei Verständnis z. B. für Ihre Vergeßlichkeit. So haben Sie zwar alle für das Kind normalerweise erreichbaren Orte entsprechend eingerichtet, aber plötzlich ist eine Zimmertür offen, ein wertvolles Buch liegt herum usw. Wenn Sie da jetzt mit Erklärungen anfangen würden, so richteten sich diese gegen die innere Freiheit des Kindes (und Sie würden mit der Zeit nervös und schließlich »explodieren«). Wenden Sie also im Notfall ruhig (aber ruhig!) nackte körperliche Gewalt an, um Ihren Kram zu schützen. Warten Sie nicht, bis Sie sauer werden. Sie schränken nur die äußere Freiheit des Kindes ein. Dies ist das kleinste Übel, und es wird noch kleiner, wenn Sie sich dabei höflich oder lieb entschuldigen. – Daß Sie dann, wenn ein Unglück schon passiert ist, selbst schuld sind und nichts mehr ändern können, also nur Grund zum Traurigsein (einschließlich vielleicht Fluchen) haben, aber nicht zum Schimpfen *auf das Kind* oder gar zum Strafen, erwähne ich nur vollständigkeitshalber.

Derlei problematische Situationen (Interessenkonflikte) kommen zwar in nichterziehenden Familien selten vor, aber da Sie mir das jetzt vermutlich nicht glauben, hielt ich es für richtig, Ihnen auch bezüglich dieser Situationen von vorneherein jede Angst zu nehmen. Sie können sicher sein, Ihr Kind wird sehr bald schon Ihre Interessenbereiche achten, auf leise Bitten reagieren und auch

respektieren, wenn Sie bloß einmal »abschalten«. Schon Kinder zwischen zwei und drei Jahren sind nett und rücksichtsvoll, wenn ihre Beziehungspartner ebenso sind und sie achten wie sich selbst, ihre Interessen wie die eigenen.
Ein Rezept zum Thema »Verwöhnung«: Bringen Sie Ihr Kind nicht unnötig in Versuchung. Bei Kindern, die zu gehorchen lernen, ist dieser Gedanke nicht besonders wichtig, weil sie sich ohnehin alles gefallen lassen müssen. Ihr Kind aber würde leicht anspruchsvoll – und müßte dann enttäuscht werden –, wenn Sie sich für sein Hier und Jetzt dauernd neue Freuden und Abenteuer ausdenken würden. Es ist höchst unfreundlich (und überflüssig), ein Kind heute z. B. mit Süßigkeiten, Sahne oder anderen Ausnahmespeisen zu erfreuen, solange es noch nicht verstehen kann, warum Sie diese Ausnahme machen, also was ein Sonntag, ein Geburtstag oder ähnliches ist. Verzichten Sie auf den Genuß, den es Ihnen (und allen möglichen Besuchern) bereitet, wenn Sie die Freude des Kindes über irgendeine Besonderheit beobachten. Ihr Kind vermißt nichts, wenn es erst mit drei Jahren sein erstes Bonbon, sein erstes Eis usw. bekommt. Es ist grausame Verführung, Kleinkindern heute Dinge zu geben, die sie nicht auch morgen bekommen können (oder sollen, z. B. aus gesundheitlichen Gründen). Vielleicht werden Sie von anderen gescholten, Sie würden Ihrem Kind nichts »gönnen«, aber tragen Sie das mit Fassung. Solange Sie sich mit dem Kind über das Morgen noch nicht verständigen können, müssen Sie allein daran denken, daß eine außerordentliche Freude heute leicht mit morgigem Leiden bezahlt werden muß. Hier wäre also Platz für Ihre Sorge im P 2-Bereich.
Ein anderer Sorgenbereich in dieser Zeit betrifft die Gesundheit des Kindes. Hier habe ich nicht vor, Ihrem Arzt ins Handwerk zu pfuschen, aber an einem Beispiel will ich zeigen, daß Sie als Eltern doch auch eine wichtige Rolle spielen. Ich danke für dieses Beispiel (die »Erkältung«) dem Kinderarzt Prof. Dr. med. KURT NITSCH (vgl. Kapitel III, 1), der sagt:

> »Je häufiger ein junges Kind an Infekten der oberen Luftwege erkrankt ist, desto größer wird die Sorge der Eltern. Junge Kinder erkranken häufiger, weil sie sich mit den Bakterien und Viren noch auseinandersetzen, ohne diesen Mechanismus des Kampfes zwischen Krankheitserregern und Körper gut zu beherrschen. Abwehrvorgänge werden also vom Organismus geübt, und in der Regel ist nach einigen Jahren häufiger Infekte ein gut funktionierendes Spiel der Abwehr eintrainiert.«

Es sei denn, ängstliche Eltern behindern dieses Training. Professor NITSCH:

»Kinder, die in den Luftwegen empfindlich sind, werden beschützt vor der Witterung, werden verwöhnt und verzärtelt, um sie vor Neuerkrankungen zu beschützen. Dabei ist genau das der falsche Weg. Streng genommen gibt es gar keine ›Erkältungen‹, sondern nur Infektionen. Wenn also der Kampf gegen Infektionen, der unvermeidlich ist, durch Vermeidung mit allen Mitteln verhindert werden soll, dann wird er in Wirklichkeit nur hinausgeschoben.«

Selbstverständlich müssen bei »Erkältungen« Komplikationen und Schwierigkeiten mit Hilfe des Arztes energisch bekämpft werden. Worauf es mir ankommt, ist der Hinweis, daß viele »empfindliche« Kinder erst von ihren empfindlichen (ängstlichen) Eltern empfindlich gemacht werden. Bitte überlegen Sie sich ganz genau, warum immer gerade solche Eltern, die ihren Kindern nicht erlauben, sich nach eigenem Willen abzuhärten, dann Kinder haben, die *tatsächlich* bei jeder Gelegenheit erkranken, die Ängstlichkeit der Eltern also zu rechtfertigen scheinen. Sie sehen, diese Eltern verwechseln wieder einmal Ursache und Folge. Gehen Sie davon aus, daß Ihr Kind nicht frieren will. Bieten Sie ihm ruhig die Kleidung an, die Sie für richtig halten, aber zwingen Sie sie Ihrem Kind niemals auf. (Es sei denn, Sie wollen es wirklich zum Dauerpatienten machen.)

Grundsätzlich zum Thema Gesundheit: Gesundheit ist so offenkundig von Vorteil, daß man das Kindern nicht einzureden braucht. Viele Menschen flüchten in Krankheiten, weil sie unglücklich sind. Ihr Kind hat das nicht nötig. Trotzdem wird Ihr Kind manchmal krank sein. Haben Sie keine Angst, es dann zu »verwöhnen«. Ihr Kind wird nicht (wie viele heutige Kinder) deshalb länger als nötig krank bleiben. Es liebt das Leben viel zu sehr, dank Ihrer Art.

Eine letzte Bemerkung in diesem Abschnitt: Es gibt selbstverständlich auch in diesem durch mancherlei Verständigungsprobleme »schwierigen« Alter niemals irgendeinen Grund, Ihrem Kind etwas zu *verbieten*. In jedem Falle ist Ihr Kind, wenn es alt genug ist, sich ernstlich zu gefährden, auch alt genug, Ihre vernünftige Erklärung und vielleicht gelegentliche Warnung zu verstehen und zu beherzigen. Wenn Sie Kinder kennen, die sich immerzu in Gefahr bringen, glauben Sie nicht, daß Kinder von Natur aus so dumm sind. Kinder benehmen sich oft blöde, weil sie Verboten nicht gehorchen wollen. Sich selbst und Ihren Bereich können Sie dem Kind nach Gutdünken verweigern. Sagen oder denken Sie dann wahrheitsgemäß: Ich will das nicht. Sagen oder denken Sie nie: Du darfst das nicht. Merken Sie den Unterschied? Verbote sind verboten. Wäre ja auch noch schöner!

Ist Ihr Kind als freier Mensch erst einmal drei Jahre alt geworden, brauchen Sie dieses Buch nicht mehr. Sie *können* Ihr Kind überhaupt nicht mehr im Stich lassen. Aber wahrscheinlich machen Sie sich heute, da Kindergarten und Schule noch im P 3-Bereich angesiedelt sind, diesbezügliche Sorgen. Immer wieder wird mir die Frage gestellt, ob denn freie Kinder in Kindergarten und Schule nicht zwangsläufig scheitern müssen. Antwort: Das Gegenteil ist der Fall.

Wenn mir besorgte Eltern (dem Sinne nach) sagen, sie müßten doch ihre Kinder heute schikanieren, weil sie auch morgen schikaniert würden, dann weise ich sie manchmal recht patzig auf die Logik ihres Argumentes hin: Nach dieser Logik müßten sie ihr Kind totschlagen, da es ja doch einmal sterben wird. Tatsächlich gibt es heute noch Menschen, die aller Lebenslust abschwören, weil sie ihr Erdendasein nur als Vorbereitung auf den Tod (bzw. das Jenseits) betrachten. Auch hier ist die Vorbereitungsideologie wirksam, die das pädagogische Denken wesentlich prägt. Die Gegenwart wird der Zukunft geopfert. Ob sich das für religiöse Menschen im Jenseits auszahlt, kann ich nicht beurteilen. Bezüglich des Diesseits, und hier besonders bezüglich Kindergarten und Schule, kann ich es aber sehr genau beurteilen, denn ich kenne viele freie Kinder, und die sind entgegen den Unkenrufen meiner Kritiker nicht nur nicht gescheitert, sondern sie haben in Kindergarten und Schule entweder überhaupt keine oder jedenfalls viel weniger Probleme als ihre erzogenen Kameraden. Die Erklärung dafür ist einfach. Anpassungsfähigkeit ist eine Art Kapital, das der Mensch mit auf die Welt bringt. Ebenso wie die Lebensfähigkeit. Beide enden einmal, aber es ist doch nicht unwichtig, ob sie sich im Laufe der Zeit verbrauchen, oder ob man sie von außen beendet. Mord beendet die Lebensfähigkeit, Erziehung verbraucht die Anpassungsfähigkeit. Das ist der springende Punkt. Innerlich freie Kinder besitzen noch weitaus mehr von ihrer Anpassungsfähigkeit als erzogene. Außerdem sind sie klüger, leistungsfähiger und sympathischer. Und schließlich haben sie es nicht – wie manche antiautoritär erzogenen Kinder – nötig, gegen jede äußere Freiheitsbeschränkung wehleidig oder arrogant zu rebellieren. Sie sind eben innerlich frei, keine ferngesteuerten Revoluzzer, die sich an äußeren Freiräumen auch gegen das Gemeinwohl ersatzbefriedigen müssen.

Ich will damit selbstverständlich nicht sagen, daß Sie ein freies Kind im Alter von drei Jahren einer Bande von Sadisten ausliefern könnten, ohne daß es leiden wird. (Es wird allerdings nicht mehr leiden als Zöglinge.) Hier ist ein längerfristiges Denken im Sinne von P 3 insofern angebracht, als Sie davon ausgehen können, die Kindergarten- und Schulzeit Ihres Kindes mit großer Wahrscheinlichkeit miterleben und begleiten zu dürfen. (Kommt etwas dazwischen, ist es jedenfalls egal, ob und wie Sie Ihr dreijähriges Kind auf diesen Zwischenfall vorzubereiten versucht haben.) Sie werden keineswegs überflüssig, wenn Ihr Kind der öffentlichen Erziehung unterworfen wird. Aber während diese den Zöglingen normalerweise den Rest gibt (d.h. den Rest innerer Freiheit nimmt), fällt es Ihnen leicht, die Freiheit Ihres Kindes zu schützen. Sie brauchen nur in jedem Falle unbeirrt auf der Seite Ihres Kindes zu stehen (etwas anderes wird Ihnen, nachdem Sie drei oder mehr Jahre mit diesem Schatz zusammengelebt haben, ohnehin nicht einfallen). Wenn Sie außerdem noch ein bißchen diplomatische Geschicklichkeit besitzen, werden Sie den Erziehern und Lehrern nicht unbedingt gleich an den Kopf werfen, was Sie von ihnen halten. Es gibt ja auch sehr nette Exemplare unter diesen Leuten. Sie werden ihnen also Verständnis entgegenbringen und Unterstützung anbieten, wie das etwa HORST SPEICHERT in seinem ausgezeichneten Buch »Umgang mit der Schule« (rororo 7150) dargestellt hat. Und ebenso können Sie Ihrem Kind verständlich machen, warum sich Erzieher und Lehrer so oder so benehmen, weshalb sie oft noch glauben, Kinder erziehen zu müssen und zu dürfen (Hinweis auf die gesellschaftliche Tradition und auf die eigene Erzogenheit). Sie können sicher sein, daß Ihr Kind, auch wenn es das einzige unerzogene Kind in der Gruppe sein sollte, aus dieser Situation keinen Schaden nehmen wird. Es wird im Notfall das leisten, was für Pädagogen am schlimmsten ist, nämlich *Scheinanpassung*. Aber nicht aus Angst, sondern aus Gemeinschaftsgefühl, aus Großmut.

Ich sagte, es wird Ihnen leichtfallen, die Freiheit Ihres Kindes zu schützen. Sie tun dies konkret, indem Sie bei allen möglicherweise auftauchenden Problemen Ihrem Kind wahrheitsgemäße Informationen über die Zusammenhänge geben und es vollkommen ihm überlassen, was es damit anfängt. Ich habe beispielsweise erlebt, wie eine Lehrerin sich in die Gunst eines sechsjährigen Kindes geschlichen hat und es tatsächlich fertigbrachte, daß dieses Kind sich zum Miterzieher seiner Kameraden machen ließ. Als Klassenbester ließ es sich dazu einspannen, bei Abwesenheit der Lehrerin Strichlisten über die »Schwätzer« zu führen usw. Die Eltern standen dieser Lehrerin recht zwiespältig gegenüber, denn sie war eine nette Person, aber eben eine listenreiche Dompteuse. Die Eltern sagten dem Kind ihre Meinung, aber sie nahmen es ohne Enttäuschung hin, daß das Kind die ganze Sache offenbar

nicht durchschaute. Dieses Kind war sogar ein Jahr später noch ein bißchen stolz, als es vor der ganzen Schule ausgezeichnet wurde – was für die Eltern einer mittleren Katastrophe hätte gleichkommen können. Ihr Kind in den Fängen dieser Marionettenspieler! Wo blieb denn da die innere Freiheit? Aber sie sagten sich, daß es eben Zwänge gibt, denen man sich nicht entziehen kann (bei bestimmten Filmszenen »muß« man einfach weinen, lachen, erschrecken), daß die Freiheit schon noch siegen werde, daß sie jedenfalls ihre Pflicht erfüllt hätten, daß es die Sache nur verschlimmern könnte, wenn sie jetzt etwa um das Kind kämpfen würden, daß seine Unfreiheit nur einen kleinen Teilbereich betraf, den sie allenfalls vergrößern würden, wenn sie das Kind nun nicht mehr liebten, wie es eben ist. – Und wirklich, bald darauf berichtete das Kind von einem »Aha-Erlebnis«: Eines Morgens hatte es schlagartig begriffen, was da mit ihm gespielt worden war. Den Auslöser dafür kenne ich nicht, weiß auch nicht, ob sich das Kind sehr geschämt hat, jedenfalls meisterte es das Problem eigenständig (d. h. nicht alleingelassen, aber in Freiheit) und bewährte sich auch in der folgenden Schulzeit als unvermindert leistungsstark und zusätzlich als guter Kamerad.
Weder Eltern noch Erzieher und Lehrer können Kinderfreundlichkeit besser praktizieren als durch ehrlichen Respekt und respektvolle Ehrlichkeit. Sie sollten ihre Wünsche (statt sie durch Heuchelei und Manipulationen befriedigen zu wollen) ehrlich aussprechen, aber den Kindern ihre Erfüllung oder Nichterfüllung überlassen.

Wenn Sie einmal ganz hilflos sind, weil Sie glauben, eine Situation unbedingt ändern zu müssen, wenn Sie aber nicht wissen, wie Sie die Situation ändern können, dann gibt es nur ein Rezept: Sie sagen den Kindern, daß Sie ganz hilflos sind, weil Sie glauben, die Situation unbedingt ändern zu müssen, daß Sie aber nicht wissen, wie Sie die Situation ändern können. Dieses Rezept hilft in jedem Notfall: Die Kinder sagen Ihnen, was zu geschehen hat.

Die letzte Sicherheit im Umgang mit Kindern erhalten Sie aus dem Bewußtsein, im Falle Ihrer Unsicherheit diese Unsicherheit ins Gespräch bringen zu können. Es gibt kein Problem im Umgang mit Kindern ab drei Jahren, das auf diese Weise nicht zur allseitigen Zufriedenheit zu lösen ist.

Unsicherheit und Unsicherheit ist nicht dasselbe. Wenn Sie mit »Sicherheit« meinen, es dürfte nichts passieren, was Sie vielleicht in Verlegenheit bringen könnte, was Sie nicht vorausgesehen oder am besten sogar gewollt und geplant haben, dann ist diese Sicherheit etwas Totes und mit Freiheit, Lebendigkeit nicht vereinbar. In bezug auf eine so verstandene Sicherheit kann ich Ihnen »Unsicherheit« nur empfehlen und wünschen. Sie ist die Voraussetzung für einen freundschaftlichen, gleichberechtigten, demokratischen, freien Umgang mit Ihren Kindern.
Diese Unsicherheit konnte selbstverständlich nicht gemeint sein, als ich Rezepte versprach »zur Beseitigung der Unsicherheit im Umgang mit Kindern«. Unter *dieser* Unsicherheit leidet niemand, sie ist ein unverzichtbarer Bestandteil des lebendigen Lebens.
Anders ist es mit der Unsicherheit, die auf einer tiefen, existentiellen Ebene angesiedelt ist. Bei ihr handelt es sich in Wirklichkeit um *Selbst*unsicherheit. Es kommt oft vor, daß wir für eine Aufgabe nicht sofort die richtige Lösung wissen. Dann sind wir unsicher bezüglich der Lösung. Unsere Selbstsicherheit wird davon nicht berührt. Was aber heutzutage den Umgang mit Kindern zu einem so großen Problem macht, ist die Unsicherheit bezüglich der Aufgabe. Erwachsene leben nicht munter von einer Problemlösung zur nächsten, sie verzweifeln an ihrer Fähigkeit, mit den Problemen überhaupt klarkommen zu können. *Diese* Unsicherheit verseucht die gesamten Beziehungen zwischen den Generationen, und *diese* Unsicherheit gilt es zu beseitigen. Wenn Sie sich aus den vielen erzieherischen Abhängigkeiten lösen, von den vielen erzieherischen Ansprüchen befreien, sehen Sie sofort, was ich meine: Die tiefe Unsicherheit, die Selbstunsicherheit ist in demselben Augenblick verschwunden, an dem Sie sich zu sagen wagen, daß Sie jetzt nicht wissen, wie es weitergehen soll. Sie *können* und *dürfen* überhaupt nicht immer wissen, wie es weitergehen soll, sonst sind Ihre Kinder, ihre Freiheitsrechte zumal, schon von vorneherein untergebuttert. Sie verlieren nichts von Ihrer Selbstsicherheit, wenn Sie sich – und Ihren Kindern – von Fall zu Fall eingestehen, daß Sie ratlos sind. Sie werden sehen, dann sind Ihre Kinder am Zuge, und Sie befinden sich von selbst unversehens in einem echten Dialog.
Auf der Grundlage dieser existentiellen Sicherheit, die es Ihnen erlaubt, mit jeder Unsicherheit fertig zu werden, indem Sie sie in den Dialog mit Ihren Partnern einbringen, verlieren auch andere Probleme ihre Schrecken. Oft höre ich von verantwortungsbewußten künftigen Eltern, sie hätten Angst, trotz des Verzichts auf

Erziehung ihre eigene »Kaputtheit« (so sagen mir das junge Menschen häufig) auf ihre Kinder zu übertragen. Sie sprechen damit das Problem der *unbewußten Erziehung* an, der unbeabsichtigten Einflüsse auf Kinder. Und selbstverständlich existiert dieses Problem, existieren diese Einflüsse. Nur werden sie im Zuge der allgemeinen pädagogischen Hysterie und existentiellen Unsicherheit maßlos und unsinnig aufgebauscht. Tatsächlich haben ja alle Rahmenbedingungen bestimmte Wirkungen auf alle Menschen. Das Klima, die Ernährungsgewohnheiten, die bauliche Umwelt, die Persönlichkeiten der Eltern, Nachbarn, Politiker, die Wirtschaftslage, die Massenmedien, die soziale Schichtenzugehörigkeit der Familie, die Rolle des Geldes, der Beruf der Eltern und so weiter, meinetwegen auch die Stellung der Sterne. Alle diese Einflüsse wirken, aber sie wirken nur persönlichkeitszerstörend, freiheitsberaubend, krankmachend, solange die intimen Beziehungspartner während der ersten Lebensjahre des Kindes durch Erziehungsmaßnahmen das Feld gewissermaßen vorbereitet haben. Kinder wachsen ja nicht im luftleeren Raum auf. Sie vor allen Einflüssen schützen zu wollen, käme einem Todesurteil gleich. Es gibt zahlreiche schicksalhafte Bedingungen für Kinder, die eben so sind, wie sie sind – sie *könnten* anders sein, aber dann wären sie bloß anders, nicht etwa verschwunden (und die Kinder würden anders; ob aber glücklicher oder »besser«, vermag niemand zu beurteilen). Die Persönlichkeit der Eltern ist für Kinder ebenso schicksalhaft wie etwa ihre Stellung innerhalb der Geschwisterreihe. Bezüglich der unbewußten elterlichen Erwartungen an das Kind hat HELMUT OSTERMEYER scharfsichtig formuliert (»Die Revolution der Vernunft«, S. 184f):

> »Erziehung heißt der Anspruch zu wissen, was das Kind sein und werden soll, und die Gewalt, die diesen Anspruch durchsetzt. Durch beides wird Erziehung zum Hauptweg, auf dem der elterliche Formungsdrang das Kind erreicht. Wird der erzieherische Anspruch aufgegeben, so fällt nicht nur die bewußte Einflußnahme fort, auch die unbewußten Erwartungen finden den Weg zum Kind nicht mehr. Sie sind zwar nach wie vor da, aber sie können sich nicht mehr oder nicht mehr so zwanghaft auswirken. Der bewußte Verzicht schränkt das Wirken des Unbewußten ein. Es ist wichtig, sich das klarzumachen, weil im allgemeinen eine bewußte Entscheidung wenig Einfluß auf das Unbewußte hat. Hier hat sie es, weil sie die Überredungskraft des Unbewußten herabsetzt. Das Kind wird zwar nach wie vor unbewußte Erwartungen unbewußt wahrnehmen, sie wirken aber nicht mehr, weil die Leitvorstellung fehlt, daß elterliche Erwartungen überhaupt zu befolgen sind.

Sie sind nur einige von vielen Erwartungen, die ständig an das Kind herantreten und in deren Kräftespiel es seinen Weg zu finden lernt.«

Letztendlich verweist sogar die Angst vor unbewußten Einflüssen noch auf jenen »elterlichen Formungsdrang«. Aber erst, wenn dieser sich bewußt, geplant, gezielt ausgetobt und den Kindern durch Erziehung die »Leitvorstellung« aufzwingt, die Erwartungen Stärkerer erfüllen, ihre Befehle befolgen zu müssen, wird der Boden dafür bereitet, daß auch alle anderen Einflüsse nicht mehr aktiv, produktiv und eigenständig verarbeitet werden können. Freie Kinder sind gefeit gegen die zerstörerische Wirkung zahlreicher Einflüsse, die sich bei Zöglingen Tendenzen zur Flucht, zu Ersatzbefriedigungen, zur Identifikation mit Angreifern zunutze machen.

Es hat also keinen Sinn, sich darüber zu sorgen, daß Sie als Eltern so sind, wie Sie sind, und daß auch alle übrigen Verhältnisse so sind, wie sie sind. Weder können Sie verhindern, noch dürften Sie es, wenn Sie es könnten, daß Sie und viele andere Gegebenheiten Einfluß auf Ihr Kind haben und seinen Charakter mitbestimmen. Auch in diesem Punkt können Sie *sicher* sein: Ihr Kind wird einen bestimmten Charakter entwickeln, aber nicht einen zwanghaften. Es wird sich fremden Einflüssen nicht einfach unterwerfen, sondern sie souverän verarbeiten zu einer Persönlichkeit, die nicht ohne Wurzeln, ohne Bedingungen, ohne Prägungen ist, sondern gewachsen im aktiven Austausch mit seiner Umwelt zu einer eigenen, unverwechselbaren und stabilen Identität, zu eben der *Selbstsicherheit*, die Ihnen persönlich sehr beschädigt worden sein kann, ohne daß Sie diesen Schaden weitergeben. Im Gegenteil: Sie können viel an ihm noch reparieren, viel für sich selbst gewinnen, wenn Sie die Freiheit Ihrer Kinder schützend miterleben.

Im zweiten Teil dieses Kapitels wird Ihnen das, so hoffe ich, ganz deutlich werden, obwohl er sich nicht mehr direkt an Sie als zukünftige Eltern wendet.

Rezepte zur Freisetzung der Kinderfreundlichkeit

Zunächst: Ich setze voraus, daß Sie dieses Buch bis hierher gründlich durchgearbeitet haben. Weiter, daß Sie eine starke Trauer darüber empfinden, was Sie Ihrem Kind bis heute antaten – Ihrem Kind und sich selbst. Schließlich, daß Sie die Beziehung mit Ihrem Kind auf eine neue Basis stellen wollen. Wenn Ihr Verstand und Ihr Gefühl diese Voraussetzungen nicht erfüllen, dann werden Sie an den folgenden Rezepten scheitern. Sie haben dann

(noch?) gewissermaßen eine Allergie gegen die Freiheit – und bekanntlich nutzen die schönsten Erdbeertortenrezepte solchen Menschen nichts, die gegen Erdbeeren allergisch sind.
Es wäre aber auch möglich, daß Sie Ihr Kind unbewußt ablehnen und ihm deshalb Freiheit nicht gönnen (die Floskel »Hiebe aus unbewußtem Haß« in Kapitel I, 1). Hiergegen habe ich kein Rezept, nur die Hoffnung, Ihre bewußte Freiheitsliebe könnte stärker sein als Ihr unbewußter Haß. Diese Hoffnung hat allerdings viele gute Gründe, über die ich mich aber nicht zu verbreiten brauche, weil sich logischerweise niemand angesprochen fühlen kann – unbewußter Haß ist ja unbewußt. (Sobald man Haßgefühle ins Bewußtsein einlassen kann, hat man auch die Möglichkeit, mit ihnen vernünftig umzugehen.)
Die starke Trauer, von der ich sprach, bedeutet nun nicht, daß Sie den ganzen Tag zerknirscht herumlaufen sollten, im Gegenteil. Solange Sie sich noch selbst Vorwürfe machen, wird es Ihnen schwerfallen, Ihren Kindern keine Vorwürfe mehr zu machen. Die Trauer ist sicher nötig; wer mit der Freiheit nur mal so zur Abwechslung experimentieren will, womöglich um modern zu sein, der betrügt sich selbst. Aber die Trauer, wenn sie einmal tief genug empfunden ist, kann überwunden werden von dem Schwung und Optimismus, mit dem Sie sich der Zukunft und der Freiheit zuwenden.

Selbstbefreiung statt Selbsterziehung

Ich habe mich öfters gegen die häufig geforderte sogenannte Selbsterziehung Erwachsener ausgesprochen. Es ist eine alte Erfahrung, die sich auch in meinem Leben und Umgang mit Menschen immer wieder bestätigt (und die der große amerikanische Psychotherapeut CARL R. ROGERS in vielen Büchern beschreibt und begründet), daß beim Menschen dann, wenn er sich annehmen kann, wie er ist, also wenn er sich nicht erzieht, mehr Änderungen passieren, mehr und bessere Entwicklung geschieht, als wenn er gegen sich selbst ankämpft – wie es seine Erzieher vorher taten. Nicht Selbsterziehung heißt das Rezept, sondern Selbstbefreiung. »Freiheit ist eine Sache der Entscheidung. Sie entsteht durch ihr Bewußtsein.« So HELMUT OSTERMEYER in »Die Revolution der Vernunft« (S. 188), wobei er den Philosophen JEAN PAUL SARTRE zitiert: »Wenn einmal die Freiheit in einer Menschenseele aufgebrochen ist, können die Götter nichts mehr gegen diese Menschen«.
Gut also, Selbstbefreiung. Man entscheidet sich für die Freiheit, macht sich bewußt, daß man frei ist, und schon ist es passiert? Ja

und nein. Ja, weil dies der Anfang ist, der Aufbruch. Nein, wenn es bedeutete, ich sollte meine Bedingungen verleugnen, meine Vergangenheit, alle die Zwänge, in denen ich stecke, ich sollte mir also gewissermaßen selber die Wurzeln abhacken und dann glauben, ich wäre frei.
Vielleicht erwarten einige Leser jetzt Rezepte, wie sie ihre Kinder nachträglich freigeben können, etwa im Sinne »emanzipatorischer Erziehung« oder der »Erziehung zur Freiheit«. Bei solchen Erwartungen spiele ich selbstverständlich nicht mit. Freiheit ist kein Erziehungsziel, sondern eine *Voraussetzung* unzerstörter menschlicher Existenz. Das Rezept zur Selbstbefreiung setzt Erwachsene, die ihre Kinder bisher erzogen haben, in die Lage, diese Voraussetzung zurückzugewinnen. Ich will es jetzt anschaulicher machen und ganz praxisnah erklären, nachdem ich in der »Antipädagogik« nur die Befreiung der Erwachsenen von der Erziehungsideologie beschrieb (die Befreiung aus ihren Abhängigkeiten vom »Auftraggeber Gesellschaft«, vom Erziehungsobjekt und -erfolg, sowie von Kultur, Zivilisation und eigener Erzogenheit), und nachdem ich in meinem Beitrag zu »Die Gleichberechtigung des Kindes« nur einfach »Friedensverhandlungen« vorschlug (zur Beendigung des Erziehungskrieges). Beide Ansätze sind nach wie vor richtig und werden auch von vielen Leuten erfolgreich praktiziert, aber ich glaube doch, seitdem manches hinzugelernt zu haben und jetzt noch einfachere und verständlichere Rezepte geben zu können.
Immer wenn Sie Ihr Kind erzogen haben, waren Sie selbst unfrei. Sie waren darin befangen, mit List oder Gewalt dem Kind einzutrichtern, was »man nicht tut«, was »sich nicht gehört«, was »sich schickt«, was »unbedingt nötig« ist und so weiter. Außerdem waren Sie unfrei aus Angst. Angst vor dem Straßenverkehr, vor den Nachbarn, vor der Zukunft, und vor Gefahren wie einer heißen Herdplatte. Am unfreiesten aber waren Sie aus der Angst heraus, vielleicht keine guten Eltern (Erzieherinnen, Lehrer) zu sein.
Jetzt haben Sie gelernt (ich hoffe, Sie haben nichts dagegen, etwas gelernt zu haben – sehen Sie, was die Erziehung anrichtet?) – also gut, ich gehe davon aus, daß es zwar eine große Verantwortung bedeutet, ein Kind in die Welt zu setzen und mit Kindern umzugehen, daß der Erwachsene aber in der Beziehung zum Kind nur die Verantwortung für sein eigenes Tun trägt, nicht für das Tun und Sein des Kindes. Sie spielen dabei sicher eine Rolle – besonders wenn das Kind leidet, aber Sie tragen die Verantwortung nur für Ihren Teil des Geschehens. Wenn Sie sich das richtig klarmachen, sind Sie sofort ungeheuer stark entlastet. Ob Sie sich als »gute«

Mutter, als »guter« Vater usw. fühlen können, hängt jetzt nur noch von Ihnen selbst ab. Indem Sie den Erziehungsanspruch aufgeben, brauchen Sie sich nicht mehr andauernd wegen der Erziehungserfolge oder Erziehungsergebnisse zu ängstigen. Sie sind frei geworden, sich den wirklichen Problemen zu stellen, die der Umgang mit Ihren Kindern bringt.
Viele Erzieher haben bisher versucht, ihren Kindern mehr Freiheiten zu gewähren, sie früher in »die Freiheit« zu entlassen. Alle Berichte und Erfahrungen zeigen, daß man bei diesen Versuchen von einem massenhaften Scheitern sprechen muß. Hierfür gäbe es viele Ursachen zu nennen, z. B. die fehlende oder mangelhafte Unterscheidung zwischen innerer Freiheit (Entscheidungsfreiheit) und äußerer Freiheit (Selbständigkeit im Handeln). Die *grundsätzliche* Ursache liegt darin, daß die genannten Versuche im Rahmen von Erziehung stattfanden. Sie können aber niemanden zur (inneren) Freiheit erziehen. Kommunikationswissenschaftler sprechen hier von »Paradoxien«, von unaufhebbaren Widersprüchen. Sie können nicht jemandem befehlen, Ihnen ungehorsam zu sein, ohne daß dieser Jemand hoffnungslos in der Falle sitzt. Er hat keine andere Chance als Ihnen zu gehorchen, auch wenn er noch so ungehorsam zu sein versucht. Ebensowenig können Sie jemandem befehlen, spontan oder autonom oder eben frei zu sein, ohne ihn dadurch gerade zu hindern, dies alles zu sein (denn jeder Versuch dazu wäre ja die Befolgung eines Befehles, also etwas höchst Unspontanes, Unautonomes, Unfreies). Wenn Sie über dieses Problem nachdenken, sehen Sie, daß hier eine große und tiefe Falle auf dem Weg lauert, der Freiheit heißt. Sobald Sie jemanden, auf den Sie Einfluß haben, dazu bestimmen, sich selbst zu bestimmen, sitzen Sie beide schon mittendrin. Deshalb klagen z. B. alle Lehrer, die mit ihren Schülern plötzlich einen selbstbestimmten (freien) Unterricht machen wollten, über die Wahnsinnsreaktionen der Schüler (die dann noch oft »undankbar« oder »unfähig zur Freiheit« genannt werden). Nein, Freiheit läßt sich nicht verordnen, das ist der Witz. Freiheit kann man anderen nicht geben, man kann sie (immer die innere Freiheit, selbstverständlich) bei anderen nur achten, respektieren, und sich selbst kann man sie nur nehmen.
Wollten Sie jetzt aber Ihre Kinder auffordern, sich die Freiheit zu nehmen, wären Sie schon wieder in die Falle geplumpst. Innere Freiheit ist eine Entscheidung, ein Bewußtsein, ein Aufbruch, den man zwar beschreiben und empfehlen kann, wenn man an der Schreibmaschine sitzt, den man aber niemandem ermöglichen kann, der einen Grund sieht, dahinter einen Erziehungsakt zu vermuten – und diesen Grund haben Ihre Kinder, wenn Sie sie

bisher erzogen. Deshalb geht die ganze Sache nur andersherum. Rezept: Man nehme eine Entscheidung zu einem Aufbruch und breche auf. Man breche alle Ängste und Unfreiheiten auf, indem man sie sich klarmacht und sich zu ihnen bekennt. Das ist mit Arbeit verbunden, aber ganz ohne Arbeit kann man sich aus der Erzieherrolle nicht befreien. Und nun kommt die Hauptzutat: Man bekenne seinen Kindern, daß man aufgebrochen ist, sich selbst aus der Erzieherrolle (und überhaupt) zu befreien. Man hat sich dazu entschlossen, *ganz egal was die Kinder machen* – nur so achten Sie die Freiheit der Kinder, wie sie gerade ist. Sie befreien sich selbst, das ist Ihre Privatangelegenheit. Aber es geht ja um Ihre innere Freiheit, und die ist bei erzogenen Menschen immer nur als sozialer Prozeß möglich, als ein zwischenmenschlicher Vorgang, der obendrein niemals ganz zu Ende kommt.
Nun reagieren Ihre Kinder irgendwie. Das hängt von vielem ab, natürlich auch vom Alter. Auf Einzelheiten komme ich noch. Jedenfalls können Sie sich aus Ihrer Erzieherrolle nicht befreien, ohne daß die Kinder (in Familie, Kindergarten, Schule, Heim, Beratungsstelle usw.) davon betroffen sind.

Achtung! Sagen Sie nie – bzw. denken Sie nie, Sie täten das um der Kinder willen, also den Kindern zuliebe. Wenn Sie es nicht zuerst sich selbst zuliebe tun, fehlt ein entscheidendes Gewürz.

Freilich können Sie damit rechnen und dies auch sagen, daß Ihre Kinder ebenfalls daran gewinnen werden, daß Sie sich also nicht plötzlich gegen Ihre Kinder stellen.
In Ihrer Erzieherrolle waren Sie von den Kindern abhängig – z. B. inwieweit sie sich erziehen ließen. Danach hatten Sie als Erzieher Ihre Maßnahmen einzurichten. Jetzt, bei Ihrer Selbstbefreiung, sind Sie ebenfalls von den Kindern abhängig, nämlich inwieweit diese Sie freigeben. Das Erziehungsverhältnis ist ja kein einseitiges, sondern beide »Parteien« sind in ihm befangen. Sie können Ihre Kinder aus dieser Befangenheit nicht lösen, weil dies selbst wieder ein Erziehungsakt wäre, der das Erziehungsverhältnis zwischen ihnen noch festigen würde. (Wohlgeratene Zöglinge, die dann in die Selbständigkeit entlassen werden, bleiben ihr Leben lang unfrei, nämlich innerlich abhängig von Eltern und Autoritäten. Viele Forschungen und Experimente haben gezeigt, daß diese Leute auf Befehl einer Autorität, z. B. eines Führers oder eines Wissenschaftlers, gegen ihre »eigenen« Überzeugungen die schlimmsten Schandtaten vollbringen.)

Sie können Ihre Kinder aus dem Erziehungsverhältnis nicht entlassen, so wie Sie auch Ihrerseits von niemandem anderen Ihre Freiheit erhalten (zurückerhalten) können. Aber wenn Sie sich selbst aus dem Erziehungsverhältnis zurückziehen, nicht ohne Rücksicht, aber ohne Vorsicht auf Ihre Kinder, d.h. ohne Ihre Kinder um ihre Zustimmung zu bitten, dann haben Sie eine sehr große Chance, sich auch Ihrer eigenen Erzogenheit nachträglich zu entziehen. Besonders wenn Sie Eltern von jüngeren Kindern sind, Ihr Kontakt mit ihnen also recht intensiv und persönlich ist, werden Sie sehen und an sich erleben, was Psychoanalytiker schon lange wissen. Im Umgang mit Kindern werden im Erwachsenen die verdrängten Erinnerungen an die eigene Kindheit wach und aktiv. Das *kann* bedeuten: Man erzieht seine Kinder grade so – oder grade umgekehrt –, wie man selbst erzogen worden ist. Es kann aber *auch* bedeuten, daß man sich im Umgang mit freien Kindern oder – wie in Ihrem Falle – im Umgang mit sich befreienden Kindern selbst nachträglich wieder ein gutes Stück von den Zwängen der eigenen Kindheit befreit. Hierbei wäre es falsch zu sagen, daß Ihre Kinder sich befreien, »weil« Sie sich befreien, oder auch umgekehrt. Sicher, Ihr Entschluß zur Freiheit war der Anfang, aber Sie haben ja auch mit dem Erziehen angefangen. Das »weil« ist richtig, insofern Ihre Kinder ohne Ihren Entschluß wahrscheinlich nicht die Chance hätten, sich zu befreien. Aber wenn der Aufbruch erst einmal erfolgt ist, gibt es das eine nicht ohne das andere, auch das eine nicht »wegen« dem anderen. Sondern Ihre Befreiung und die Befreiung Ihrer Kinder ist ein und derselbe Vorgang. So wie Sie sich vorher gegenseitig erzogen, schikaniert, betrogen usw. haben, so beeinflussen Sie sich nun gegenseitig auf dem Wege der Freiheit, ohne daß man sagen könnte, wer jeweils »angefangen« hat. Es gibt bei Erziehung wie bei Befreiung in den einzelnen Situationen keinen Anfang, schon weil ja jeder vom anderen immer irgendetwas *erwartet*, womit er es oft erst hervorruft. Hat dann »angefangen«, wer zuerst losbrüllt oder wer mit ärgerlichem Gesicht hereinkam oder wer bloß schlecht geträumt hatte und ängstlich war? Der häufige Streit darüber, wer einen Streit angefangen hat, kann deshalb – wenn man die feineren Mitteilungen, von denen ich schon schrieb, mit einbezieht – niemals entschieden werden. Es handelt sich, auch bei der gegenseitigen, d.h. der gemeinsamen Befreiung, um Vorgänge, die man sich am besten kreisförmig vorstellt, ohne Anfang und ohne Ende. – Sie können sich auch einmal fragen, wer Sie zu Vater oder Mutter gemacht hat. Ohne Vater und Mutter gäbe es das Kind nicht, ohne das Kind gäbe es Vater und Mutter nicht. Und das gilt auch für Sie und Ihre Eltern usw. Bestimmte Rollen und Erwartungen bedingen einander wie die Punkte eines Kreises, so daß es sinnlos ist, nach Schuld und Verdienst zu suchen. (Daß Sie den Freiheitskreis durch Ihren Aufbruch erst ermöglichen, gleicht nur aus und macht wieder gut, was Sie gegenüber Ihren Kindern anfingen, als Sie den erzieherischen Teufelskreis – ohne Schuld – weiterdrehten. Ich finde die ganze Angelegenheit wirklich sehr fair.)

In vielen Fällen erweist sich auch die folgende Überlegung als hilfreich: Sie können nicht mit Ihren Kindern in Freundschaft leben, solange Sie nicht mit sich selbst Freundschaft geschlossen haben. Nur wer sich selbst lieben kann, kann auch andere Menschen wirklich lieben. Selbstliebe, die Freundschaft mit sich selbst, wird von vielen Menschen allerdings noch als etwas Schlechtes, Verbotenes, Sündhaftes angesehen. Ihnen wurde eingeredet, es reiche auf der einen Seite nicht aus, seinen Nächsten zu achten, man solle ihn doch bitte lieben, während auf der anderen Seite Selbstachtung gerade noch als statthaft, Selbstliebe aber beinahe als krankhaft ausgegeben wurde. Sehen Sie es einfach wieder umgekehrt – in Erziehungsfragen geht man mit dieser Methode selten fehl. Sogar die modernen Psychoanalytiker (z. B. HEINZ KOHUT und RAYMOND BATTEGAY) haben inzwischen erkannt, daß Selbstliebe (»Narzißmus«) eine Voraussetzung seelischer Gesundheit und eben der »emotionalen Reife« (DE MAUSE) ist, die uns erst in die Lage versetzt, andere Menschen in Freiheit zu lieben (d. h. ohne Besitzanspruch, Eifersucht, Erziehung). Egozentriker sind gerade Menschen, die sich tief drinnen nicht liebenswert finden. Selbstbefreiung ist zuallererst die Befreiung von dem Aberglauben, es sei nicht gut, zu sich selbst gut zu sein. Sobald es Ihnen gelungen ist, mit sich selbst Freundschaft zu schließen, werden Sie »Die Kraft des Guten« (CARL ROGERS' hilfreichstes Buch, 1978 bei Kindler erschienen) in sich selbst erleben, und eine Entwicklung wird einsetzen, die Sie bald an einen Punkt gelangen läßt, von dem aus Sie dann vielleicht fast nicht mehr verstehen, welche Sorgen Sie sich damals, also jetzt, über Ihre und Ihrer Kinder Freiheit noch machten. –

Wie geht es jetzt aber weiter? So werden Sie fragen, bevor Sie sich für die Freiheit entscheiden. – Ich kann das nur in Umrissen beschreiben, weil ich ja nicht gut versuchen kann, Sie für die Freiheit vorzuprogrammieren. Das geht nicht mechanisch, maschinenhaft nach Plan, das passiert in unterschiedlichsten Arten, Stufen, Zeitabläufen und Lernprozessen. Ich kann Ihnen aber die Bedingungen nennen, die meiner Erfahrung nach immer erfüllt sein müssen. Es folgt also »nur« ein Grundrezept. Wie Sie und Ihre

Kinder das ganze ausgestalten, hängt ausschließlich von Ihnen und Ihren Kindern ab.

Das Kraut gegen die Angst

Sie haben sich Ihre Ängste und Unfreiheiten klargemacht (nicht alle, aber die auf Ihre Kinder bezogenen), und Sie haben sich zu ihnen bekannt, d. h. Sie verleugnen diese Ängste und Unfreiheiten zunächst nicht mehr vor sich selbst. Das wird Ihnen am Anfang bestimmt schwerer fallen als es sich hier liest. Rezept: Als eine Art Vorübung in einem kleinen Teilbereich können Sie Dinge, die Ihnen Angst machen bzw. Sie bisher zu Erziehungshandlungen veranlaßten, einfach selbst tun: Ahmen Sie »Unarten« Ihres Kindes (Fluchen, Gebrauch »unanständiger Wörter«, Lügen, Stehlen, Unordnung herstellen und vieles andere, je nachdem) ganz bewußt nach – allein oder vor und mit dem Kind. Sie werden sehen, daß Sie deshalb kein schlechterer Mensch geworden sind und manchen Zwang dadurch schon abgeschüttelt haben.
Für die tieferen Ängste gibt es folgendes Rezept: Beginnen Sie mit *einer* Angst, *einer* Unfreiheit, die Ihnen besonders bewußt ist. Sie können auch eine Art Stoffsammlung machen, am besten mit einem Partner, der Sie und Ihre Kinder kennt: Schreiben Sie auf, welche Ängste und Unfreiheiten Ihnen auffallen, die bei Ihrem Umgang mit den Kindern eine Rolle spielen.
So, und nun naht auch schon der Moment der Momente. Stellen Sie sich eine Mutter vor, die sich von der Erzieherrolle befreien will und besonders ängstlich ist, ihre fünfjährige Tochter könnte mit dem Fahrrad verunglücken. (Wahrscheinlich ist die Mutter als Kind selbst einmal verunglückt oder hat besonders schwere Fahrradunfälle gesehen.) Bisher hatte sie zwanghaft erzieherisch reagiert, hatte das Kind ermahnt, gewarnt, bedroht, jetzt, als sie ihre Angst wieder spürte, weil ihre Tochter sie fragte, ob sie zu ihrer Freundin fahren dürfte, sagt sie einfach: Ich habe es satt, dich zu erziehen und zu quälen und dir etwas zu erlauben oder zu verbieten, ich will aus dieser Rolle raus, was soll ich tun, damit ich keine Angst mehr habe, du könntest mit dem Fahrrad verunglücken?
Oder stellen Sie sich den Vater eines zweijährigen Jungen vor. Er hat dem Kind schon oft verboten, sich an dem Elektroherd zu schaffen zu machen, weil er Angst hat, es könnte sich an einer heißen Platte oder einem heißen Topf verbrennen (er mag die entsprechenden Unfälle auch selbst erlebt haben). Der Junge zeigt trotzdem Interesse an dem Herd, aber jetzt wird es dem Vater zu dumm. Ohne damit zu rechnen, daß der Kleine viel versteht, sagt

er vielleicht: Ich will diese Angst nicht mehr haben, daß dir an dem Herd etwas passiert, komm her, ich zeige dir alles, was mir da Angst macht. – Der Vater setzt sich auf einen Stuhl vor den Herd, nimmt den Jungen gemütlich auf den Schoß, zeigt ihm, wie er eine vordere Platte anschaltet, fühlt mit ihm gemeinsam die Erwärmung, Erhitzung. Natürlich sprechen sie auch miteinander, der Vater kann Kerzen, Streichhölzer und ähnliches hinzuziehen, aber alles läuft entspannt ab, nämlich nicht als Belehrungsveranstaltung für das Kind, sondern als Befreiungsakt für den Vater. Dieser Unterschied in der Stimmung ist der Grund dafür, daß Kinder den Herd erfahrungsgemäß künftig meiden, sofern sie noch nicht sachgemäß mit ihm umgehen können. (Bei besonders streng erzogenen Kindern von zwei Jahren kann es nötig sein, daß der Erwachsene seinen Befreiungsakt ein- oder zweimal wiederholt, weil das Kind nicht so plötzlich an die Veränderung im Verhalten des Erwachsenen glauben kann und ihn deshalb *überprüft.*) Wenn man es für nötig hält, kann man das Kind später auch jederzeit bitten, den Herd nicht als bloßes Spielzeug zu verwenden. Kinder, die sich nicht mehr bedroht zu fühlen brauchen, erfüllen solche Bitten.

Stellen wir uns noch die Eltern eines zwölfjährigen Mädchens vor, das öfters stiehlt. Bisher haben sie geschimpft, erklärt, gebettelt, ermahnt, gedroht, geschlagen. Nun sagen sie, wir sind die Erzieherrolle leid, was sollen wir gegen unsere Angst tun, unsere Angst, von dir beklaut zu werden, unsere Angst vor den Leuten, wenn du erwischt wirst, unsere Angst vor deiner Zukunft als Kriminelle?

Und schließlich die Eltern eines 16jährigen Jungen, der in der Schule alles schleifen läßt. Die Eltern haben bisher alles mögliche versucht, jetzt erklären sie ebenfalls ihren Aufbruch und fragen den Jungen, wie sie ihren elterlichen Ehrgeiz, die Angst vor Lehrern und Zukunft loswerden können.

Sie sehen, diese Frage ist das wichtigste (außer gegenüber Kleinkindern). Sie muß selbstverständlich eine echte Frage sein, d. h. sie muß ein Gespräch im Sinne von BOLLNOW einleiten. Deshalb hat es überhaupt keinen Zweck, wenn wir uns jetzt überlegen, was die Kinder antworten und wie es weitergeht. Kein Mensch kann das voraussehen. (Könnte man es, hätte die ganze Geschichte nichts mit Freiheit zu tun.) Sie geben lediglich Ihren Kindern Gelegenheit, Sie von Ihren Ängsten zu befreien. Es spielt dabei keine Rolle, mit welcher Angst Sie beginnen, allerdings empfiehlt es sich, eine konkrete Angst (aus dem Bereich P 1 oder ihm möglichst nahe) zu wählen. Dem radfahrenden Mädchen wird es ziemlich leichtfallen, der Mutter seine Sicherheit im Umgang mit seinem Gefährt vorzuführen. Die beiden älteren Kinder haben es schwerer, die

Ängste ihrer Eltern zu beseitigen, weil diese sich stark auf die Zukunft beziehen. In solchen Fällen werden Sie aber feststellen, daß Ihre Ängste sich in dem Maße auflösen, in dem sie zu Gegenständen offener Gespräche werden, zumal sich befreiende Kinder Verhaltensweisen, mit denen sie sich oder andere schädigen oder gefährden, immer weniger nötig haben. Ein Hinweis: Ihre Ängste sind nicht intellektuell, vom Verstande her, zu bekämpfen. Es sind Gefühle, die manche logische Bereinigung trotzig überdauern. Sie tun dann niemandem einen Gefallen, wenn Sie restliche Ängste als Ihre Privatangelegenheit betrachten und dem Dialog mit Ihren Kindern entziehen. Bestehen Sie auf allen Ihren Ängsten, solange sie noch vorhanden sind (vielleicht gegen jede Vernunft). Sie haben ja, wenn Sie Ihre Selbstbefreiung beginnen, nicht von jetzt auf nachher schon das pädagogische Handtuch geworfen. Solange Sie noch bestimmte Ängste in bezug auf Ihre Kinder haben, werden Sie Ihre Kinder entweder erziehen oder ihnen die geschilderten Fragen stellen. Selbst ein erfahrener Antipädagoge wie ich ist, warum soll ich das verschweigen, bezüglich seiner eigenen Kinder noch manchmal ängstlich. Ich sage das dann einfach. (Zu fragen brauche ich nicht, weil meine Kinder von Anfang an frei waren und mir ihre Hilfe von sich aus gewähren.) Man kann ja nicht vermeiden, manchmal Angst zu haben; und wenn man es könnte, dürfte man es vernünftigerweise nicht, weil man dann eine Reihe von Gefahren nicht bemerken würde. Wenn ich Angst habe, weil ich für Freunde Gefahren bemerke, ist es sogar meine Freundespflicht, sie zu informieren. Dies macht mich und sie nicht unfrei, hat auch nichts Erzieherisches, denn es steckt kein Machtanspruch dahinter. – Im übrigen kann man sich auch mit vielleicht unvermeidlichen Ängsten soweit vertraut machen, um nicht zu sagen: anfreunden, daß sie von ihrer ansteckenden Wirkung befreit werden und keine Abwehrreaktionen mehr hervorrufen, die einen Machtanspruch erst aufrichten. Ich bin sicher, daß ich dies nicht weiter und näher auszuführen brauche.

Nochmals hinweisen möchte ich aber auf die Tatsache, daß Ihre gemeinsame Selbstbefreiung ein Prozeß ohne Ende ist. Es ist nicht so, daß Sie ein Zauberwort sprechen, und plötzlich wären alle Probleme gelöst. So wie es in der Erziehung immer Probleme gibt, gibt es sie auch bei der Befreiung. Es sind allerdings garantiert weniger, Sie vergeuden weniger Zeit und Energie, Sie sind freundlicher und produktiver. Tatsächlich spricht nichts Vernünftiges für Erziehung, alles für den Weg der Freiheit. Sogar dann, wenn Sie schon weit in die Unfreiheit gegangen sind. Sie brauchen sich nur klarzumachen, daß für Ihre Selbstbefreiung niemand anderes

den Ausschlag gibt als Ihre echten Gefühle. Solange also Ihre Kinder es nicht »geschafft« haben, Ihnen diese Angst und jene Unfreiheit wirklich zu nehmen, solange werden Sie noch aus diesem Gefühl heraus reagieren, vielleicht sogar erzieherisch. Was ich damit sagen will ist, daß Sie keinesfalls das Risiko eingehen, Ihre Kinder etwa zu vernachlässigen, wenn Sie sich nach den geschilderten Rezepten Stück für Stück (Angst um Angst) befreien. Bekanntlich ist es ja anders, wenn Erwachsene von heute auf morgen »abschalten«: Sie fallen von einer Unfreundlichkeit in die andere, von einer Zwanghaftigkeit in die andere, von einer Unsicherheit in die andere. Und wenn sie sich wirklich ein wenig befreien, dann gar zu leicht auf Kosten ihrer Kinder. (Ich denke an eine Reihe berufswütiger Frauen, die glauben, »sich selbst« zu verwirklichen, wenn sie den ach so beneidenswerten Männern nacheifern.) Hier geht es, das war mir wichtig zu betonen, um etwas sehr anderes: um Lebensfreude, Freiheit und Sicherheit in einem und für alle.
Anmerkung: Die Erfahrung lehrt, daß mit der allmählichen Befreiung von bewußten Ängsten auch die Angst vor der Angst nachläßt. Dadurch können mit der Zeit sogar »verdrängte« Ängste auftauchen, zum Bewußtsein kommen – und in der beschriebenen Weise bearbeitet werden.

Hilfestellungen

Bevor Sie sich in das Abenteuer der Befreiung stürzen und eine Gelegenheit beim Schopfe packen, mit irgendeiner Angst den Anfang zu machen, werden Sie sich noch absichern wollen und mehr darüber erfahren, auf was Sie sich da einlassen. Sie können ja kaum annehmen, Ihre Kinder würden bei der gemeinsamen Befreiung mitspielen, ohne auch ihrerseits ein paar Fragen zu stellen. Ihre Kinder werden zwar nicht die Schwierigkeiten haben, die man von den »in die Freiheit entlassenen« Kindern kennt, welche mit ihrer neuen (äußeren) Freiheit häufig Mißbrauch treiben, weil sie mit ihr nicht umgehen können. Diese Gefahr besteht für Ihre Kinder nicht, die ja Freiheit einfach *leben*, innerlich frei *sein* lernen, aber sicher werden Ihre Kinder sich über die Veränderung in Ihrer Art und der gemeinsamen Beziehung wundern. Kinder, die bisher als Zöglinge angesehen wurden und sich auch selbst so ansahen, werden unweigerlich den Verdacht schöpfen, Sie hätten sich jetzt einen besonders raffinierten Erziehungstrick einfallen lassen, um Ihren Willen durchzusetzen. Ihre Kinder werden es zunächst einfach nicht glauben wollen, daß Sie tatsächlich keine Erziehungserfolge mehr anzielen, daß Sie keine Verantwortung mehr über sie beanspruchen, daß Sie mit allen den Problemen, über die Sie sich bisher so aufregten, nun einfach leben lernen und ohne Unsicherheit mit ihnen umgehen. Das können für Ihre Kinder immerhin sehr neue Erfahrungen sein. Diesen neuen Erfahrungen gegenüber sind Sie Ihren Kindern meiner Meinung nach einige Hilfestellungen schuldig. Aber auch für Sie selbst ist es von Nutzen, wenn Sie sich schon jetzt, also bevor Sie ein »Risiko« eingehen, Rechenschaft darüber ablegen, was Sie jeweils tun können, damit Ihre Kinder keinesfalls in irgendeinem Sinne mit dem Bade ausgeschüttet werden.

Ich mache Ihnen jetzt einige Vorschläge über Themen, die Sie mit Ihren Kindern bei Gelegenheit erörtern sollten, wobei es sich gegenüber Vorschulkindern empfiehlt, die Form von Geschichten, Spielen, auch Rollenspielen oder Theaterszenen zu wählen, die Sie am besten gemeinsam mit anderen betroffenen Erwachsenen sich ausdenken können. Zur Sache:

- Zeigen Sie Ihrem Kind den Unterschied zwischen innerer und äußerer Freiheit.
- Spielen Sie mit Ihrem Kind Gehorchen und Befehlen, Erzogenwerden und Erziehen, Manipulieren durch Lob und Belohnung.
- Zeigen Sie Ihrem Kind den Unterschied von Macht und Ohnmacht (Körperkraft, Geisteskraft, Finanzkraft, Staatsgewalt).
- Erklären Sie Ihrem Kind die verschiedenen zeitlichen Perspektiven, unter denen Sie sich Sorgen machten und vielleicht noch machen.
- Sagen Sie Ihrem Kind, daß Sie sich in seine Auseinandersetzungen mit Außenstehenden nicht mehr einschalten und mögliche Beschwerdeführer direkt zu ihm schicken werden.
- Erklären Sie Ihrem Kind gegebenenfalls, daß Ihre Selbstbefreiung Ihre eigene Sache ist, die Sie auch ohne die Übereinstimmung mit anderen Beziehungspartnern, die noch die Erzieherrolle beanspruchen, durchhalten werden.
- Machen Sie Ihrem Kind den Unterschied deutlich zwischen Ihren bisherigen positiven Zielvorstellungen (ich möchte, daß du morgen so und so bist, das und das tust) und Ihrer jetzt angestrebten freiheitserhaltenden Einstellung (ich möchte nicht, daß du morgen enttäuscht bist, leidest, in Schwierigkeiten kommst).
- Sprechen Sie mit Ihrem Kind über die Ursachen Ihrer Ängste, Ihrer Unfreiheit, über Ihre Kindheit.
- Vergessen Sie auch nicht, die andere Seite Ihrer Ängste, nämlich Ihre Hoffnungen, Ihren auf das Kind bezogenen Ehrgeiz, anzusprechen.

- Und wenn Sie ablehnende Gefühle gegenüber Ihrem Kind erkennen, bekennen Sie sich auch zu diesen. (Es wird Ihnen und Ihrem Kind ein Stein vom Herzen fallen, der dort lag, ohne daß Sie es ahnten.)
- Denken Sie immer daran: Je unangenehmer, peinlicher Ihnen ein Thema ist, desto dringender müssen Sie es aufgreifen, denn desto wichtiger ist es für Sie und Ihr Kind. Rezept: Wenn Sie bei einem Thema noch Schwierigkeiten haben, dann sagen Sie Ihrem Kind, daß Sie bei diesem Thema noch Schwierigkeiten haben, und bitten es um seine Hilfe.

Vorsicht: Wenn Sie sich endlich durchgerungen haben, einen besonders heiklen Punkt des Verhältnisses zu Ihrem Kind anzusprechen, besteht die Gefahr, daß Sie dann wirklich auch alles *loswerden* wollen. So verständlich das wäre, so unhöflich und mißbräuchlich (geistiges Faustrecht) ist es grundsätzlich, wenn Erwachsene daherreden, obwohl die Kinder längst das Interesse verloren haben. Gleichberechtigte Gespräche müssen nicht mit der Stoppuhr in der Hand geführt werden, damit jeder Partner gleiche Redezeit erhält, aber es ist rücksichtslos und im übrigen unklug, jemandem sein Herz auszuschütten, dessen Aufmerksamkeit nachläßt. Gerade wenn es schwerfällt, denken Sie daran: Morgen ist auch noch ein Tag.

Allgemein gilt: Sagen, erklären, zeigen Sie Ihrem Kind alles, was bei Ihnen wirklich los ist. Alle Ihre Gefühle und Wünsche sind von Bedeutung, auch wenn sie unpassend oder altmodisch zu sein scheinen (Sorgen wegen Nachbarn, Rücksichten auf Außenstehende, Geschmacksfragen usw.). Nur so erhält Ihr Kind die Chance, frei auch seine eigenen Ideen, Gefühle, Sorgen in den Dialog einzubringen. Sie werden sehen: Ihr Kind hat vieles beizusteuern, was Ihnen hilft, den Weg der Freiheit nicht mehr zu verlassen.

Bemerkungen für Profis

Kindergärtner(inne)n, Lehrer(inne)n und Heimerzieher(inne)n, am Rande auch Sozialarbeiter(inne)n und Sozialpädagog(inn)en, darf ich zutrauen, die Ausführungen dieses Buches für ihren jeweiligen Arbeitsbereich selbständig fruchtbar zu machen. Ich möchte nur einige Bemerkungen anfügen, die vor gebräuchlichen Mißverständnissen schützen sollen.
Ich halte es für nachgerade albern, wenn jemand vor eine Kindergruppe tritt und mir nichts dir nichts ein phantastisches Freiheitsprogramm verkündet. Mir kommen solche Versuche vor, als

würde man unversehens den Deckel eines Dampfdrucktopfes öffnen und sich über das Überkochen dann wundern. Heutige Kindergruppen stehen nun einmal unter einem wahnsinnigen Druck, den man auf diese Weise nicht abbauen kann, weil man wegen der Auswirkungen sofort mindestens von seiner Institution den dicken Ärger bekommt.

Das Bild von dem Dampftopf legt eine andere Lösung nahe: Nicht das Abnehmen des Deckels, auch nicht das Öffnen eines Ventils ist das Rezept der Wahl, sondern das Abdrehen, das langsame Kleinerstellen des Gases, des Stroms, der Hitzequelle. Für Sie bedeutet das praktisch, insbesondere der Versuchung zu widerstehen, irgendwelchen antipädagogischen oder therapeutischen Ehrgeiz zu entwickeln. Statt dessen können Sie sich ganz in der vorher geschilderten Weise im Zuge Ihrer Selbstbefreiung Rechenschaft ablegen über Ihre Stellung, Ihre inneren und äußeren Möglichkeiten (Ängste, Hoffnungen, Abhängigkeiten), und diese Bedingungen realistisch und authentisch in die Kommunikation mit den Kindern einbringen. Sie müssen dabei akzeptieren, daß das Tempo Ihrer berufsbezogenen Selbstbefreiung wesentlich von den Kindern bestimmt wird. Es wäre nichts weiter als eine pädagogische Gaunerei, den Kindern äußere Freiheiten anzubieten unter der Bedingung, daß sie sie nicht mißbrauchen. Wenn es Ihnen um die (zunächst Ihre) innere Freiheit geht, werden Sie solchen Unfug nicht versuchen. Beschränken Sie sich auf den Vorsatz, das Spiel der Freiheitsfeindlichkeit wenigstens nicht fortzusetzen. Bringen Sie sich selbst ganz ein, ohne damit einen Anspruch zu verbinden. Dies ist die fruchtbare Synthese aus Gleichgültigkeit und Engagement, die in der bisherigen Diskussion über das Selbstverständnis des mit Kindern befaßten »Lohnarbeiters« wegen des ungefragt übernommenen Erziehungsanspruchs außer Betracht blieb. Mit dieser Einstellung vermeiden Sie auch alle Nachteile und Schwierigkeiten (Überanstrengung bzw. »Selbstausbeutung«, Mißgunst von Kollegen, Ärger von Obrigkeit und Eltern), die »emanzipatorische« Erzieher zu beklagen haben. Wenn Sie lieber etwas Vernünftiges tun wollen und weniger Wert darauf legen, hohe Ziele zu verkünden, werden Sie diese Position nicht der Selbstbescheidung bezichtigen, sondern sehen, daß sie in Wirklichkeit den optimalen Erfolg bringt, sowohl für die Kinder, wie für Ihr Recht auf berufliche Befriedigung.

Zwei Sätze für Kinder- und Jugendlichenpsychotherapeuten: Obwohl Ihre therapeutischen Bemühungen aus sachlichen Gründen in der Regel einen mehr oder weniger großen Anteil an antipädagogischer Aufklärung enthalten, möchte ich Sie auf die Chance aufmerksam machen, die darin besteht, diesen Anteil zu vergrößern und vor allem bewußt zu handhaben, wobei ich Sie auf die präzise Differenzierung der Begriffe »pädagogisch« und »therapeutisch« aus der »Antipädagogik« hinweise, weil es da bei vielen Kollegen eine heillose Verwirrung gibt (die vermutlich nicht zuletzt aus dem hehren Klang des Wortes »Pädagogik« stammt), welche häufig genug verhindert, daß der wirkliche Feind erkannt wird, die wirkliche Ursache der Fremdbestimmung, unter der Kinder und Jugendliche leiden, und die immer in Ambivalenzkonflikte führt, wenn sie an Personen festgemacht wird, während eine neue Solidarität zwischen den Generationen ermöglicht wird, sobald man das Abstraktum *Erziehungsideologie* als wesentliche Ursache ins Bewußtsein bringt und personale wie soziale Identität (Selbstwertgefühl und Gemeinschaftsgefühl) nicht als zu erreichendes Ziel vor Augen hat (und vor Augen führt), sondern als bloß verschüttete, verkrüppelte, aber immer schon vorhandene Bedingung menschlicher Existenz. Dieser Unterschied der Perspektiven erscheint mir sehr wesentlich.

Aufforderung

Selbstverständlich ist mir klar, daß weder Eltern noch Profis mit den bisherigen Rezepten die kinderfeindlichen, auf Mechanik und Tod fixierten Strukturen verändern, unter denen alle Menschen unserer Weltgegend heute leiden. Sie können ihre Folgen nur mildern. Wenn Sie der Kinderfeindlichkeit und Todessehnsucht auf der gesellschaftlich-politischen Ebene an den Kragen wollen, nehmen Sie sich bitte auch den dritten Teil dieses Buches zu Herz und Verstand.

III. Eine Lobby für Kinder: Der Deutsche Kinderschutzbund

1. Kinderschutz im Wandel

Die öffentliche Meinung

»Kinder haben keine lautstarke Lobby, die ihre Forderungen vertreten könnte, und werden deshalb manchmal überhört.« Dieser Satz stammt aus einem Grußwort der damaligen Familienministerin KATHARINA FOCKE an den Deutschen Kinderschutzbund anläßlich seiner Jahresversammlung (»Kinderschutztag«) 1973 in Dortmund. Auch ihre Nachfolgerin ANTJE HUBER erklärte noch 1977, Kinder hätten keine Lobby, keine Interessenvertretung. Genau dies, die Lobby für Kinder, will zwar der Deutsche Kinderschutzbund (DKSB) sein, aber immer wieder muß er es sich gefallen lassen, übersehen zu werden. Es wäre sonst nicht so einfach, seine Forderungen zu überhören und zu übergehen.

Obwohl ich selbst erst 1973 in den DKSB eingetreten bin, glaube ich mir doch das Urteil erlauben zu können, daß dieser Verband nicht ohne eigene Schuld so hartnäckig übersehen, überhört und übergangen wird. Zwar hat sich im DKSB seit seiner Gründung eine bemerkenswerte Wandlung vollzogen, aber nur wenige Menschen haben diese Wandlung auch wirklich bemerkt. In der Öffentlichkeit gelten »Kinderschützer« noch immer weithin als vor Güte triefende Idealisten, als zartbesaitete Weltfremde, als sahnetortenlüsterne Veranstalter von Wohltätigkeitsbasaren, als geltungsbedürftige Vereinsmeier, als eifernde Hüter der Sittlichkeit und Unschuld, als pflasterklebende Samariter oder kindertümelnde Mahner um Liebe und nochmals Liebe. Jedenfalls höre ich immer wieder, daß der Kinderschutzbund von Außenstehenden so etwa zwischen Zeugen Jehovas und Heilsarmee angesiedelt wird.

Und nachdem ich die »Kinderschutzszene« ein wenig kennengelernt habe – vorübergehend auch als 1. Vorsitzender eines Ortsverbandes –, kann ich den geschilderten Eindruck nicht einmal gänzlich zurückweisen. Ich kenne Mitglieder des DKSB, die sind nichts weiter als machthungrige Intriganten oder frustrierte Tanten und Onkels, die gerne auf Spesen verreisen, sich bedeutungsvoll reden hören oder edel Weihnachtsmann spielen, andere, die es

nötig haben, sich über die Bosheit ihrer Mitmenschen selbstgefällig erheben zu können, wieder andere, die sich der armen Kindlein annehmen, um sich einen Rest von Wichtigkeit einreden zu dürfen. Und so könnte ich noch lange fortfahren.
Es ist ja auch kein Wunder: Wenn ein Verein das Image hat, Wohltäterei und Querulantentum zu pflegen, werden natürlich die passenden Menschen dort Mitglied. So gesehen ist es keinesfalls ein Nachteil, wenn der DKSB im Vergleich zu den Tierschutzvereinen hoffnungslos im Hintertreffen ist ...
Nun mag die öffentliche Meinung zwar ein feines Gespür haben für das, was in einer solchen Organisation wirklich los ist, aber sie kann doch der Zeit erheblich hinterherhinken. Wie berechtigt das Urteil über eine Organisation gewesen sein mag, aus dem sich ihr Image in der Öffentlichkeit gebildet hatte, es kann sich zu einem Vorurteil verfestigt haben, das zwar nicht mehr gerechtfertigt ist, aber dennoch weiterwirkt.
Ich möchte jetzt untersuchen, ob diese Möglichkeit auf den DKSB zutrifft, inwieweit also die öffentliche Meinung inzwischen einem Vorurteil erliegt.

Historischer Rückblick

Kinderschutz hat eine lange Tradition, die in Deutschland interessanterweise von der Arbeiterbewegung begründet wurde. So war eine der Forderungen der streikenden Arbeiter vor der »Revolution« von 1848 das Verbot von Kinderarbeit. 1869 übernahm die Sozialdemokratische Arbeiterpartei diese Forderung. Das Kinderarbeitsverbot kam dann schließlich 1903 zustande, freilich weniger aus Kinderfreundlichkeit, sondern weil Kinder, die in den Fabriken verschlissen wurden, nicht mehr für den Militärdienst taugten.
Das offensichtliche Kinderelend brachte auch später noch allerlei Kinderschützer auf die Beine, diesmal aus den Höheren Ständen, also Personen mit »sozialen Gefühlen«, die streunende Kinder auflasen, um sie einem gottgefälligen Lebenswandel zuzuführen. Es gab auch schon, zumindest in Hamburg und Berlin, einen »Kinderschutzbund«, der Schriften über Kindesmißhandlung, Vernachlässigung, Kinderarbeit und dergleichen veröffentlichte und 1933 von den Nationalsozialisten verboten wurde.
Nach dem Zweiten Weltkrieg dauerte es eine Weile, bis der Kinderschutzgedanke wieder auftauchte. Vielleicht hatten die Menschen in der Zeit der offensichtlichen Not genug zu tun, diese zu lindern, und fanden keine Zeit für die Gründung eines Vereins.

Aber das Bedürfnis muß vorhanden gewesen sein, denn als Professor Dr. Dr. Dr. FRITZ LEJEUNE den Plan faßte, auch in Deutschland einen Kinderschutzbund zu gründen, nachdem bereits in anderen europäischen Ländern wie Schweden, England und der Schweiz einflußreiche Kinderschutzorganisationen bestanden, fand er schnell Mitstreiter. Ich zitiere aus einem Nachruf für Professor LEJEUNE (aus der Zeitschrift »Städtehygiene« Nr. 1/1967):

»Eigene erschütternde Erfahrungen als praktizierender Arzt in den ersten Nachkriegsjahren veranlaßten ihn 1952, Menschen um sich zu sammeln, die bereit waren, ihre soziale Verantwortung dem Kinde gegenüber zu sehen und aus ihr heraus zu handeln. Am 18.11.1953 kam es dann zur Gründung des Vereins ›Deutscher Kinderschutzbund e.V.‹ (DKSB) in Hamburg. Er selbst wurde zum ersten Präsidenten gewählt.

1956 trat Prof. Lejeune durch den DKSB mit einem *›7-Punkte-Programm‹ zur Besserstellung der Fürsorgeberufe, der Entbürokratisierung der Jugendämter und Sicherung genügender Aufsicht in Kinderheimen* an die Öffentlichkeit ... Wiederholt richtete Prof. Lejeune Appelle an Behörden und Ärzteschaft, Maßnahmen zu ergreifen, um die sich häufenden Unglücksfälle wie auch Morde an Kindern durch schizophrene oder geistesgestörte Mütter, die als gebessert aus der Anstalt entlassen wurden, zu verhindern ...

Im Januar 1962 richtete er wiederum eine Eingabe an die Volksvertretung mit *Forderungen zum Schutze unserer Kinder vor Triebverbrechern und anderen Gefahren*, der im August eine weitere ›Erklärung‹ in dieser Richtung zum Entwurf des neuen Strafgesetzbuches – ausgedehnt auch auf *Mißhandlungen von Kindern* – folgte. Hier forderte er vor allem auch die Zulassung der *freiwilligen Entmannung von Triebtätern.*«

In einem anderen Nachruf (»Hamburger Ärzteblatt« Nr. 12/1966) lesen wir:

»Sein Tod hat in seine so sehr verdienstvollen Bestrebungen, einen Damm gegen die Bedrohung der Familien durch Triebverbrecher und Geisteskranke aufzurichten, eine Lücke gerissen, die recht schwer auszufüllen sein wird ...

Ist es nicht tragisch, daß gerade eine Woche nach seinem Tode in den Tageszeitungen mitgeteilt wird, daß der 3. Senat des Oberlandesgerichtes Frankfurt entschieden hat (A.Z. 3 VAs 69/65), daß sich ein gefährlicher Triebverbrecher, der 10 Jahre seines Lebens hinter Zuchthausmauern verbracht hat und sich jetzt in Sicherungsverwahrung befindet, entmannen lassen darf und damit die Sicherungshaft vielleicht entbehrlich macht. Also genau das, was Lejeune seit Jahren vertrat! Wie wichtig die oben genannte Zusammenarbeit (von Ärzten und Juristen; EvB) ist, das wird wohl bewiesen durch die am 7. November bekannt gewordene Verurteilung der international bekannten Filmschauspielerin Lollobrigida zu zwei Monaten Gefängnis wegen Unzüchtigkeit im Film, die offenbar nun endlich auch juristisches Ärgernis erregt hat. Hören wir doch auch immer wieder, daß Verbrecher vor Gericht angeben, daß sie durch einen Film zu ihren Schandtaten verführt worden seien ...

Kurz vor seinem Tod hat Lejeune noch, wie er mir schrieb, eine Denkschrift verfaßt, die der Kinderschutzbund in Kürze herausbringen wird. Wir hoffen, daß diese nun Vermächtnis werdende Zusammenfassung seiner Auffassungen zur Verhütung von Kindermorden und Sexualverbrechen der Anfang einer entscheidenden gesetzlichen Regelung zur Bekämpfung der sich zu einer Weltseuche entwickelnden Verbrechen an Frauen und Kindern sein wird.«

Im Jahre 1967 veröffentlichte die Zeitschrift »praline« einen »Aufruf zur Unterschriftensammlung gegen Kinderschänder«, dem sich der DKSB anschloß. Es wurde seine (meines Wissens) größte Aktion, die über 400000 Unterschriften einbrachte. Berührungs- und Sexualängste (samt Verteufelung der Täter, die durch diese selben Ängste zu Tätern erst geworden waren) und Rachelust des Volkszorns feierten fröhliche Urständ. Nicht selten wurde die Todesstrafe gefordert.

Ich möchte diesen Rückblick hier abschließen und lieber dokumentieren, welche Entwicklung der Kinderschutzgedanke später nahm. Ich mußte nur aufzeigen, mit welcher Tradition es der DKSB zu tun hat, die sein Bild in der Öffentlichkeit für lange Zeit bestimmte – und vermutlich auch den Bewußtseinsstand nicht weniger Mitglieder dieser Jahre.

Anzeichen der Wandlung

Aus der Zeitschrift »Schutz dem Kinde – Mitteilungsblatt des Deutschen Kinderschutzbundes e. V.«, Heft 3/1973, S. 29:

»*Die Kriminalpolizei rät*

›*Papis, geht mit Euren Kindern kokeln*, damit sie endlich Sinn und Zweck eines Streichholzes – und dessen gefährliche Folgen bei falscher Handhabung – kennenlernen!‹ Mit diesem Appell wendet sich die Kriminalpolizei an die deutsche Öffentlichkeit.

In jedem Jahr werden in der Bundesrepublik durch fahrlässige

Brandstiftung Milliardenschäden angerichtet. Etwa 14% der Schadenfeuer – vor allem auf dem flachen Lande – werden von Kindern verursacht. In den Städten ergeben sich andere Probleme: Hier werden aus Unfug Zeitungen vor der Tür angezündet, Knallfrösche in Briefkästen gesteckt, Heuler durch offenstehende Fenster geworfen. Die Kinder machen sich dabei keine Gedanken.

›Ich wollte nur einmal sehen ...‹, ›das habe ich nicht gewußt ...‹ und ›das wollte ich nicht‹, diese drei Sätze kommen am häufigsten in den Abschlußberichten der Kripo-Sachverständigen vor.

Aus diesen Gründen sehen auch alle Pläne für Aktiv- oder Abenteuerspielplätze die Schaffung von Möglichkeiten vor, daß Kinder gefahrlos mit Feuer umgehen lernen. Daß solche Plätze beaufsichtigt werden müssen, ist überall in den Plänen und Satzungen verankert.

Anderer Auffassung ist die Gründerin unseres Ortsverbandes Neumünster, Frau Dr. Dorothea Klaje. Sie schreibt zu der Forderung des Arbeitskreises Unna: ›Notwendig aber ist Feuer ...‹ (Schutz dem Kinde 2/73):

›Beim Lesen dieses Passus sträubten sich mir vor Entsetzen die Haare. Der Gedanke, Kindern das Feuer als Spielzeug in die Hand zu geben, ist völlig unrealistisch. Soll eine Generation von Brandstiftern großgezogen werden? Es brennt gerade genug in der Bundesrepublik Deutschland. Erst kürzlich besuchte mich mein Versicherungsmann. Er erzählte, die kleineren Versicherungsgesellschaften machten alle Bankrott, weil sie viel zu viel für die immer mehr zunehmenden Brände auszahlen müßten. Zweitens sagte eine Zeitungsnotiz, daß ein Junge dreimal versucht habe, den väterlichen Hof anzuzünden. Als ihm dies nicht gelang, habe er den Hof seines Großvaters anzuzünden versucht. – Folgerung: Auf keinen Fall *Feuer* in die Hand von Kindern, deren Nachahmungstrieb – einmal geweckt – sich an den ungeeignetsten Objekten auswirken würde.‹«

Selbstverständlich sehe ich nicht in der Stellungnahme aus Neumünster ein Anzeichen der Wandlung, sondern in der Tatsache, daß der Rat der Kripo abgedruckt wurde. Die beiden Texte einfach kommentarlos hintereinander zu stellen und für sich selbst sprechen zu lassen, war sicher eine geschickte Lösung des Problems, daß der DKSB auf bestimmte Mitgliederkreise noch Rücksicht nehmen wollte oder mußte.

Erster und letzter Satz des Leitartikels (von RICHARD BRACHMANN) in dem genannten Heft:

»Kinder sollen in Zukunft vor den Einflüssen der Werbung besser geschützt werden ... Die natürliche Leichtgläubigkeit der zuschauenden Kinder sowie der Mangel an Erfahrung bei Heranwachsenden werden zugunsten einer einseitig ausgerichteten Beeinflussung ausgenutzt.«

Man könnte den Schutz von Kindern vor der Werbung eher für belangslos halten, aber wenn man genauer hinliest, deutet sich hier an, daß es nicht nur um die Werbung geht, sondern um bzw. gegen die Ausnutzung kindlicher Schwächen zu einseitig ausgerichteter Beeinflussung. Man kann also statt »Werbung« ohne weiteres auch »Erziehung« sagen, und dann wird der zitierte Leitartikel höchst bedeutungsvoll.

Der Schluß eines weiteren Leitartikels von RICHARD BRACHMANN aus der inzwischen umbenannten Zeitschrift des DKSB »Kinderschutz aktuell« Nr. 2/1974, S. 1:

»Es gibt noch viel zu viel unreflektiertes Erziehungsverhalten, das Methoden und Mittel der Erziehung anwendet, die die Bezeichnung Erziehung nicht verdienen. Deshalb ist es höchste Zeit, daß auch die gesetzlichen Grundlagen für das Recht des Kindes geändert werden, und deshalb wird das Gesetz zur Neuregelung des Rechtes der elterlichen Sorge, das die Bestimmung über die elterliche Gewalt ablösen soll, vom Deutschen Kinderschutzbund begrüßt, trägt es doch dazu bei, den Mißbrauch des Erziehungsrechts besser als bisher zu verhindern.

Gesetze, die die Rechte der Kinder verbessern, sind notwendig, solange es noch Erwachsene gibt, die ihre traditionellen Praktiken, Kinder zu beherrschen und ihnen durch Willkür und Gewalt Schaden an Körper und Seele zuzufügen, nicht abbauen und Kindern nicht von selbst den Frei- und Schonraum gewähren, den sie zur Entfaltung ihrer Persönlichkeit brauchen.«

Abgesehen von dem problematischen »Schonraum« zeigt sich in der Formulierung, Gewaltakte seien Mittel der Erziehung, die die Bezeichnung Erziehung nicht verdienen, in aller Deutlichkeit, daß hier noch gegen den brutalen Raub (als »Mißbrauch«) gepredigt wird zugunsten der eleganteren Trickdieberei (vgl. Kapitel I, 1). Vorher hieß es in diesem Artikel:

»Aggressives Verhalten erwachsener Leitpersonen ... produziert im Kind aggressives Verhalten. Und wenn Gewalt, Befehlen, Unterdrücken und brutale körperliche Züchtigung zu den noch immer gängigen Erziehungsmitteln zählen, ... dann darf sich niemand wundern, daß Kinder zunehmend Gewalt imitieren, daß Kinder zunehmend ein Verhaltensschema übernehmen, in dem Gewalt ein institutionalisiertes Erfolgsmodell ist und in dem durch Aggressionen die Macht und der Erfolg des Stärkeren demonstriert wird.«

Die bösen Leitpersonen (Leitwölfe?) brauchen sich nicht zu wundern. Da kann ich nur aus dem Buch »Hört ihr die Kinder weinen« (S. 33) zitieren:

»Selbst ein so simpler Akt wie der, sich in Kinder, die geschlagen werden, einzufühlen, war für Erwachsene in der Vergangenheit schwierig. Die wenigen Erzieher, die vor unserer modernen Zeit dazu rieten, Kinder sollten im allgemeinen nicht geschlagen werden, begründeten das damit, daß das Schlagen böse Folgen habe, und nicht etwa damit, daß es dem Kind Schmerzen zufüge oder es verletze.«

Die Vergangenheit war also für den DKSB auch 1974 noch nicht zu Ende. Das pädagogische Denken stand höher im Kurs als Kinderfreundlichkeit. Auf einem Werbeplakat heißt es z.B.: »Hauen zerstört Vertrauen« (nicht etwa »Hauen tut weh« oder »Hauen ist nicht Lieben«). Der Text: »Wer prügelt, bekennt seinen erzieherischen Bankrott. Denn Prügeln ist Dressur. Streng erzogene Kinder werden trotzig, aufsässig, zu schnell mutlos, neurotisch« (nicht etwa unglücklich, unlebendig, nein: trotzig, aufsässig!). »Wer ohne Schläge erzieht, erzieht richtig. Und mit nachhaltigem Erfolg.«

Man muß sich solche Sätze, mit denen der DKSB zum Teil heute noch »Aufklärung« betreibt, mal so richtig durch den Kopf gehen lassen...

Und dennoch zeichnete sich die Wandlung ab. Auf dem Kinderschutztag 1974 in Frankfurt/Main forderte der Rechtsanwalt Dr. WILHELM STILLE: »In unserer Gesellschaft muß es zur Anerkennung des Kindes als vollwertige Rechtsperson kommen.« Aus »Kinderschutz aktuell« Nr. 3/1974, S. 9:

»Vizepräsident Dr. Stille verwies hierzu auf das Grundgesetz, in dem das Recht des Kindes auf freie Entwicklung, körperliche Unversehrtheit sowie der Anspruch auf Unantastbarkeit seiner Menschenwürde verankert sei. Es sei an der Zeit, alle diesbezüglichen Gesetze auf diese Grundnormen im Interesse der Kinder auszurichten.«

Von der Wohlfahrt zur Politik

Auf dem Kinderschutztag 1975 in Plön/Schleswig-Holstein wurde der Kinderarzt und Sozialpädiater Professor Dr. KURT NITSCH, Hannover, zum Präsidenten des DKSB gewählt. In einer Standortbestimmung aus dem Jahre 1974 (»Kinderschutz

aktuell« Nr. 2/74, S. 2, »Wer sind wir? Ein Rückblick auf 20 Jahre DKSB«) hieß es noch – oder *schon*, wie man will: »In diesem Sinne versteht sich der Deutsche Kinderschutzbund nicht als ein caritativer, sondern als ein sozialer Verband.«
Professor NITSCH trieb diese Entwicklung voran, indem er eine neugefaßte »Deutsche Charta des Kindes« vorlegte und den Vorrang der *politischen* Arbeit des DKSB betonte. In dem Leitartikel zu Nr. 3/1975 von »Kinderschutz aktuell« schrieb Professor NITSCH außerdem:

> »Was mir wichtig erscheint, sind vorbeugende Aktivitäten im Rahmen des Kinderschutzes. Vorbeugung vor sozialer Vernachlässigung ist gleichzeitig Vorbeugung vor Kindesmißhandlung, vor Mißbrauch des Kindes in jeder Hinsicht, und dieser Vorbeugung gebührt ebenso wie in der allgemeinen Medizin der Vorrang vor nachträglichen Maßnahmen, obwohl solche natürlich auch unentbehrlich sind.«

Damit war eine neue Gewichtung der Arbeitsschwerpunkte gegeben, die dem Wesen von Kinder*schutz* erst wirklich entspricht. Selbstverständlich wird es immer eine Aufgabe kinderfreundlicher Menschen sein, sich mißhandelter oder bedrängter Kinder anzunehmen. Erfolgreicher Kinder*schutz* muß aber als *vorbeugende* Arbeit verstanden werden, und das heißt in erster Linie als Aufklärung über die Rechte der Kinder, oder, kurz gesagt, über die *Gleichberechtigung der Generationen*. Entsprechend heißt es in einem »Sozialpolitischen Programm des DKSB« aus dem Jahre 1975, ausgearbeitet von Professor GOSTOMZYK, Ulm, einem der beiden damaligen Vizepräsidenten des DKSB:

> »1. Nach Artikel 2 (1) des Grundgesetzes hat jeder das Recht auf freie Entfaltung seiner Persönlichkeit. Dieser Grundsatz gilt auch für das Kind. Das ist in das Bewußtsein der Öffentlichkeit zu tragen.
> 2. Das Kind kann seine Bürgerrechte nicht allein wahrnehmen. Die Konkurrenz von Kindesrecht auf der einen Seite und Elternrecht sowie Erwachsenenrecht ganz allgemein auf der anderen soll als Rechtskonflikt gleichberechtigter Partner anerkannt werden.«

Weitere Textbeispiele aus der Zeitschrift »Kinderschutz aktuell«, die die Entwicklung dokumentieren:

> »Noch immer geht Elternrecht vor Kinderrecht. Zwar haben zahlreiche Schutzvorschriften formal in Gesetzen und Verordnungen Platz gefunden. Die Wirklichkeit aber sieht anders aus. Der Deutsche Kinderschutzbund fordert mit großer Deutlichkeit, daß Kinderrecht immer dann vor Elternrecht zu gehen hat, wenn das Kind durch Willkür oder Versagen

der Eltern oder eines Elternteiles gegenüber der Elternaufgabe gefährdet oder akut bedroht ist. Der Begriff der elterlichen Gewalt ist vorbehaltlos durch den Begriff der elterlichen Fürsorgepflicht zu ersetzen.« (Professor Dr. KURT NITSCH, Nr. 1/1976, S. 5 f)

»In seinem Rechenschaftsbericht über die Arbeit des Verbandes auf Orts-, Landes- und Bundesebene unterstrich Präsident Dr. Kurt Nitsch, daß sich das Problem ›Kinderschutz‹ ebenso wie das Gesamtbild sozialer Arbeit in den letzten zwei Jahrzehnten beträchtlich gewandelt habe. Der Schwerpunkt liege heute darin, daß man sich in starkem Maße von materieller Hilfe und Wohlfahrt sowie Fürsorge für Geschädigte abgewendet habe zur Vorbeugung und zur Mithilfe bei der Selbsthilfe.« (RICHARD BRACHMANN, Bundesvorstandsmitglied des DKSB und Redakteur seiner Zeitschrift, Nr. 2/1976, S. 18)

»Bei umfassender Deutung des Begriffes ›Kinderschutz‹ sehe ich den wichtigsten und bleibenden Schwerpunkt in der *Vorbeugung*, ein Begriff, der vor 25 Jahren im sozialen wie im medizinischen Bereich noch inhaltsarm war. Materielle Hilfen sind als Folge der nahezu perfekten Entwicklung zum Sozialstaat weniger vordergründig geworden, humanitäre und soziale Probleme werden dagegen immer gewichtiger. Zur eigenen Standortdarlegung möchte ich nachdrücklich sagen, daß der DKSB *kein* Wohlfahrtsverband ist, auch wenn er nach wie vor gezwungen ist, Aufgaben wahrzunehmen, die den sogenannten großen Wohlfahrtsverbänden gut zu Gesicht stünden.

Was ist er denn? ... 1. Er sollte eine einzige und riesige Bürgerinitiative zur Erzwingung des Schutzes unserer Kinder sein, eine mächtige Lobby, ein potenter Anwalt des Kindes, der immer dann als Verteidiger (aber auch als Ankläger!) auftritt, wo ›das Kind‹ sich als schutzbedürftig erweist. 2. Auf *allen Ebenen* ist das zwangsläufig eine politische Aktion, wohlgemerkt ›politisch‹, nicht ›parteipolitisch‹ ... Weder Diskussionen im kleinen Kreis noch gute Taten, die in der Bescheidenheit des einzelnen, sozial engagierten Menschen unbekannt bleiben, wenden die allgemeine Bedrohung und die umfassenden Gefahren von unseren Kindern in ihrer Gesamtheit ab.« (Professor NITSCH, Nr. 3/1976, S. 7 f)

Es ist verständlich, daß einige der altgedienten Kämpfer gegen die konkrete Not einzelner Kinder über die von Professor NITSCH vertretene Linie nicht besonders glücklich waren. Es scheint, als würde ihr aufopfernder Einsatz nicht mehr recht gewürdigt. Aber Professor NITSCH wäre nicht ohne Gegenstimmen gewählt worden, wenn sich die Wandlung des DKSB (vom – beispielsweise – Sittenwächer à la »saubere Leinwand«) zur politisch orientierten Bürgerinitiative nicht schon abgezeichnet hätte. Gerade die Praktiker der Kinderschutzarbeit vor Ort mußten im Laufe der Zeit erkennen, daß sie zwar viel Not lindern, aber trotz steter Mühe den heißen Stein nicht höhlen bzw. kühlen konnten. Deshalb ist Professor NITSCH nicht als »Reformator« des Kinderschutzes in der Bundesrepublik anzusehen, sondern »nur« als Repräsentant einer auch international zu beobachtenden Entwicklung vom reaktiven (re-agierenden, heilenden) zum offensiven Kinderschutz im Sinne einer ausgesprochenen *Bürgerrechtsbewegung.* Die Erkenntnis hat sich Bahn gebrochen, daß Menschen, die sich um das Wohl der Kinder Gedanken machen, sich nicht gleichzeitig an Erziehungsmaximen orientieren können. Ich will hier noch zwei Leitartikel der Zeitschrift »Kinderschutz aktuell« von RICHARD BRACHMANN vollständig wiedergeben, die beispielhaft zeigen, wie sich die rechtliche Sichtweise als »Ei des Kolumbus« zur Lösung des Streites um die »richtige Erziehung« auch im Rahmen des Deutschen Kinderschutzbundes durchzusetzen begann. Der erste erschien 1974 unter dem Titel *Umorientierung tut not*:

> »Im Erziehungsbereich ist der Höhepunkt einer längeren Experimentierphase unverkennbar überschritten. Am Beginn dieser Phase stand die Forderung nach Realisierung einer repressionsfreien Erziehungskonzeption. Ihre extremen Verfechter verfolgten unverhüllt gesellschaftsverändernde Absichten, die bis hin zu dem revolutionären Anspruch der Systemüberwindung durch Bildung von Klassenbewußtsein mit Hilfe der vorschulischen und schulischen Erziehung reichten.
>
> Heute, gegen Ende dieser Phase erzieherischer Experimente zeigt sich: Die antiautoritäre Pädagogik hat in ihren Ergebnissen enttäuscht. Das gesellschaftspolitische Wunschdenken extremer Gruppen, denen es sowohl an politischer als auch an pädagogischer Erfahrung mangelte, führte in die Irre. Das Kind als Objekt einer revolutionären Erziehungsstrategie hat sich als untauglich erwiesen. Eine große Zahl enthusiastisch begonne-

ner Projekte sind gescheitert, andere grundlegend verändert. Die meisten scheiterten am Dilemma des Fehlens eines soliden, fundierten pädagogischen Konzepts. Leidtragende waren wieder einmal die Kinder. Fehlende Koordinierung bzw. die Unmöglichkeit der Koordinierung von vorschulischen Kinderladenprojekten mit der konventionellen Schulerziehung stürzte die betroffenen Kinder in erhebliche Übergangs- und Anpassungsschwierigkeiten. Erfahrungen in Berlin und Frankfurt haben ergeben, daß die Quote der Schulversager unter der Schülergeneration aus antiautoritären Kinderläden auffallend hoch ist.

Selbst die Schrittmacher einer repressionsfreien Pädagogik räumen heute ein, daß es nicht geht, antiautoritär bzw. emanzipatorisch erzogene Kinder ungeschützt und unbegleitet in eine von Verzichtethik und Triebunterdrückung gekennzeichnete Welt zu entlassen. Ein Kind vermag ein solches Wechselbad pädagogischer Extreme nicht schadlos zu überstehen.

Die Zeit ist da, aus den gewonnenen Erkenntnissen Konsequenzen zu ziehen. Dabei sollte nicht übersehen werden, daß die pädagogische Protestbewegung zweifellos ihre positive Seite hatte. Sie hat kritisch gemacht. Sie hat Zweifel an überkommenen Leitbildern hinterlassen. Sie hat festgefahrenen repressiven Erziehungstraditionen ein berechtigtes Nein entgegengesetzt.

Dennoch sollte allen, die im pädagogischen Raum agieren, inzwischen die Einsicht gekommen sein: nämlich, daß der bloße Protest gegen alle bestehenden sozialen, geistigen, gesellschaftlichen und politischen Ordnungen ebensowenig als Erziehungsmotiv ausreicht wie das ängstliche Bemühen, die bestehenden Ordnungen auf ewig fortzuschreiben und die Kinder zu angepaßten, leistungs- und konsumorientierten Bürgern zu erziehen.

Diese im Konflikt erworbene Erkenntnis beinhaltet die Chance kritischer Umorientierung, die im Kern darauf gerichtet sein muß, mehr als bisher die individuellen Ansprüche und Bedürfnisse des Kindes und seine Förderung im Rahmen der gegebenen gesellschaftlichen Bedingungen in den Mittelpunkt erzieherischer Bemühungen zu stellen. Vor allem: In keinem Fall dürfen Kinder weiterhin zum Objekt pädagogischen oder gesellschaftspolitischen Ideologienstreits gemacht werden.« (Nr. 3/1974, S. 1)

Den folgenden Artikel *Emanzipation – auch für Kinder?* schrieb RICHARD BRACHMANN drei Jahre später:

»Wenn vom ›Recht‹ des Kindes die Rede ist, steht noch immer

die Interessenlage der Erwachsenen im Vordergrund. Noch immer wird die Forderung nach mehr Recht für Kinder als Angriff gegen die verbürgten Rechte der Erwachsenen empfunden. Noch immer pochen Eltern in unbeirrbarem Besitzstandsdenken auf ihr uneingeschränktes Erziehungsrecht. Diesbezüglich ist das 19. Jahrhundert noch nicht zu Ende, das die Ordnungs- und Gehorsamsprinzipien seines Erziehungskonzepts voll auf Kosten des Kindes verwirklicht hat.
Erziehung wurde in Übereinstimmung von kirchlicher und weltlicher Ordnung als Mittel zur Anpassung des Kindes an die bestehende Kultur und an bestehende Verhaltensnormen verstanden, die durch Sitte und Rechtsordnung gerechtfertigt und durch pädagogische Maßnahmen in Elternhaus und Schule durchgesetzt wurden.
Die traditionelle Erziehungshaltung, die auf Gehorsam, Wohlverhalten und Leistung abzielt, wirkt sowohl im deutschen Recht als auch in den heutigen Eltern, Pädagogen und Politikern fort. Wenige stellen die Frage, was für Kinder gut ist. Wichtig scheint nur, wie Kinder nach den Vorstellungen der Erwachsenen sein sollen und demgemäß erzogen werden müssen. Das heißt: Kinder werden von Natur aus als erziehungsbedürftig eingestuft. Der Mangel des Kindes besteht in den Augen der Erwachsenen darin, noch nicht erwachsen, was bedeutet: noch nicht erzogen zu sein. Hier nun fühlen sich die ›Erziehungsberechtigten‹ gefordert, aus dem Kind durch Erziehung einen leistungsfähigen Erwachsenen zu machen. Das Gesetz hat den Eltern bzw. Erziehungsberechtigten zu diesem Zweck die ›elterliche Gewalt‹ übertragen (§ 1626 des Bürgerlichen Gesetzbuches). Daß jedoch viele Eltern bei der Ausübung ihres Erziehungsrechtes unbewußt ihre eigenen Erziehungs- und Charaktermängel sowie ihre falschen Wertvorstellungen ihren Kindern ›anerziehen‹ und diese Mängel dann wiederum an ihren Kindern permanent bekämpfen, bleibt in der öffentlichen Erziehungsdiskussion unerwähnt. Es wird als selbstverständlich vorausgesetzt, daß Eltern in der Regel von Natur aus ›richtig‹ erziehen, da sie es ja in bester Absicht tun. Die Wirklichkeit jedoch sieht anders aus. ›Unerzogene‹ Kinder sind stets das Spiegelbild ihrer ›erzogenen‹ Erzieher. Das Verhalten der Eltern prägt das Verhalten der Kinder. Darin liegt die Kehrseite der Erziehung, auch der gutgemeinten – und eigentlich ist sie immer gutgemeint.
Nur wenigen Eltern ist bewußt, daß sie durch die Anwendung ihrer auf Disziplinierung, Gehorsam, Anpassung und Einordnung abgestellten Erziehungsmaxime das Grundrecht auf Ent-

faltung der Persönlichkeit ihrer Kinder beschneiden. Dieser Prozeß der Einengung, der ständigen Reglementierung und damit ›Ent-Rechtung‹ setzt sich in der Schule, in der totalen Pädagogisierung des kindlichen und jugendlichen Lebens bedrohlich fort.

Es kommt darauf an, das ›Wohl des Kindes‹ neu zu überdenken. Bisher waren die Maßnahmen der Erziehung daran orientiert, was Eltern, Pädagogen und der Gesetzgeber unter dem ›Wohl des Kindes‹ verstanden. Der Anspruch des Kindes auf sein ›Wohl‹ ist aber erst dann erfüllt, wenn es sich wirklich ›wohlfühlt‹, wenn seine freie Entfaltung gewährleistet ist. Daran sollten Eltern mehr denken. Es ist eine entscheidende Aufgabe des Kinderschutzbundes, dem Bewußtsein zum Durchbruch zu verhelfen, daß nicht nur Mann und Frau, sondern auch Kinder gleichberechtigt sind.« (Nr. 3/1977, S. 1)

Ich meine, im Grunde war der Schritt gar nicht so groß, daß er drei Jahre hätte brauchen müssen. Wenn man fordert, Kinder dürften nicht zum Objekt pädagogischen oder gesellschaftspolitischen Ideologienstreits gemacht werden, ist die Erkenntnis, daß Kinder überhaupt nicht zu Objekten gemacht werden dürfen, sehr naheliegend. Es mußte allerdings die Rolle der Erziehungsideologie bei der Ent-Rechtung der Kinder erst durchschaut werden. Inzwischen sind der Heiligen Kuh Pädagogik, die für jedermann erkennbar einfach zu viel Mist gemacht hat, die Felle davongeschwommen – jene Kuhhaut, auf die in Sachen Kinder nun wirklich nichts mehr geht. Pädagogisch eingestellte Erwachsene sind als die gefährlichsten Feinde der Kinder entlarvt. Hierzu »Kinderschutz aktuell«: »Die totale Pädagogisierung der heranwachsenden Generation müsse endlich aufhören, hob der DKSB-Präsident am Weltkindertag hervor.« (Nr. 4/1977, S. 15) Nicht an »richtigen«, »erfolgreichen« oder »gutgemeinten« Erziehungsmaßnahmen können sich die Geister sinnvoll scheiden, sondern daran, ob Kinder Menschen sind, Menschen mit den vollen Grund- und Menschenrechten. Wenn man dies bejaht, erübrigt sich der Streit auch um Pädagogik/Antipädagogik, weil das Kind als gleichberechtigter Mitmensch überhaupt nicht mehr Gegenstand erzieherischer Maßnahmen sein kann. Respektiert man das Kind als Rechtssubjekt, dann hängt es auch nicht mehr von der subjektiven Kinderfreundlichkeit oder Toleranz irgendwelcher Erwachsenen ab, ob sie Kindern etwas Gutes tun wollen oder ob sie auf Kinder Rücksicht nehmen wollen.

Mit der gleichen Selbstverständlichkeit, mit der sie erwachsenen Mitmenschen, die ihnen vielleicht nicht sympathisch sind, ein bestimmtes Minimum an Höflichkeit, Nichteinmischung und notfalls Hilfsbereitschaft entgegenbringen, werden sie Kindern zumindest die andauernden Demütigungen und Beeinträchtigungen ersparen, die ihnen die Erziehungsideologie sogar zur Pflicht machte. Das am Recht orientierte Denken bewegt sich auf einer anderen Ebene, auf der in einer entwickelten Gesellschaft einzig menschenwürdigen. In diesem Sinne betonte Professor NITSCH in seiner Stellungnahme für den Rechtsausschuß des Deutschen Bundestages zum Entwurf eines Gesetzes zur Neuregelung des Rechts der elterlichen Sorge, »daß Menschenrechtsverletzungen gegenüber Kindern so unendlich häufig sind, daß eine zivilisierte Gesellschaft diese vor allem anderen beseitigen müßte«. (Protokoll Nr. 17 vom 12.9.1977, Anlage, S. 80)

Ich kann hier, das heißt in einem Buch, das eine ganze Weile aktuell bleiben soll, weder auf dieses Gesetz noch auf den inzwischen vorliegenden Entwurf für ein Jugendhilfegesetz näher eingehen, weil eine heutige Stellungnahme von den parlamentarischen Ereignissen überholt werden dürfte. Jedenfalls sind beide Gesetzentwürfe nicht nur völlig unzureichend, sondern ausgesprochen kinderfeindlich. Es steht zu befürchten, daß auch die klaren Worte und wegweisenden Vorschläge von Professor NITSCH bei der Expertenanhörung in Bonn zumindest bezüglich des ersten Entwurfes daran nichts mehr ändern konnten. Kinder haben keine Lobby? Unsere Volksvertreter hören sich den Sprecher des Kinderschutzbundes zwar an, aber wenn hinter einem solchen Mann nur 20 000 Stimmen stehen, während mindestens 20 Millionen Bürger für die Prügelstrafe sind, kann man sich leicht ausrechnen, welches Gewicht seinem Wort beigemessen wird...

Moderner Kinderschutz muß also in erster Linie Aufklärung betreiben, und zwar gerade nicht bloß Aufklärung über die Prügelstrafe und Kindesmißhandlungen, sondern Aufklärung über deren wirkliche Hintergründe. Kindesmißhandlungen und andere Notlagen einzelner Kinder fordern weiterhin Hilfe, und kein Mitglied des DKSB würde diese Hilfe verweigern. Außerdem aber muß gesehen werden, daß solche Notlagen die Spitze eines Eisberges sind. Der *Eisberg Erziehung und Entrechtung* ist zum größten Teil unsichtbar, aber seine Kälte kann leicht gemessen und bewiesen werden. Wirkungsvoller Kinderschutz heute muß diesen Eisberg auftauen – solange dies nicht gelingt, wird auch seine Spitze nicht kleiner.

Einen nicht unbedeutenden Markstein auf dem neuen Weg zum Schutz der Kinder setzte der Ortsverband Wiesbaden im DKSB Ende 1977, als er seine Vereinssatzung neu formulierte. In der alten Satzung aus dem Jahre 1958 hieß es folgendermaßen:

»Der Deutsche Kinderschutzbund hat den Zweck, den Gefahren entgegenzuwirken, denen Kinder in ihrem körperlichen Gedeihen und ihrer sittlichen Entwicklung durch Handlungen und Unterlassungen Dritter, insbesondere durch Mißhandlungen, ausgesetzt sind. In diesem Sinne bekämpft er in der Hauptsache die Gefahren, die für Kinder entstehen

1. aus dem Mißbrauch der elterlichen Gewalt zu übermäßiger Züchtigung sowie körperlicher und seelischer Mißhandlung,
2. aus Vernachlässigung in Pflege, Aufsicht und Erziehung sowie sittlicher Verwahrlosung.«

In der neuen Satzung werden die Aufgaben des Kinderschutzbundes so formuliert:

1. vorbeugende Aufklärung der Gesellschaft, vor allem der Eltern und zukünftigen Eltern, um eine kinderfreundliche Einstellung zu ermöglichen,
2. Öffentlichkeitsarbeit zur Durchsetzung der Gleichberechtigung des Kindes in Familie, Gesellschaft, Institutionen und Gesetzgebung,
3. Hilfen zur Verbesserung der Lebenssituation von Kindern, insbesondere von Kindern, die in Not sind, vernachlässigt oder mißhandelt werden,
4. Hilfen für Eltern und andere Erwachsene, die Kinder vernachlässigen oder mißhandeln,
5. Vermittlung zwischen Kindern, Eltern, Erziehern, Lehrern, Ämtern und Institutionen im Falle von Konflikten, bei denen die Grundrechte der Kinder auf freie Entfaltung ihrer Persönlichkeit und Achtung ihrer Würde beeinträchtigt werden,
6. Gründung und Unterhaltung geeigneter Schutz- und Hilfseinrichtungen für Kinder in Not,
7. Zusammenarbeit mit und Unterstützung von gleichgerichteten Organisationen.

Nun könnte man angesichts anspruchsvoller Formulierungen in einer Vereinssatzung auf die bekannte Geduld von Papier verweisen. Wenn sich jedoch eine große Anzahl von Bürgern einer Stadt als zahlende und zum Teil sehr aktive Vereinsmitglieder hinter ein solches Papier stellen, wenn zahlreiche andere Ortsverbände sich spontan an diesem Papier zu orientieren beabsichtigen und wenn ihm auch der Bundesvorstand Modellcharakter zuerkennt, kann man ein geduldiges Papier doch auch als Ausdruck für anwachsende *Ungeduld* vieler Menschen bezeichnen. Sobald einmal durchschaut ist, welches Fundament die Exzesse der Kinderfeindlichkeit überhaupt erst möglich macht, werden auch solche Menschen Kinderschutz neu und richtiger verstehen, die sich ursprünglich »nur« von der Spitze des Eisbergs, den brutalen körperlichen Kindesmißhandlungen, beeindrucken ließen. Niemand mißhandelt ein Kind aus heiterem Himmel. In dem Buch »Hört ihr die Kinder weinen« (S. 22) wird ein Zeitungsartikel der »New York Post« vom 23. 2. 1972 zitiert: »›Er glaubt, er wäre der Boß – ständig versucht er, alles zu bestimmen – aber ich habe ihm gezeigt, wer hier zu sagen hat!‹ sagt ein Vater von seinem neun Monate alten Jungen, dessen Schädel er zerschlagen hat.«

Ein Extremfall, gewiß. Aber ein Fall, der nicht möglich wäre ohne den überall proklamierten Erziehungskrieg, ohne die Atmosphäre des ständigen Machtkampfes zwischen Erwachsenen und Kindern, ohne den pädagogischen Urglauben, man dürfte und müßte seine Kinder so oder so oder irgendwie, aber jedenfalls erziehen. Kinderschutzarbeit als Schutz der Kinder vor objektiver, passiver wie aktiver Kinderfeindlichkeit, als Schutz der Kinder vor Mißachtung ihrer Rechte und als Schutz der Kinder vor Erziehung, ist der einzige Weg zu dem Ziel, nicht nur möglichst allen Kindern ein menschenwürdiges »Image«, »Prestige«, Ansehen zu verschaffen, sondern auch den relativ wenigen Auswüchsen im Sinne der klassischen Kindesmißhandlungen wirkungsvoll vorzubeugen. Ist der Stein erst einmal ins Rollen gekommen, tobt also der Machtkampf bereits oder ist gar die Erziehungsorgie schon in vollem Gange, dann sind vernünftige Argumente wenig wirkungsvoll. Die Haßlawine ist nicht mehr aufzuhalten. Bevor sie sich aber in Bewegung setzt, können schon kleinste Vorkehrungen verhindern, daß sie losbricht oder überhaupt entsteht.

Die Menschen zu sammeln, die diese Selbstverständlichkeit verstehen und – jeder an seinem Ort, wie er mag und kann – die erforderliche Aufklärungsarbeit unterstützen, das ist die Aufgabe, die dem DKSB heute gestellt ist. Dabei *kann* Kinderschutz sogar bedeuten: Schutz der Kinder vor dem Glauben, Kinder seien schutzbedürftig.

Diesen vielleicht verwirrenden Satz möchte ich durch eine Parallele verständlich machen und zitiere aus einem Leserbrief von MARIA H., Kassel, an die »Frankfurter Rundschau«, abgedruckt am 5. 1. 1976 unter der Überschrift »Arbeitsschutz Bevormundung«:

> »Gerade der gesetzliche Frauenarbeitsschutz ist es nicht zuletzt, der der Arbeitnehmerin Frau und der Frau ganz allgemein den Stempel der minderen Belastbarkeit und Minderwertigkeit aufdrückt. Dieser Schutz der Frau, von Männern ersonnen, ist

zu einem Diskriminierungsinstrument geworden und stellt überdies eine unerträgliche Bevormundung der Frau durch den Gesetzgeber dar.«

Die Parallele zum Kinderschutz springt von selbst ins Auge. Die Gefahr ist immer groß, daß man jemanden unter dem Vorwand (auch in dem echten Glauben), ihn zu beschützen, in Wahrheit unterdrückt. Gestatten Sie mir deshalb zum Abschluß dieses Kapitels noch ein anderes Bild.

Ich sehe vor mir eine dicke Eiche, viele hundert Jahre alt, ein Symbol des Lebens, der Kraft. Wer käme angesichts dieses Baumes auf die Idee, er sei schutzbedürftig? Von Natur aus braucht er keinen Schutz. Aber sobald Gifte seine Blätter und Wurzeln bedrohen, wenn sich vielleicht sogar eine Straße an ihn heranpirscht, wenn Motorsägen ihm zu Leibe rücken, dann ruft dieser Baum die Umweltschützer auf den Plan.

Würden die Menschen ihre Umwelt nicht bedrohen und angreifen, wäre kein Umweltschutz erforderlich.

Würden die Menschen ihre Kinder nicht bedrohen und angreifen, wäre kein Kinderschutz erforderlich.

Ich will damit sagen: Es liegt nicht in der Natur des Kindes, daß es geschützt werden muß. Es braucht lediglich Unterstützung (DEMAUSE) – und hat in einer Gesellschaft oder Umgebung, die manchmal von Menschenwürde redet, das Recht darauf.

»Ich bin noch nie jemandem begegnet, der so voller Leben ist, wie es die meisten Babys, zumindest in den ersten Wochen nach ihrer Geburt, immer noch sind, und der irgendeiner anderen Kreatur ihr Leben mißgönnt. Das Baby, das voller Leben ist, hat Freude am Leben. Rein von der Konstitution her tanzt das Leben mit dem Leben.«

So schreibt der Antipsychiater RONALD D. LAING (»Das Selbst und die Anderen«, Köln 1973, S. 148f) – allerdings nicht ohne anschließend aufzuzeigen, wie Erziehung dieses lebendige Leben zerstört. Aber jedenfalls brauchte gegenüber dem strotzenden Lebenswillen eines Babys keinerlei Schutzgedanke aufzukommen.

Auch hier ist die *rechtliche* Sichtweise die Lösung des Problems. Kinderschutz kann dann nicht in Unterdrückung und Bevormundung ausarten, wenn er sich am Recht des Kindes orientiert statt an den Ängsten (oder dem Neid oder gar der Todessucht) von erzogenen Erwachsenen. Und letztlich ist dann Kinderschutz nicht mehr eine Sache, bei der es nur speziell um Kinder geht, sondern Teil all der Bestrebungen, die heute *das Recht des Lebens auf Leben* zunehmend offensiv verteidigen.

2. Kinderfeinde werden nicht Mitglied im Deutschen Kinderschutzbund

Von Geduld und Ungeduld

Als ich in meiner näheren Umgebung für den modernen Kinderschutz zu werben begann, verstieg ich mich zu dem Slogan: »Nur Kinderfeinde werden nicht Mitglied im Kinderschutzbund (Kinderfeinde sind überhaupt keine netten Leute).« Diese Werbung war zwar sehr erfolgreich, aber das vermaledeite »nur« wurde von einigen empfindsamen Menschen als Erpressungsversuch gedeutet, als »Nötigung«, die sie sich nicht gefallen lassen wollten.
Genau genommen ist der Vorwurf berechtigt, auch wenn er mir manchmal etwas kleinkariert vorkommt. Ich bin eben der Meinung, daß jeder, der die Kinderfeindlichkeit unserer Gesellschaft bzw. die Kinderfeindlichkeit *in* unserer Gesellschaft beklagt, sich *genötigt* sehen müßte, etwas Handfestes dagegen zu tun. Die Not unserer Kinder macht es *nötig*, *not-wendig*, daß die Lobby für Kinder unvergleichlich viel stärker wird, als sie bislang ist. Und angesichts der im vorigen Kapitel geschilderten Entwicklung des Kinderschutzgedankens zu seiner heutigen Gestalt packt mich gelegentlich die schiere *Ungeduld*, weil der Kinderschutzbund die realistische Chance bietet, Kinderfeindlichkeit in großem Stile abzubauen, Kinderfreundlichkeit auf breiter Front zu ermöglichen.
Aber da es nicht die Aufgabe dieses Buches ist, dem DKSB neue Mitglieder zu verschaffen, will ich auf diese Chance nur insoweit eingehen, als sie dem Ziel dieses Buches, Ihnen Sicherheit im Umgang mit Kindern zu verschaffen, dienlich ist. Und da ist natürlich Ungeduld fehl am Platz, Ungeduld mit sich selbst ebenso wie Ungeduld mit anderen. Ungeduld ist – dies muß ich gegen mich selbst einwenden – eine Funktion von Unsicherheit. Beide, Unsicherheit wie Ungeduld, können sich allerdings aus folgendem Gedankengang rechtfertigen:
Wenn unsere Zeit eine gute Zeit für Kinder werden soll, ist es mit der persönlichen, gefühlsmäßigen, existentiellen Sicherheit im Umgang mit Kindern allein nicht getan. Viele Lebensbedingungen unserer Kinder hängen von unserer Sicherheit, unserer Einstellung, unserer Kinderfreundlichkeit schlichtweg nicht ab. Zwar können wir, als nahe Beziehungspartner unserer Kinder, viele Gefahren abwehren oder mildern, aber einer Anzahl von Problemen, die für sie von erheblicher Bedeutung sind, stehen wir als einzelne doch hilflos gegenüber. Wir können die subjektive Unsicherheit im Umgang mit unseren Kindern und ihren Proble-

men beseitigen und damit die wichtigste Voraussetzung dafür schaffen, daß die Kinder auch in einer extrem feindlichen Umwelt zurandekommen. Die Sicherheit, wirklich alles getan zu haben für eine kinderfreundliche Welt, gewinnen wir dadurch nicht. *Diese* Sicherheit erfordert einen Schritt hinaus über unsere persönliche Beziehung mit Kindern, hinein in die Verantwortungsebenen, auf denen die objektiv kinderfeindlichen Entscheidungen (seien sie aktiv oder passiv kinderfeindlich) getroffen werden. In unserer persönlichen Beziehung mit Kindern ist, das hoffe ich deutlich gemacht zu haben, das jeweilige Hier und Jetzt (der zeitliche Bereich P 1) von entscheidender Bedeutung und Maßstab unserer Sicherheit. Bezüglich der von *anderen* Menschen gesetzten Lebensbedingungen unserer Kinder ist ein längerfristiges Denken und Handeln erforderlich, ist Ungeduld am Platze. Die Lobby für Kinder im Sinne modernen, offensiven Kinderschutzes zu stärken durch aktive Mitarbeit oder auch passive Unterstützung, schafft jedem, der weder Geduld noch Ungeduld übertreibt, die Sicherheit, auch im überpersönlichen Bereich das Menschenmögliche zu tun. Ungeduld mag manchmal taktlos sein, doch Geduld ist schändlich, wenn sie einfach duldet, was mit unseren Kindern geschieht. Geduld ist erforderlich, doch Geduld *im Tun*.

Ohne also eine Leserin oder einen Leser irgendwie nötigen zu wollen, möchte ich für diejenigen, die die duldende Geduld vielleicht verloren haben, die Chancen schildern, die ihnen der Kinderschutzbund bietet. Leser, für die es nicht in Frage kommt, sich der Lobby für Kinder anzuschließen, bitte ich, meine Ausführungen gewissermaßen als Zaungäste zu verfolgen – und sich keinesfalls von mir als Werbetrommler verfolgt zu fühlen.

Um die »Drohung«, daß ich Sie zu etwas überreden wollte, nicht etwa heimlich mitzuschleppen, entledige ich mich der – vor meiner persönlichen Erfahrung und Überzeugung unumgänglichen – Pflichtübung gleich jetzt: Wer Mitglied im DKSB werden will, kann seine Beitrittserklärung an die Bundesgeschäftsstelle des DKSB e. V., Schiffgraben 40, 3000 Hannover 1, schicken. Sie könnte etwa folgenden Wortlaut haben bzw. folgende Angaben enthalten:

Hiermit erkläre ich zum .... 19... meinen Beitritt zum Deutschen Kinderschutzbund e. V. und bin bereit, einen Jahresbeitrag von DM ..... (mindestens DM 24,–) zu zahlen.
Name, Vorname, Geburtsdatum, Beruf, Anschrift, Ort und Datum, Unterschrift.

Die Bundesgeschäftsstelle wird diese Beitrittserklärung an den Landesverband (in jedem Bundesland einschließlich Stadtstaaten und Westberlin vorhanden), Ortsverband oder Stützpunkt (davon gibt es bisher knapp 200 in der Bundesrepublik) weitergeben, der für Sie zuständig oder Ihnen am nächsten ist. Von dort hören Sie dann alles Weitere und erhalten auch regelmäßig die Vierteljahresschrift »Kinderschutz aktuell«, deren Abonnementpreis im Jahresbeitrag enthalten ist, sowie die Spendenquittung für Ihr Finanzamt und alle Informationen über die Möglichkeiten Ihrer Mitarbeit (aber passive Mitglieder sind ebenso willkommen).
Um jedes Mißverständnis auszuschließen, betone ich, daß ich im folgenden nicht für den DKSB werben will, sondern für Kinderfreundlichkeit – entsprechend dem Anliegen dieses ganzen Buches. Ich fühle mich aber verpflichtet, die mir häufig gestellte Frage, was denn der Einzelne tun könne, wenn er aus der Lektüre meiner und anderer kinderfreundlicher Bücher überpersönliche Konsequenzen ziehen wolle, ehrlich und umfassend zu beantworten. Diese Antwort ist meine persönliche und will nicht besagen, daß man sich nicht auch durch andere Aktivitäten für Kinderfreundlichkeit stark machen kann und soll.

Von Verantwortung und Eigennutz

Viele Menschen lieben es, sich zur Begründung bestimmter Handlungen auf ihre Verantwortung zu berufen. Sie fühlen sich für ein Kind verantwortlich, für eine Familie, für einen beruflichen Arbeitsbereich, oft fühlen sie sich zusätzlich sozial verantwortlich, etwa für arme, kranke, behinderte Mitmenschen ihrer Umgebung oder auch in der Dritten oder Vierten Welt, schließlich fühlen sie sich vielleicht noch politisch verantwortlich, für den Frieden, die Demokratie, den Rechtsstaat und dergleichen.
Ich bin nun weit davon entfernt, das Motiv des Verantwortungsgefühls abwerten zu wollen. Ich möchte mich nur nicht denjenigen Menschen anschließen, die dieses Motiv von der entgegengesetzten Seite her sehen und es lieben, an das Verantwortungsgefühl anderer Leute so oft und dramatisch wie möglich zu appellieren. Es ist sehr billig, an seine Mitmenschen zu appellieren. Ich habe den Verdacht, solche Appelle sollen vertuschen, daß man keine seriösen Angebote vorzulegen hat. Ein seriöses Angebot, wie hier die Stärkung der Lobby für Kinder, darf nicht an eine Verantwortung appellieren, die damit in Wirklichkeit erst erzeugt werden soll. Ich halte solche Versuche für moralistisch, missiona-

risch, beinahe pädagogisch, und möchte stattdessen auf den *schmalen Grat zwischen Selbstlosigkeit und verschleiertem Machtanspruch* ausdrücklich aufmerksam machen. Wer »Verantwortung übernimmt«, liebäugelt allzu häufig bloß mit der Macht, die ihm dadurch zuwächst.

Nicht zufällig drängen so viele Machtmenschen in »verantwortliche« Positionen. Unser gesellschaftliches, politisches, wirtschaftliches Leben wird weitgehend von solchen Machtmenschen geprägt, vom »autoritären Charakter« (THEODOR W. ADORNO), vom »Nekrophilen« (ERICH FROMM), vom »Oknophilen« (MICHAEL BALINT), von Menschen also, deren Charakterstruktur auf die Prinzipien von Herrschaft, Unterdrückung, Kontrolle, Anklammerung, Angst, Neid, Erstarrung und Tod fixiert ist. Dieser Menschentyp hat sich in die Sackgasse des Machtstrebens manövrieren lassen, sein Gemeinschaftsgefühl ist verkümmert, seine zur Schau gestellte Sicherheit ist nicht existentielle Selbstsicherheit (die keinen Gegensatz zur Freiheit darstellt), sondern ist geliehen, besser: gestohlen von Mitmenschen, über die er Macht ausübt. Dieser Menschentyp hat ein starkes Interesse daran, den Aufbruch der Freiheit zu verhindern oder zu verzögern, ob er politisch »rechts« oder »links« steht. Es gibt ihn unter »den Kapitalisten« wie »den Konservativen« wie »den Systemveränderern«, es gibt ihn unter Terroristen und im Kinderschutzbund. Man braucht ihn nicht »schuldig« zu sprechen, aber man muß ihm die Gefolgschaft versagen, wenn er das Vordringen der objektiven und aktiven Kinderfreundlichkeit, das seine Scheinsicherheit bedrohen muß, behindert.

Nun will ich hier keine Schwarz-Weiß-Malerei betreiben; es gibt den geschilderten Menschentyp nicht in Reinkultur. Anteile des autoritären Charakters finden sich in jedem Menschen, zumal im erzogenen. Gerade deshalb aber ist es so gefährlich, auf Verantwortlichkeit im Sinne von Altruismus, Selbstlosigkeit zu bauen, wenn es um das Recht der Schwächeren geht. Es lohnt sich, auch seinen eigenen Motiven gegenüber mißtrauisch zu sein, wenn man sichergehen will, daß einem sein Engagement nicht doch wieder nur zu Wohltäterei gerät.

Manche Selbsttäuschungen (und Enttäuschungen) lassen sich vermeiden, wenn man sich wie bei der persönlichen Entwicklung (Selbstbefreiung) auch in der gesellschaftlichen Dimension auf einen unabschließbaren Prozeß gefaßt macht, der – und dies scheint mir besonders wichtig zu sein – *nicht in erster Linie um der Kinder willen* in Gang gesetzt werden darf. Ich will Ihnen mit dieser Forderung kein hartes Entweder-Oder aufzwingen, ich meine nur die Tendenz Ihres Engagements, die in meinen Augen dann vertrauenswürdiger ist, wenn Sie bewußt *aus Ihrem eigenen Interesse* und *in Ihrem eigenen Interesse* handeln.

Das Recht des Schwächeren gegen den heutigen Wahnsinn der Normalität kann nur wirkungsvoll vertreten werden von Menschen, die sich selbst zu den Schwächeren zählen und deshalb nach Gemeinsamkeit im Widerstand gegen lebensfeindliche Verhältnisse, Bedingungen, Strukturen und gegebenenfalls auch Personen streben. Verantwortlichkeitsmotive mit Einschlägen von Selbstlosigkeit, Aufopferung usw. müssen sich darauf prüfen lassen, ob sie andere Menschen nicht zu Objekten machen, seelisch ausbeuten und mißbrauchen, wiederum zu Hilflosen, Betreuten, Bedürftigen stempeln durch barmherzige Herablassung und gnädiges Mitleid, anstatt gerade umgekehrt ihren Status als Minderwertige und Minderwürdige zu verändern.

Ich möchte diese Gefahr wenigstens aufzeigen, solche Bedenken immerhin anbieten. Als *sicheres* Motiv auch für die über den privaten Bereich hinausgehende Arbeit für Freiheit, Gleichberechtigung usw. sehe ich gegen gewisse Vorurteile den *Eigennutz*. Ich habe bei dieser Alternative nicht einmal ketzerische Hintergedanken. Schließlich ist es auch eigennützig, wenn man aus seinem eigenen Verantwortungsgefühl heraus handelt. Ebenso ist es eigennützig, wenn man gute Taten vollbringt, um in den Himmel zu kommen. Vielleicht der wichtigste Grund aber ist ein praktischer: Was für andere Leute gut ist, darüber kann man sich endlos streiten – sogar über die Köpfe derjenigen, um die es geht, hinweg. Was aber für einen selber gut ist, kann man leichter erkennen, glaubwürdiger vertreten und notfalls wirkungsvoller verteidigen. Überdies ist es nicht nur ehrlicher, das Motiv des Eigennutzes bei jeder Handlung mit anzuerkennen, man entgeht dadurch auch leichter der Gefahr der Überheblichkeit, des Pharisäertums, der verschleierten Herrschlust. Viele der beschriebenen Machtmenschen sind sehr leicht daran zu erkennen, daß sie ihren Eigennutz verleugnen ...

Im folgenden will ich aufzeigen, welchen Nutzen sicherlich zahlreiche Menschen daraus ziehen können, für das Recht des Schwächeren einzutreten und nicht nur im privaten Bereich, sondern auch in Zusammenarbeit mit anderen auf gesellschaftlicher und politischer Ebene daran mitzuwirken, daß die Freiheit diese unsere Zeit überlebt, durchsteht. Neben dem Umweltschutz ist der Einsatz für Kinder (deren Recht auf Unerzogenheit ich gerne mit dem Begriff »Innenweltschutz« bezeichne, insofern Erziehung theoretisch und praktisch nichts anderes ist als *Innenwelt-*

verschmutzung) der naheliegendste und sichtbarste Ausdruck des Widerstandes gegen technokratische Menschenverachtung, Zerstörung der Freiheit, Tod. Der eigennützige Einsatz für Kinder entspricht genau dem Satz von OSTERMEYER: »Nur noch eine Parteinahme zählt: für den Tod oder für das Leben.« Kinderfeindlichkeit ist Menschenfeindlichkeit ist Lebensfeindlichkeit. Wer etwas für Kinder tut, tut viel für seine eigene Lebendigkeit.

Wer seine eigene Existenz als beschädigt und gefährdet erkannt hat, kann nach meinen Erfahrungen kaum gleichgültig mit ansehen, was heute weiterhin Kindern angetan wird. Menschen, deren Gemeinschaftsgefühl durch ihre Erziehung (Sozialisation) nicht vollständig ausgerottet wurde und die außerdem noch etwas Vernunft gerettet haben, werden sich nicht, wie es weithin üblich ist, an ihren Erziehern wiederum durch Erziehung, an ihren Unterdrückern wiederum durch Unterdrückung zu »rächen« versuchen. Sie werden sich gegen die wirklichen Verursacher wenden, statt an dem Teufelskreis weiterzudrehen. Sie sind die natürlichen Verbündeten der Kinder, denen noch erspart werden kann, was auf uns bezogen nicht mehr ungeschehen zu machen ist. Diese Arbeit ist außerordentlich befriedigend, denn unser Gemeinschaftsgefühl transportiert jeden Erfolg, den wir für Kinder erringen, in unser Selbstgefühl. So wie sich die Zerstörungslust der Machtmenschen an jedem Sieg über andere Menschen (z. B. an jedem »Erziehungserfolg«) pervers ersatzbefriedigt, kann jeder Erfolg im Sinne des modernen Kinderschutzes in uns tatsächlich etwas Verlorenes *ersetzen.* Es ist ganz leicht zu beobachten: Viele Leute erstarren, wenn sie Eltern werden, vollends zu aufgeblähten Leitfiguren, sie werden schrecklich ernsthaft, bedeutsam, verantwortlich und überaus fies. Andere dagegen blühen durch den Umgang mit Kindern sichtbarlich auf, gewinnen Spontaneität, Schwung, Lust zurück, sie werden, wie man sagt, wieder jung, während die erstgenannten altern – was sie zwar »reifer werden« nennen, dabei jedoch übersehen, daß eine Steigerung von »reif« höchstens möglich ist in Richtung auf *verfaulen.* Es kommt eben auf die Einstellung an. Entweder man sieht Kinder als Unreife an, dann kommt man sich selbst sehr reif vor und wird sich in Richtung dieses Gegensatzes entwickeln, oder man sieht Kinder als Repräsentanten des lebendigen Lebens, dann kann man sich von ihnen leiten lassen und alles, was man für ihre Lebendigkeit und Freiheit tut, färbt ab auf die eigene Lebendigkeit und Freiheit.

Für Menschen, die verstehen, wovon ich hier spreche, brauche ich weitere Gründe zum Engagement für Kinder nicht aufzuzählen.

Statt dessen will ich einige Zeilen anführen, die auch ihrerseits wieder Begründungen schaffen. Ich fasse mich kurz, insofern ich den Inhalt dieses Buches voraussetzen kann.

Chancen moderner Kinderschutzarbeit

Die »klassischen« Aufgaben des Kinderschutzes wurden nach vielfältigen Erfahrungen inzwischen problematisiert. Es ist ohnehin nicht jedermanns Sache, sich beispielsweise auf den Anruf eines Nachbarn in eine Familienkeilerei zu stürzen. Andererseits kann man brutale Kindesmißhandlungen auch nicht einfach übergehen. Die naive Vorstellung, sich als Feuerwehr und Friedensstifter in Familienkonflikte einzumischen, die auf körperlich sichtbare Kosten von Kindern ausgetragen werden, übersieht die Vorgeschichte solcher Prügelorgien, die ihnen zugrundeliegenden Beziehungs- und Kommunikationsstörungen, die durch eine aktuelle Schlichtung nicht zu beheben sind. Es gibt zahlreiche Beispiele dafür, daß Eltern nach der Intervention eines »Kinderschützers« bloß feinere, verstecktere, aber letztendlich noch grausamere Quälereien für ihre Kinder erdachten. Auf der anderen Seite gibt es viele Erfahrungen, nach denen man schwere Kindesmißhandlungen geradezu als Hilferufe der Eltern deuten kann, als Verzweiflungstaten, die bei geschickter Aufarbeitung und weiterer Begleitung recht dramatische Neuorientierungen ermöglichen.

So sehr ich Abenteuerlust schätze, und so sehr eine aktuelle Krisenintervention immer ein Abenteuer *ist*, so wenig reicht Abenteuerlust als Motiv aus, um in diesem Bereich tätig zu werden. Allgemeingültige Richtlinien lassen sich nicht aufstellen und sollten nicht einmal angestrebt werden, um keine falschen Sicherheiten vorzuspiegeln. Aus meiner Kenntnis und auch eigenen Erfahrung mit solchen Fällen kann ich immerhin soviel sagen: Ein Hilferuf von Nachbarn, Kindern oder Eltern in diesem klassischen Feld des Kinderschutzes ist eine existentielle Herausforderung, die ein Mensch, der es sich zutraut, annehmen kann in dem Bewußtsein, wenigstens nichts zu verschlimmern, sondern vielleicht eine Chance zu eröffnen, wenn er sich in aller Aufrichtigkeit, Hilflosigkeit und Offenheit als pflichtgemäßer Eindringling vorstellt und sich auf die jeweilige Situation ganz einläßt. Wie groß man das Risiko einschätzen mag, es ist andererseits ein besonders intensives Erlebnis, wenn man in einem solchen Fall allen Beteiligten eine dauernde Hilfe bringen kann. Schon deshalb besteht kein Grund, gewissermaßen unterm Strich diesen Teil der

Kinderschutzarbeit zu vernachlässigen, obwohl sich der Schwerpunkt der Arbeit verschoben hat. Die vorbeugende Aufklärung und Hilfe ist sicher langfristig erfolgreicher, aber auch gegenüber der Spitze des Eisbergs halte ich Resignation, die sich verschiedentlich andeutet, für falsch. Sie entspringt möglicherweise bloß einer perfektionistischen Erfolgsideologie, die freilich im Angesicht der konkreten und mitunter unglaublich schrecklichen Not eines mißhandelten Kindes nicht ins Gewicht fallen dürfte. Mut, Aufrichtigkeit, Selbstbescheidung, entschiedene, doch taktvolle Parteinahme, Gedanken- und Erfahrungsaustausch, Arbeitsgruppen – dies sind Stichworte gegen die Resignation für Menschen, denen sie etwas sagen.

Im Vorfeld der Kindesmißhandlungen ist die Arbeit nicht leichter, sie geht nur weniger »an die Nieren«. Die Aufgabenbereiche sind kaum aufzuzählen, jeder Fall liegt anders, manchmal wird nicht mehr gewünscht, als daß man ausgiebig und verständnisvoll zuhört, manchmal muß man wochenlang von Amt zu Amt laufen oder jahrelang Korrespondenzen führen, Prozesse auch, Verhandlungen, Gespräche – was da so alles passiert und was man jeweils tun kann, würde ein eigenes dickes Buch füllen.

Nach meiner Erfahrung haben hier aber Rezepte keinen Sinn. In den meisten Fällen kommt es darauf an, daß man sich nicht als Fachmann aufspielt, sondern sich als Vermittler versteht. Gemeinsam mit den Betroffenen nach Lösungen zu suchen bei jedem Problem, das an einen herangetragen wird, ist allemal besser als über ihre Köpfe hinweg irgendwelche Arrangements zu treffen. Hilfe zur Selbsthilfe, Nachbarschaftshilfe, Zusammenführung von Menschen ähnlicher Interessen, rechtliche Sichtweise und aktive, parteiliche und diplomatische Kinderfreundlichkeit sind hier einige Stichworte. Für mich ist es immer am schönsten, wenn ich Kinder zusammenbringen kann, die sich gegenseitig unterstützen. Zum Beispiel ist es für Kinder von erziehungsfanatischen Eltern weitaus nützlicher, wenn alle Beteiligten sich mit unerzogenen Kindern unterhalten, als wenn man den Eltern »kinderfreundliche Erziehungsmethoden« beibringen oder das Erziehen überhaupt theoretisch ausreden wollte.

Bei allen Konflikten, bei denen man Kinder unterstützen will, ist es unsinnig, ihren »Gegnern« Vorwürfe zu machen, sie zu belehren oder zu »bekehren«. Nur in sehr extremen Fällen (zum Beispiel gegenüber prügelnden Lehrern oder anderen echten Sadisten) hat es Zweck zu drohen, damit sie sich zurückhalten oder wenigstens andere Triebobjekte suchen. In der großen Mehrheit der Fälle kann man erfolgreich vermitteln, wenn man sich gewissermaßen als Katalysator (der nur anwesend ist, um

Aussprache und Verständigung zu ermöglichen – statt sich mit Diagnosen und Ratschlägen hervorzutun) versteht, zwar seine Position – aktive Kinderfreundlichkeit, Gleichberechtigung der Generationen – klar vertritt, aber eben niemandem Schlußfolgerungen aufdrängt. Besonders bei Konflikten zwischen Eltern und Kindern hat überhaupt nur der sogenannte »familientherapeutische« Ansatz eine Chance, wenn man also die *Beziehung* zwischen den Beteiligten im Vordergrund sieht, nicht das *Verhalten* der einen oder anderen Seite. – Aber das klingt jetzt komplizierter als es ist. Die wesentliche Voraussetzung, um sich eines »Falles« anzunehmen, sehe ich darin:

Sie interessieren sich für die betreffenden Leute und ihr Problem, Sie wollen sie und es kennenlernen und Sie trauen sich zu, darauf verzichten zu können, dieses Problem zu lösen. Es kommt also nicht darauf an, daß Sie Antworten finden, sondern, daß Sie zuhören und fragen können. Denn nicht die Lösung *anderer Leute Probleme ist Ihre Aufgabe, sondern ihre* Klärung.
Die schwierigsten Konflikte zwischen Kindern und Erwachsenen beruhen in ihrem Kern auf der (durch ihre Erziehung erzeugten) Unfähigkeit der Kinder, zu wissen und zu sagen, was sie wirklich wollen. Die beste Unterstützung für sie besteht also darin, ihnen den Raum zu verschaffen, ihre Interessen zu erkennen und zu vertreten.

Regelmäßig erlebe ich etwa bei familiären Streitigkeiten, daß die Eltern antworten, wenn ich dem Kind eine Frage stelle. Häufig reden die Eltern ununterbrochen – als wären die Kinder überhaupt nicht da, oder als hätten die Eltern Angst, die Kinder könnten zu Wort kommen. Sobald man dieses »ununterbrochen« mit taktvoller Bestimmtheit unterbricht, hören viele Eltern zum ersten Mal (jedenfalls behaupten sie das hinterher), welche vernünftigen Ansichten und berechtigten Wünsche ihre Kinder haben. Es scheint, Familienkrachs handelten zu allermeist auf »Nebenkriegsschauplätzen«, das heißt, die Streitenden reden oder schreien regelrecht aneinander vorbei. Es genügt in vielen Fällen, dies zu verhindern, um den Beteiligten eine echte Auseinandersetzung zu ermöglichen, die zu befriedigenden Regelungen führt.
Umgekehrt erlebe ich es auch oft, daß Kinder für ihre Eltern in dem Augenblick erst Verständnis aufbringen, in dem *die Eltern* ihre wirklichen Interessen vernünftig darlegen, statt sie, wie vorher üblich, in einem Machtanspruch zu verpacken.
Es ist eine feine Sache und immer wieder ein schönes Erlebnis (für alle Beteiligten), wenn es gelungen ist, ein *falsches Spiel*, in dem die

Streitenden gefangen waren, zu beenden. Es gibt dann keine Verlierer, sondern nur Sieger. Verlierer sind, was vorher die wirklichen (aber unerkannten) Feinde waren: Irrtümer, Mißverständnisse, Teufelskreise, paradoxe Spiele, insgesamt Problemlösungsversuche, die selbst das Problem geworden waren und die echten Beziehungsstrukturen verdeckten und verfälschten.

Relativ einfacher sind Schwierigkeiten zu beheben, in denen Kinder und Eltern gemeinsam Unterstützung nach außen benötigen. In diesen und allen anderen Fällen kann man sich nur zur Verfügung stellen, sich als Lernender einfach in die Praxis wagen (vielleicht zunächst gemeinsam mit einem »alten Hasen«). Ich verspreche Ihnen durchaus nicht nur positive Erfahrungen, aber ich kann Ihnen hier weder die positiven noch die negativen ersparen; sie wollen *gemacht* werden, und ich jedenfalls möchte keine missen, denn man lernt aus jeder und kommt auf immer bessere Ideen.

Manche Ortsverbände unterhalten übrigens Beratungsstellen mit bezahlten Fachkräften, die sich der auftauchenden Probleme annehmen. Dies hat Vor- und Nachteile (es kommt ja auch auf die Einstellung der entsprechenden Angestellten an), jedenfalls ist es nicht typisch. Nur wenige Ortsverbände erhalten aus Spenden, Gerichtsbußen und Öffentlicher Hand genügend Mittel, und außerdem gibt es gewichtige Stimmen, die das Prinzip der Ehrenamtlichkeit bewahren wollen, wenn es irgend geht.

In dieser Grundsatzfrage habe ich keine Meinung, verweise deshalb nur auf den Vorteil der Organisationsform des DKSB: Weil die einzelnen Ortsverbände selbständige Vereine sind, können die Mitglieder jeweils ihre Meinung zur Geltung bringen und die Arbeit nach ihren eigenen Fähigkeiten und Interessen gestalten.

Dieser Vorteil ist um so bedeutsamer, je offensiver Kinderschutz betrieben wird. Denn während man auf Anfragen und Hilfsgesuche natürlich reagieren muß, steht es jedem Verein frei, Aktivitäten in Aufklärung, Vorbeugung, Werbung usw. nach eigenem Ermessen zu unternehmen.

Ein Beispiel wäre der Einsatz für die Enttabuierung des Kinderwunschmotivs (etwa durch Veranstaltungen in Schulen), für die Verbreitung von Erkenntnissen der pränatalen Psychologie (siehe dazu den dtv-Band »Pränatale Psychologie – Die Erforschung vorgeburtlicher Wahrnehmungen und Empfindungen« von GUSTAV HANS GRABER) und für kinderfreundliche Geburten (siehe dazu außer dem schon empfohlenen rororo-Band auch: »Die Lamaze-Methode – Der Weg zu einem positiven Geburtserlebnis« von DONNA und RODGER EWY, Goldmann-Taschenbuch). In solchen Bereichen liegen Wirkungschancen für Menschen, deren Gemeinschaftsgefühl auch auf einer abstrakteren Ebene lebendig ist, die sich ohne direkte Konfrontation mit dem Elend einfühlen und empören können. Viele Menschen empfinden es – durch ihr soziales, sogar politisches Verantwortungsgefühl, oder einfach durch ihr Gespür für geschändete Menschenwürde – durchaus als Skandal, wie gedankenlos mit zukünftigen und werdenden Kindern umgegangen wird, aber sie sehen keine Möglichkeit, daran etwas zu ändern. Der Kinderschutzbund bietet diese Möglichkeit. Wie sie im einzelnen zu realisieren ist, hängt von den örtlichen und persönlichen Umständen ab.

Der Anfang ist sicher, zunächst einmal überhaupt die *Aufmerksamkeit* auf diese Probleme zu lenken. Dazu brauchen Sie – und dies gilt für alle anderen Problembereiche ebenso – nicht zu den Menschen zu gehören, die gewöhnt sind, große Reden zu schwingen. Sie können Ihren Ortsverband während einer Mitgliederversammlung, Mitarbeiterbesprechung oder sonstigen Zusammenkunft durch eine noch so schüchtern vorgetragene Frage bereits aktivieren: Zwar gibt es im Kinderschutzbund auch Machtmenschen, die aber dort in der Minderheit und deshalb gezwungen sind, auf alle vernünftigen kinderfreundlichen Anregungen einzugehen, um sich vor den anderen Mitgliedern nicht unmöglich zu machen. Außerdem erhalten Sie, sofern Ihre Anregung in der üblichen herrenmenschlichen Art (die im DKSB seltener anzutreffen ist als in anderen Gruppen) abgeblockt werden sollte, sofort – und sei es zunächst privat und vertraulich – Unterstützung von anderen Mitgliedern, denen es mit der Arbeit auch Ernst ist und die den Kinderschutzbund nicht im Sinne von Wohltäterei, Selbstdarstellung (Eitelkeit) oder gar Karrierestreben mißbrauchen.

Der Anfang kann sogar ein Brief an den Vorstand sein, ein schriftlicher Antrag, das Problem auf die Tagesordnung des nächsten Treffens zu setzen. Dann bleibt nur noch zu erörtern, wie das Problem am besten an die Öffentlichkeit zu tragen ist. Oft können Schulen und Erwachsenenbildungsstätten interessiert werden, es gibt Aufrufe an die örtliche Presse (auch an den Landesverband oder Bundesvorstand, beispielsweise wegen überregionaler Forschungs- und Aufklärungsprojekte), man kann öffentliche Veranstaltungen planen, Politiker ansprechen, die Betroffenen selbst (im Falle der Geburtshilfe also Ärzte, Kliniken, Hebammen), man kann Arbeitsgruppen oder Gesprächskreise einrichten, Informationsschriften verteilen – kurz: Auch wenn Sie sich selbst nicht zutrauen, eine nennenswerte Zahl von Menschen überzeugend anzusprechen, können Sie im Kinderschutzbund Aktivitäten initiieren (»anleiern«), die eine beträchtliche Ausstrahlung haben.

Sie benötigen dazu weder irgendwelche Begabungen noch besonderen Zeitaufwand, Sie können's einfach tun.
Im übrigen sind weder Sie im Kinderschutzbund auf sich allein gestellt, noch ist es Ihre Gruppe bezüglich der meisten Probleme. So bietet sich die Zusammenarbeit mit anderen Organisationen an (etwa mit der Aktion »Kind im Krankenhaus« oder der »Liga für das Kind in Familie und Gesellschaft«, der u.a. die örtlichen Lions- und Rotary-Clubs angehören), oder mit gleichgerichteten Medien (z.B. mit der längst nicht mehr kinderfeindlichen Zeitschrift »Eltern«). Wenn Sie nicht darauf bestehen, unbedingt von morgen auf übermorgen »Erfolg« und alle Übel aus der Welt getrieben zu haben, sondern wenn es Ihnen nur wichtig ist, das Nötige und Mögliche zu tun, werden Sie schwerlich eine Organisation finden, die Ihnen eine wirkungsvollere Basis und ein befriedigenderes Betätigungsfeld bietet als der Kinderschutzbund.
Was das Kinderwunschmotiv angeht, so müßte dies übrigens Bestandteil eines Projekts werden, das der DKSB schon seit Professor LEJEUNES Zeiten verfolgt. Ich meine den Gedanken, alle Schüler über Probleme ihrer möglichen späteren Elternschaft in geeigneter Weise zu informieren. Dieses Projekt »Umgang mit Kindern« (früher hieß es ELFAS, »Erziehungslehre für Allgemeinbildende Schulen«, aber »Erziehung« soll ja überwunden werden) ist noch immer nicht ganz ausgereift, wird aber inzwischen von den meisten Kultusministerien im Prinzip befürwortet und bereits an vielen Schulen erprobt. Es verdient und braucht schon deshalb Aufmerksamkeit und Unterstützung, weil möglicherweise einige Eltern der betroffenen Schüler Schwierigkeiten haben werden, für die neuen Inhalte, die sich mit ihren alten Auffassungen nicht decken, Verständnis aufzubringen. Hier könnten sich die Ortsverbände des DKSB sehr gut als Vermittler anbieten und in persönlichen Gesprächen die erforderlichen »Eselsbrückchen« bauen. Vermutlich wird aber vorher noch verstärkter politischer (nicht parteipolitischer) Druck nötig sein, damit das Projekt wirklich überall realisiert wird. Denn es kann zwar für sich genommen das Problem Kinderfeindlichkeit nicht aus der Welt schaffen, wohl aber einen wichtigen Beitrag in dieser Richtung leisten.
Über die Problemkreise Kindergarten und Schule mag ich hier fast überhaupt nicht sprechen. Die Bildungsinstitutionen, denen wir unsere Kinder ausliefern müssen, sind Spiegel der gesellschaftlichen Einstellung zum Phänomen Kindheit. Sie sind deshalb durch keine Reformen kinderfreundlicher zu gestalten, als die Gesellschaft ist, die Erwachsenen sind. Wenn sich aber immer mehr Menschen der Lobby für Kinder anschließen, insbesondere Men-

schen, die durch ihre praktische Kinderschutzarbeit zweifelsfrei legitimiert sind, gegen den Wahnsinn Sturm zu laufen, dessen Folgen sie alltäglich begegnen, dann müssen sogar in der »großen Politik« die Weichen allmählich anders gestellt werden.
Aber auch im regionalen Bereich gibt es schon viele Erfahrungen, wie gleichzeitig mit der Hilfe für einzelne Kinder Entwicklungen in Gang gesetzt werden können, die einerseits die Position der offenkundigen Sadisten erschüttern, andererseits einen Umschwung der allgemeinen Atmosphäre begünstigen. Man kann in diesem Bereich durchaus zweigleisig operieren: Ein Ortsverband kann gleichzeitig Hausaufgabenhilfe organisieren *und* über die Sinnlosigkeit der meisten Hausaufgaben aufklären. Er kann auch gleichzeitig dafür werben, die Noten weniger tragisch zu nehmen, *und* darüber informieren, daß die gesamte Zensurengebung im Sinne des lernzielerreichenden Lernens (vgl. HORSTSPEICHERT: »Schulangst«, rororo 7101) umgestellt werden kann und muß.
Darüber hinaus können viele kinderfreundliche Kindergärtner (innen) und Lehrer(innen) durch den Kinderschutzbund aus ihrem Dasein als »Einzelkämpfer« erlöst werden, das sie so häufig in die Resignation treibt. Sie können sich sowohl im Rahmen von Arbeitskreisen im Kinderschutzbund gegenseitig stützen als auch im Gedankenaustausch und durch gemeinsame Aktionen mit anderen Mitgliedern unvergleichlich viel mehr erreichen (auch an Bestärkung für sich selbst), als es isolierten einzelnen jemals möglich ist.
Auch für Eltern ist der Gedanken- und Erfahrungsaustausch mit Gleichgesinnten eine unschätzbare Bereicherung. Ich kann natürlich vom Ortsverband Wiesbaden nicht auf andere Ortsverbände schließen, aber da es ja auf die Interessen der einzelnen Mitglieder ankommt, ist es überall möglich, daß sich im Rahmen der allgemeinen Kinderschutzarbeit Menschen begegnen, die sich in allen Belangen gegenseitig anregen, bestärken oder kritisch unterstützen. Beispielsweise ist es für ein junges Paar, das sein erstes Kind erwartet, eine große Erleichterung, wenn es in eine Familie eingeladen wird, in der es gleichberechtigt lebende Kinder gibt. Dieser Augenschein, dieser persönliche Eindruck, räumt besser als jede theoretische Diskussion auch den letzten Zweifel an Wert und Sinn objektiver und aktiver Kinderfreundlichkeit aus dem Wege und sichert überdies nachhaltig gegen die Einmischungen erziehungswütiger Omas, pädagogischer Ratgeber und auch gegen die gelegentlichen Versuchungen, selbst in alte Denk- und Verhaltensmuster zurückzufallen. – Daß die Chance außerordentlich groß ist, im Kinderschutzbund Menschen zu treffen, die sich mit ihren Kindern nachträglich befreien, und daß diese Gemeinsam-

keit die Basis für fruchtbare Begegnung, Zusammenarbeit und Ergänzung sein kann, erwähne ich nur vollständigkeitshalber.

Weniger selbstverständlich erscheint mir der Hinweis, daß es bezüglich unserer Bildungsinstitutionen noch eine wichtige, aber bisher ziemlich passive »Reserve« gibt, die sich im Rahmen des Kinderschutzbundes (natürlich auch in jedem anderen Rahmen) für mittel- und langfristige Verbesserungen stark machen kann. Ich meine die jungen Menschen, auch die Studenten, auch die Eltern klitzekleiner Kinder, denen Kindergarten- und Schulprobleme nicht mehr oder noch nicht unmittelbar unter den Nägeln brennen. Diese Menschen scheinen sich zur Zeit irgendwie nicht für legitimiert, nicht für berechtigt zu halten, ihre Stimme gegen die Kinderfeindlichkeit unserer öffentlichen Institutionen zu erheben. Wenn ihre Kinder dann in den Brunnen gefallen sind, werden sie wohl protestieren, jedenfalls leiden, aber *tun* können sie viel weniger, als wenn sie sich vorher, jetzt, mit dem befassen, was da ihren Kindern und ihnen selbst droht.

Es gibt Leute, die treten einem Automobilclub erst nach dem ersten Unfall bei, z.B. wenn sie abgeschleppt werden wollen. Andere aber nutzen die Vorteile und Möglichkeiten einer solchen Mitgliedschaft schon vorher, sie werden Mitglied, sobald sie sich ein Auto zulegen. In Anbetracht der Tatsache, daß das Auto – nach einem Wort von Professor NITSCH – »des Deutschen liebstes Kind« ist, wundert man sich nicht, daß die weniger geliebten Kinder, die Menschenkinder, so unvergleichlich viel seltener dazu animieren, der für sie zuständigen Organisation beizutreten. Trotzdem möchte ich auf die Chance hinweisen, die ein *rechtzeitiges* Engagement bietet. Wenn beispielsweise erst einmal die Versetzung Ihres Kindes gefährdet ist, nutzen die intensivsten Lehrergespräche und Elternabende wenig. Sie nutzen nichts Grundsätzliches mehr. Kümmern Sie sich aber vorher um solche Fragen, einschließlich Ihrer eigenen Bedeutung für den Schulerfolg Ihrer Kinder, dann können Sie gemeinsam mit anderen in einer Organisation, die der Kinderfeindlichkeit überall an den Kragen geht, in sechs Jahren allerhand erreichen.

Nicht erst Eltern von Schülern sind berechtigt, sich gegen die öffentliche Kinderfeindlichkeit z.B. im gesamten Bildungswesen zu wenden – sowenig man in Fragen der Verkehrssicherheit erst dann Betroffener ist, wenn man mit seinem Wagen am Baum gescheitert ist. Jeder, der nur mit dem Gedanken spielt, vielleicht einmal ein Kind in die Welt zu setzen, ist berechtigt, sich darum zu kümmern, wozu dieses Kind dereinst von Gesetzes wegen verpflichtet werden wird.

(Ich wage gar nicht daran zu denken, was unsere Freunde, die Politiker, dazu sagen würden, wenn die heutigen potentiellen Eltern massenhaft bekunden würden, daß sie erst dann wieder für Nachwuchs zu sorgen gedenken, wenn dieser kinderfreundliche Bedingungen vorfindet. Doch dies nur nebenbei – nicht weil es eine utopische Idee wäre, sondern weil es eine unlogische Idee ist: Gäbe es genug kinderfreundliche Leute, die so eine Erpressung veranstalten könnten, dann wäre diese Veranstaltung schon nicht mehr nötig, weil kinderfeindliche Politiker ohnehin nicht mehr gewählt würden.)

Die gleiche Überlegung gilt für Fragen des Städte- und Wohnungsbaus, der Verkehrsplanung, des Umweltschutzes usw., die alle von einzelnen und im Hier und Jetzt nicht zu lösen sind. Sogar das als so privat erscheinende Problem der Gleichberechtigung von Frau und Mann widersteht bekanntlich vielen Lösungsversuchen von einzelnen in ihrem Bereich. Daß sich die sogenannte Frauenbewegung nicht stärker für die Rechte der Kinder und gegen ihre Erziehung einsetzt, deute ich als schlimmes Zeichen für die Motive mancher »Emanzipation«. Der Grund liegt sicher nicht nur bei »den« Frauen, sondern unter anderem zu einem Teil auch in der mangelnden Attraktivität des Kinderschutzbundes in der Öffentlichkeit. Frauen und Kinder sind in der heutigen Situation die natürlichsten Verbündeten, und an vielen Orten sind auch schon engagierte Frauenrechtlerinnen aktiv am Kinderschutz beteiligt. Wenn es dem DKSB gelingt (vielleicht mit Hilfe dieses Buches und einer Reihe neuer Mitglieder), in der Öffentlichkeit den Ruch des Wohltätigkeitsvereins einschließlich der *Vereinsmeierei* endgültig loszuwerden, wird auch sein Einfluß auf die aktuellen und längerfristigen Gesetzgebungsvorhaben entscheidend gestärkt. Es liegt wahrscheinlich in der »Mentalität« gerade der Deutschen, daß das sogenannte Vereinsleben besonders für junge Leute etwas Abschreckendes hat. Es liegt aber an ihnen selbst, an Ihnen, wie Sie die Arbeit gestalten und organisieren, ob Sie gar ausgerechnet *Macht*menschen (statt *Mit*menschen) mit Ämtern betrauen oder etwa Rituale übernehmen, die Spontaneität, Lebendigkeit, Freiheit und auch Wirksamkeit letztendlich unterdrücken.

Obwohl ich also, wie gesagt, den Slogan »*Nur* Kinderfeinde werden nicht Mitglied im Kinderschutzbund« nicht aufrechterhalte (obschon er ja eines Tages Wirklichkeit werden könnte), bin ich der Überzeugung, daß es keine einzige denkbare Aufgabe für kinderfreundliche Menschen gibt, die nicht im Rahmen des Kinderschutzbundes, wie er sich heute präsentiert, optimal anzupacken wäre. Auch Menschen, die sich nur zu einer passiven oder

beobachtenden Mitgliedschaft entschließen, erhalten die *Sicherheit,* daß sie das für sie und ihre Möglichkeiten Beste tun, um Kinderfeindlichkeit abzubauen und eine Atmosphäre zwischen den Menschen zu fördern, die menschlicher ist als die heutige.
Deshalb finde ich es immer besonders erfreulich, wenn sich Menschen für den Kinderschutz einsetzen, die persönlich mit Kindern überhaupt nichts zu tun haben oder die mit ihren Kindern prächtig auskommen. Umgekehrt beobachte ich auch häufig, daß Menschen, die mit ihren eigenen Kindern gar nicht so gut »können«, doch bereit und in der Lage sind, anderen zu helfen, damit sie nicht die gleichen Schwierigkeiten heraufbeschwören oder jedenfalls von den Erfahrungen der weniger Glücklichen profitieren. Unabhängig von seiner persönlichen Situation kann jeder, der will, daran mitwirken, den Karren aus dem Dreck zu ziehen. Dies gilt auch für so manche »besseren« Leute (Wissenschaftler, Redakteure etc.), die es derzeit für unter ihrer Würde halten, im Kinderschutzbund mitzuarbeiten.
Wenn man auf der Seite des Lebens und der Freiheit steht, macht es – von allem anderen abgesehen – auch schlicht *Spaß,* den Todessüchtigen und Freiheitsfeinden das Handwerk zu legen. Hier können schon kleine Erfolge tiefe, existentielle Glücksgefühle auslösen. Objektive und aktive Kinderfreundlichkeit ist ja nur ein Paradigma, ein besonders deutliches Beispiel und Kriterium, Maßstab, für Demokratie als Lebensform, für Freiheit, Toleranz, Gerechtigkeit, Menschlichkeit. Wenige »Verantwortliche«, z. B. Politiker, selbst wenn sie die brutalsten Machttypen sein sollten, werden sich, öffentlich zur Rede gestellt, zur Kinderfeindlichkeit bekennen. Sie werden, auch wenn sie dabei subjektiv und objektiv lügen, Kinderfreundlichkeit bejahen. Nagelt man sie darauf fest und hält man ihren Phrasen die Tatsachen entgegen, das, was sie wirklich tun, dann wird für jedermann sichtbar, worum es ihnen eigentlich nur geht, zum Schaden aller Bürger.

Die Chance ist groß, daß es mit dem Kriterium der Kinderfreundlichkeit gelingen wird, allmählich die Machtmenschen zu entmachten und die Mitmenschen zu ermutigen, politische Verantwortung zu übernehmen, zum Nutzen all der Werte, von denen heute desto mehr geredet wird, je weniger es sie gibt.

Und wenn es »nur« gelänge, daß einige Machtmenschen gegen ihre Überzeugung gezwungen würden, wirklich Vernünftiges zu tun, wäre dies immerhin respektabler Anlaß für eine hintersinnige Form der »Schadenfreude«, die sich unsereiner dann wohl gönnen dürfte.

Wie immer man es sehen will, ich bleibe dabei: *Kinderschutz ist Eigennutz.* Man muß es nur verstehen und erfühlen. Wem das gänzlich unmöglich ist, der lasse seine Finger davon – aber, bitte, auch von Kindern. Sonst bekommt er mit dem Kinderschutzbund (von der anderen Seite her) womöglich doch noch zu tun.

Für Kinderfreundlichkeit werben

Ich habe in diesem Buch und anderswo gelegentlich vom »antipädagogischen Freiheitskampf« gesprochen. Wenn ich aggressiv gestimmt bin (beispielsweise während der Lektüre eines erziehungswissenschaftlichen Buches), halte ich diesen Ausdruck für richtig und nötig. Wenn ich mich wieder mit den schönen Dingen des Lebens beschäftige, vor allem mit netten Menschen, neige ich weniger zum Kampf gegen Kinderfeindlichkeit als zur Werbung für Kinderfreundlichkeit. Da ich jetzt ein paar Monate lang fast nur mit Ihnen zu tun hatte, schließe ich dieses Buch unaggressiv. Und mit dem Vorschlag, an jedem Ort und in jedem Rahmen, der Ihnen geeignet erscheint, für Kinderfreundlichkeit zu werben. Nicht durch Appelle, sondern durch Aufklärung, durch Information. Niemand kann sich lange über unfreundliche Kinder erregen, wenn er bedenkt, worauf diese Kinder reagieren. Es wäre vollkommener Unsinn zu behaupten, Kinder seien von Natur aus gut. Ebensowenig sind sie von Natur aus böse. Kinder sind so, wie ihre Umwelt es ihnen zu-traut, zu-mutet, zu-billigt, zu-schreibt. Woher sonst als aus dem Material ihrer Umgebung, aus den Erfahrungen mit diesem, können Kinder sich ihr Selbstbild und ihr Weltbild schaffen?
Wer Kinder kennt, die mit kinderfreundlichen Beziehungspartnern aufwachsen, kann einfach nur entweder neidisch oder begeistert sein. Aber auch wenn er begeistert ist, muß ihn Trauer überkommen, sobald er an die anderen Kinder denkt, an die Zöglinge. Das Zeitalter der Erziehung, der Sozialisation, der altersbedingten Herrschaft von Menschen über Menschen ist vorbei, aber die meisten Kinder merken davon wenig, haben sogar noch den Schaden davon, weil ihre Beziehungspartner mit den Wurzeln noch im pädagogischen Zeitalter stecken und von der neuen Zeit nur verunsichert werden. Ich habe mit der »Antipädagogik« den professionellen Feinden der Neuzeit den Kampf angesagt, aber sie drücken sich vor der Diskussion und versuchten es – dank dem »breiten« Publikum vergeblich – mit dem Totschweigen. Sie sind überfordert, man kann sie nur aussterben lassen und in der Zwischenzeit ihren Einfluß so gut wie möglich

verringern, um Kinder vor ihnen zu schützen. Denn Kinder *sind* Zukunft, und wer ihre Wurzeln vergiftet um seiner Vorstellung von Zukunft willen, damit er selbst nicht Vergangenheit wird (das existentielle Motiv der pädagogischen Ambition), der ist ein Verbrecher gegen die Zeit, zwar selbst Opfer vergifteter Vergangenheit, aber in der Gegenwart Täter, Zerstörer der Zukunft.
Man kann jedoch dieses relativ kleine Häuflein von Ewiggestrigen mit menschlichem Verständnis, intellektuellem Mitleid und politischem Takt in ihren Winkeln schmollen lassen, sobald genügend »Laien« die Zeichen der Zeit erkannt haben. Wenn Sie Schlagzeilen lesen von langjährigen Bundestagsabgeordneten, die ihre Kinder nach biblischem Ritual züchtigen und sich davon nicht einmal vor Gericht distanzieren, oder wenn Sie lesen, »Junge aß seine Suppe nicht: Mutter schlug ihn tot« (beide Beispiele im Februar 1978), dann denken Sie nicht mehr, hier handelt es sich um Übertreibungen, Entgleisungen, sondern Sie verstehen, daß solche Ereignisse *Konsequenzen* sind, Konsequenzen einer Grundeinstellung zu Kindern, die auf Herrschaft beruht. Sie sehen die Beziehung zwischen dem Prügler und dem rächenden (auch liebenden) Gottvater, zwischen dem Mord und der Aufforderung zu essen. Sie sehen, daß das Essen ein Bedürfnis ist, und Sie sehen, daß diese Mutter ihr Kind sehr liebte, daß sie sich große Sorgen machte, von gutgläubigem Pflichtgefühl getrieben war – aber nicht auf den Gedanken kam, Essen sei ein Bedürfnis, das eine Mutter durch das Angebot von Nahrung beantworten könnte. Sie sehen, daß sich Kinderfeindlichkeit nicht erst im Mord beweist, sondern schon in dem Anspruch, das Kind zum rechten Essen zu erziehen.
Demgegenüber für Kinderfreundlichkeit zu werben, fällt jedem leicht, der sich für den Zusammenhang zwischen dem alltäglichen Kleinkrieg der Erziehung, dessen Mißachtung der Rechte von Kindern (also auch der Vernachlässigung) und den gelegentlichen Kriegsverbrechen, den extremen Folgen, einmal wirklich sensibilisiert hat.
Nur freilich, das muß sich herumsprechen. Und hier kenne ich aus Erfahrung eine Gefahr, vor der ich zum Schluß noch warnen möchte. Ich höre von vielen Lesern meiner und anderer kinderfreundlicher Bücher, das sei ja alles schön und gut, aber bestimmt würden unsere Gedanken und auch Rezepte nur von sehr wenigen Menschen aufgenommen und angewendet werden. Oft wird dann sogar auf die »Arbeiterschicht« und ähnliches verwiesen. Und immer heißt es, »leider« würden sich diese Erkenntnisse sicher nicht so bald durchsetzen.
Ich kann mir nicht helfen, aber in meinen Ohren klingt dieses

»leider« oft verdammt nach »Gott sei Dank«. Denn ich verfolge solche Reaktionen ja schon seit vielen Jahren und muß feststellen, daß genau die Leute, die mir dieses »leider« entgegenhalten, oft ihre eigene Einstellung nicht verändert haben.
Deshalb möchte ich noch ein letztes Rezept anbieten: Wenn Ihnen ein ähnliches »leider« in den Kopf kommt, prüfen Sie genau, ob es sich dabei nicht um eine Masche handelt, um einen Abwehrmechanismus, der Ihnen ersparen soll (durch Hinweis auf »die anderen«), das Abenteuer der Freiheit auf sich zu nehmen. Es wäre nur wieder ein Zeichen von totalitärem, d. h. freiheitsfeindlichem Denken, wenn Sie sich der Idee ausliefern würden, wie herrlich alles wäre, wenn nur die anderen alle mitspielen würden. Wenn alle Menschen gute Christen wären oder gute ... (hier ist fast jede große Menschheitsidee einzusetzen), dann sähe die Welt schon heute anders aus. – Dieses Denken führt nicht weiter. Es kommt schon darauf an, was man selber tut.
Werben Sie also im Falle des Falles um Kinderfreundlichkeit zunächst einmal bei sich selbst. Die Erfahrungen, die Sie dann machen werden, sind die beste Gewähr dafür, daß Sie auch nach außen ein wirkungsvoller Mitstreiter sein können in dem großen Befreiungsprozeß, der auch »der Arbeiterschicht« dann nicht lange verborgen bleiben wird. Was wir nicht hier und jetzt anfangen, kann auch von anderen nicht dort und dann fortgesetzt und weitergeführt werden. Es braucht alles seine Zeit, aber die Zukunft beginnt immer heute.